羅光全書

冊十一

中國哲學思想史

宋代篇（下）

臺灣學生書局印行

羅光著

中國哲學思想史

宋代篇（下冊）

臺灣學生書局印行

中國哲學思想史 宋代篇

目錄

第九章　陸九淵的哲學思想

第十章　南宋末期哲學思想

第七章　北宋和南宋理學思想的傳繼

一、緒　論

宋朝理學本不能分成南北宋兩段，南宋的思想爲北宋思想的繼續，南宋兩大哲學家朱熹和陸象山乃是北宋二程的繼承人。但是在時間上因着政治的變遷，宋朝分成北宋和南宋，在朱熹、陸象山和二程之間，中間還有幾位哲學家，他們雖是在思想上沒有特出之點，但在北宋南宋之間作了橋樑。這輩作橋樑的人，爲二程的門人。在二程的門人外，另有其他幾位具有思想的人。我們曾經看到程頤曾遭受黨爭的批評，當時的黨有洛蜀兩派，洛派爲二程和門生，蜀派爲蘇軾、蘇轍兄弟和門生，兩派都以哲學爲標榜，兩派便也稱爲洛學和蜀學。在這兩派對峙之時，在北宋晚期興起湘學，湘學爲胡安定父子所興。我們便就這幾位學者的哲學思想加以研究，以明南宋哲學思想的源流。

二程的門生當時很多，歷代則以謝良佐、楊時、呂大臨，爲繼承二程思想的哲學家。

二、謝良佐

謝良佐，字顯道，壽春上蔡人，世稱謝上蔡。生於宋仁宗皇祐二年（公元一〇五〇年），卒於宋徽宗崇慶二年（公元一一〇三年），爲程顥和程頤的弟子。先從程顥受業，初見時，自恃博學多才，引經據典，程顥徐徐地向他說：「足下記憶何多，亦可謂玩物喪志。」他乃痛改前習。程子安置他住在學館的旁邊，屋漏不修，天大雪，沒有炭，沒有燭，連飯也吃不飽，他卻不埋怨。住了一月，程子纔開始教他習靜坐，後來對人說：「此秀才展拓得開，將來可望。」元豐八年，登進士第，官任縣令。在應城作縣令時，遇胡文定。文定以典學使身份向他問學。程顥去世後，他再從程頤受教。不再做官，祇做西京竹木場監局官。後因口語下獄，廢爲民，卒於家。（註一）著有論語說及語錄三卷。

謝良佐的思想，兼有二程的特色。「內省方面，受於明道，格物致知方面，得於伊川。」（註二）但是在整體上看來，謝良佐在思想上沒有特別的重要點，祇是在修養方面，則更注重靜坐的方法，加入一些道教靜坐的工夫。

1. 仁

黃宗羲在宋元學案評謝良佐的思想說：「宗羲案上蔡在程門中英果明決，其論仁以覺，以生意，論識以實理，論敬以常惺惺，論窮理以求是，皆其所獨得，以發明師說者也。朱子言其雜禪。」（註三）

謝良佐對於仁的解釋，繼承程顥的思想。程顥的仁論在「識仁」篇說：「仁者渾然與物同體，義理知信皆仁也，識得此理，以誠敬存之而已，不須防檢。」在語錄裏也曾以醫師診脈，最能代表仁的意義，又以易經所說生生之理爲仁；程頤則以公爲仁的表現。程顥的仁論以仁爲人心自然之道，人祇要讓人心之仁自然流露，人心便與萬物爲一體。謝良佐則特別標出仁爲生生之理。

「心者何也？仁是已。仁者何也？活者為仁，死者為不仁。今人身體麻痺，不知痛癢，謂之不仁。桃杏之核，可種而生者，謂之仁，言有生之意，推此仁可見矣。……仁，操則存，舍則亡。……夫人一日間，顏色容貌，誠自點檢，何嘗正，何嘗動，怠慢而已。若夫大而化之，出於自然，則正動出，不足言矣。」（宋元學案　上蔡學案、語錄，頁三）

以心爲仁，仁爲心之天德，並不是以心的本體是仁。人心生來有仁，因爲人心得天地之心爲心，天心有好生之德，人心也有好生的天德，人心便有仁的天德。

謝良佐特別提出生是仁，仁是生，桃杏之核有生意，稱爲桃仁杏仁。在程顥的思想裏，已經以仁爲生，但沒有解釋明白，謝良佐則明白說出仁爲生。

生命是活的，活的人有感覺；若是沒有痛癢的感覺，則是沒有感覺的一部份肢體缺少生命，成了痲痺。因此仁是生，又是覺。

「仁者，天之理，非杜撰也。……天理當然而已矣。當然而為之，是為天之所為也。……孟子曰：仁，人心也。盡其心者，知其性也；知其性，則知天矣。」（宋元學案　上蔡學案，頁四）

仁爲天理，天理卽自然之理。人心之仁，爲自然之理。天使萬物發生，天之理爲仁。人得天地之心以爲心，得天地之理以爲性，人性和人心便都是仁。因此，盡心則知性，知性則知天。盡心、知性、知天，都在仁上實現。人實踐仁道，就是盡心知性知天了。

2. 天理

仁爲天之理；天指着自然，指着生來所有；理，爲物之所以然之理。物之理爲自然而然之理，與生俱來，便稱爲天理。

「天，理也，人之理也。循理則與天為一，與天為一，我非我也；理也，理非理也，天也。唯文王有純德，故曰在帝左右。帝謂文王，帝是天之作用處。」（宋元學案 上蔡學案、語錄，頁八）

天和理的關係，理爲物理，爲人之理，由天而來，即從生來就有。「天，理也。」天和帝的關係，「帝是天之作用處。」這種解釋和二程的解釋都不相同。二程以帝爲主宰的意義，天爲有形的意義。謝良佐以帝爲天的作用，解釋不正確。然而他把天和帝連而爲一。因此，天不僅是自然，而是上天，上天以自然之理而生生萬物。

「循理則與天爲一。」循理是按照理去行事，理既爲天，循理即是順天。

「學者且須是窮理，物物皆有理，窮理則能知人之所為，知天之所為，知天之所為，則與天為一。與天為一，無往而非理也。……理一而已。一處理窮，觸處皆通。」（宋元學案 上蔡學案、語錄，頁八）

理為物理，理為一，都和二程的思想相同。謝良佐強調循理與天為一，這種思想雖上從程顥，但較程顥的主張更物質化更俗化了。程顥的天人合一，在仁的實踐完成時則能達到，這種天人合一乃是至高的精神生活境界。若像謝良佐所說循理則與天為一，每事循理，每事都與天為一，則天祇是自然之天，即是說每事循理，每事便不違反自然之道，和自然之道相合，這種天人合一已經失去了至高精神生活的意義，有莊子與自然相合之意，又有佛教禪道的事事正覺的意味，朱熹所以批評他雜有禪。黃宗羲為他辯護，以事無大小，道無精粗，在小處大處都可有仁之覺。「夫覺者，澄然無物，而為萬理之所從出。若應接事物，而不當於理，則不可謂之覺矣。」（註四）這種覺乃是佛教的思想，朱熹予以反對，「上蔡說仁說覺，分明是禪。」（註五）朱熹後來以仁為生，而不以仁為覺，不能在覺中實現天人合一。

3. 心意

「心本一，支離而去者，乃意耳。」（宋元學案 上蔡學案、語錄，頁九）

人心爲一，本體有仁之德，故曰：「心者何也？仁是已。」孟子說「仁，人心也。」並不是以心的本體爲仁，祇以心生來有惻隱、羞惡、是非、辭讓的四端，仁乃心的天德。由心而到性，盡心則知性，心和性都在仁上相同，仁爲心之天德，仁爲性之理。

人心在人，爲人求知修德的主體，求知以心去求，修德以心去修；因爲心不在時，便不能做。

「某尋常才覺心不在時，語便無力。」（同上，頁十）

「無心近於忘。」（同上，頁九）

若說有私心，有誇心，則不是本來之心，而是意，「支離而去者，乃意耳。」意爲心之動。

「問一日靜坐，見一切事平等，皆在我和氣中，此是仁否？曰：此是靜中

之工夫，只為心虛氣平也，須於應事時有此氣象方好。」（同上）

「佛之論性，如儒之論心；佛之論心，如儒之論意。循天之理便是性，不可容些私意。才有意，便不能與天為一。」（同上，頁九）

性為循天理，天理乃是性；佛教不講天理。然而以佛教所說的性，即是儒家的心，佛教所說的心，即是儒家的意，這種斷語並不正確。佛教所講的心不是儒家的心，也不是儒家的意，佛教的心有自己的意義。謝良佐曾以佛教的心解釋儒家的心，程頤予以指點，乃能不入禪道。

「問太虛無盡，心有止，安得合一？曰：心有止，只為用，他若不用，則何止？吾丈莫巳不用否？曰：未到此地。除是聖人便不用。當初曾發此口，被伊川一句壞了！二十年曾往見伊川，伊川曰：近日事如何？某對曰：天下何思何慮。伊川曰：是則是有此理，嫌却發得太早！在問當初發此語時如何？曰：見得這個事，經時無他念接物，亦應副得去。問如此却何故被一句轉却？曰：當了終須有不透處，當初若不得他一句救拔，便入

禪家去矣。伊川直是會鍛鍊得人，說了，又卻道恰好着工夫也。」（同上，頁七）

程顥常教人存心，使天理流露，不用鍛鍊工夫。謝良佐從程顥的指教，無思無慮，心中空虛，事來則隨便應付，以心接於太虛，而不止於事理，程頤則指教他沒有這種才，應該鍛鍊自己；因爲祇有聖人不用心。謝良佐自己也承認假使繼續無思無慮，心中空虛，必會流入禪家；禪家求心空虛沒有念慮，以見心中的性，性乃佛。但是他並沒有完全按程頤的指教去做，朱熹乃說他雜有禪家思想。

4. 修養

(甲) 靜坐

謝良佐在思想方面，沒有特別點，在修養方面，則多有工夫。他的修養工夫，一方面繼承程顥的傳統，一方面雜入佛教和道教的方法，他的成就也並不能造成純淨的人格。他的修養工夫，第一是靜坐，這是程顥指教他的。

「先生（謝良佐）習舉業，已知名，往扶溝見明道，受學甚篤。明道一日謂之曰：爾輩在此相從，只是學某言語，故其學心口不相應，盍若行之。請問焉。曰：且靜坐。」（同上，頁十三）

二程教門生，都注重篤行，爲能行，首則靜坐。靜坐的目的在於定心。程顥主張定心則天理自然流露，門生們因當時禪學的影響，則以爲靜心爲使心空，無思無慮。程頤乃教門生主敬，把靜字用敬字去代替，主敬是主一，是止於事之理。謝良佐修習靜坐，靜坐爲能心虛氣平。但是，他學程顥的靜坐，認爲還不能空心，乃加以道教的導引吐納之術。

「問色欲想已去多時，曰：伊川則不絕，某則斷此二十來年矣。所以斷者，當初有為之心多，欲有為，則當強盛方勝任得，故斷之，又用導引吐納之術，非為長生如道家也，亦以助養吾浩然之氣耳。氣強則勝事，然色欲自別，當作兩般理會。……色出於心，去不得，淫出於氣。」（同上，頁五）

謝良佐在修養上做工夫，養氣斷欲。告子曾以食色爲人之性，即是說出於天性；謝良佐以「色出於心，去不得。」然以淫出於氣，可以斷。斷淫色以養浩然之氣，所用方法，則是道教的導引吐納法。

(乙) 誠

程顥對於修養，常主張自然，不要勉強；因此朱子不贊成他的「識仁」篇。謝良佐接受明道的思想，以靜坐能盡心，盡心則知性知天，知天則與天爲一。「與天爲一」的思想在短短的三卷語錄中，多次見到。

「識得天理，然後能為天之所為。聖門學者，為天之所為。」(同上，頁四)

「知天之所為，則與天為一。」(同上，頁八)

「循理則與天為一。」(同上，頁八)

「禮者攝心之規矩，循理而天，則動作語默，無非天也。內外如一，則視聽言動，無非我矣。」(同上，頁七)

「循天之理便是性，不可容些私意。才有意，便不能與天為一。」(同上，頁九)

「與天爲一」，即是中庸所說的誠；誠卽是人道和天道相合爲一，「誠者，天之道也；誠之者，人之道也。」謝良佐以誠爲實理；所謂實理，不是說誠是理的實體，也不是說理是實體，而是說人所知的天理，不衹是知識中的抽象之理，而是實行上的實際之理。

「誠是實理，不是專一。尋常人謂至誠至，是爲專一。如惡惡臭好好色，不是安排來。」（同上，頁九）

誠不是專一，專一是心止於一。程頤以主一爲敬，以敬爲誠。因爲心專於一，是止於事之理，止於事之理，則行也合於理。程顥講誠爲人心的自然流露，如惡惡臭好好色，人心的天理，在人知道了以後，自然流露出來。謝良佐接受程顥的主張，以人知天理，則人與天爲一。因此他對於天理，不僅視爲事物之理，也認爲天理之知和行合而爲一，知天理則行天理。

「識得天理然後能為天之所為。聖門學者，為天之所為，故敢以天自處。佛氏却不敢恁地做大。明道嘗曰：吾學雖有所受，天理二字，却是自家拈出來。」（同上，頁四）

然而謝良佐雖不完全按照程顥的修養法去做，他卻加上了程頤的修養法。程頤主張勉力修行，在日常事上努力。謝良佐也主張『誠』的工夫由小事上做起，然後進到大事上，並不能像禪宗所說立地成佛。

「謝子曰：道須是下學而上達，始得。不見古人就洒掃應對上做起。曰：洒掃應對上學，却是太瑣屑，不展拓。曰：凡事不必須高遠，且從小處看。……古人須要就洒掃應對上養取誠意出來。」（同上，頁六）

「問求仁是如何下工夫？曰：如顏子視聽言動上做亦得，如曾子容貌顏色辭氣上做亦得。」（同上，頁六）

誠求實理，實理爲理見諸實行而不是空想或空言。理在人心，爲實行於外，應在一切事上自然流露，即情之動常能合節。理的自然流露由修鍊工夫而成，先從洒掃應對，視聽言貌的小事上下手，然後到齊家治國平天下的大事。謝良佐不從程顥的一切自然的方法，而是從程頤的事事勉力的方法。但是他對於誠爲理的自然流露，仍然繼承程顥的主張。

「自然不可易底，便喚做道；體在我身上，便喚做德；有知覺識痛癢，便喚做仁；運用處皆是當，便喚做義；大都只是一事，那裏有許多分別。」

（同上，頁十九）

道、德、仁、義，都在自己身上，而且在心內；他便批評老子所說失道而後德，失德而後仁，失仁而後義；因爲道德仁義同時都有，並且同是一事。

「余問作用何故是私，曰：把來作用做弄，便是做兩般看當了事，將此事橫在肚裏，一如子路冉子相似，便被他曾點冷眼看他。只管獨對春風吟詠，肚裏渾沒些能解，豈不快活。」（同上，頁十九）

這段話是謝良佐批評莊子和佛教，他以莊子氣象大，很淺近，佛教則有高妙處，但是私心，都趕不上孔子，孔子以曾點的心無牽繫爲樂。這是程顥的氣象。

「孔子便不然，老者合當養底，便安之，少者不能立底，便懷之，君君臣臣，父父子子，自然合做底道理，便是天之所為，更不作用。」(同上，頁二十)

他不贊成心中有所作用，心中不要想這樣做，那樣做，卻要順着自然天理去做。二程爲實踐天理，都主張守敬，又主張敬就是誠。謝良佐繼承這種主張，但卻用一句很實際的話表示守敬，他說敬是常惺惺。常惺惺是醒悟的心境，常留心，不怠慢。

「敬是常惺惺法，齊是事事放下，其理不同。」(同上，頁九)

常惺惺法，有些佛教意味。但他又有另一種解釋，以惺惺法，是每事應之以理，則是程頤的「主一」。

「或問呂與叔向常患思慮紛擾，程夫子答以心主於敬，則自然不紛擾。何謂敬？謝子曰：事至應之，不與之往，非敬乎。萬變而此常存，奚紛擾之有！夫子曰：事思敬，正謂此耳。」（同上，頁六）

「不與之往」，「萬變而此常存」，代表常惺惺法的重要點。心祇應事以理，不隨着事去思索，例如別人對我的毀譽，我祇看合不合理，而不去毀譽上思前想後，則心必在萬變中常存不動，不被紛擾。

(丙) 致知窮理

程頤的修養論以致知爲開端，知在行先，先知而後行，然行必須和知合一。致知則在窮理，窮理爲研究事物之理，事物之理不是事物存在的性理，而是人應對事物之道，應對事物之道，當然來自事物的性理。

「學者且須窮理。物物皆有理，窮理則能知人之所為，知天之所為，則與天為一；與天為一，無往而非理也。窮理則是尋個是處。有我不能窮理，人誰識真我，何者為我，理便是我！窮理之至，自然不勉而中，不思而得，從容中道。曰：理必物物而窮之乎？曰：必窮其大者，理一而已，一處理窮，觸處皆通，恕，其窮理之本歟。」（同上，頁八）

「或問天下多少事，如何見得是處？曰：窮理便見得。事不勝窮，理則一也。」（同上，頁十）

謝良佐講致知窮理，重要點在於「窮理爲求是處，天下萬物之理爲一。」理爲一，乃是理學家一貫的主張，至於求是處則是謝良佐的說法。求是處是求每一事該當是這樣就是這樣，即是中節，即是合理，即是不要做錯了或不要做壞了，乃是一種淺近的說法。

事事都求是處，若事事都去追求，則不勝煩擾，便於一事上窮理，一事所得，將能推演到萬種事上，所以說「恕，其窮理之本歟。」恕，爲推演。然而謝良佐還有一項原則，即是人心有理。人心之理，因窮外物之理而被發覺，人心之理便自然流露，便能對於萬事都求是處。人若不流露自心之理，人不能認識眞我。「有我不識理，人誰識眞我？何者爲我，理便是我。」

這種思想，乃是近於佛教的思想了。難怪學者都以謝良佐雜於禪家的思想。

5. 結論

謝良佐爲人，才氣高，不顧拘於小事；雖從程頤學修養之道，然喜觀程顥的自然仁道，又好禪家的虛靜。朱熹批評他說：「上蔡說孝弟非仁也，孔門只說爲仁，上蔡卻說只要見得此心，便以爲仁。上蔡之說，一轉而爲張子韶，子韶一轉而爲陸子靜。上蔡所不敢衝突者，子韶盡衝突，子韶所不敢衝突者，子靜盡衝突。」（註六）

黃東發批評說：「上蔡信得命及養得氣完，力去矜夸名利不得，而動殆爲百世師可也。第因天資之高，必欲不用其心，遂爲禪學所入。雖自謂伊川一語之救，不入禪學，而終身常以禪之說證儒，未見其不入也。」（註七）

兩人的評語，指出了謝上蔡思想的特性，這種特性代表二程思想的變遷。這種變遷從謝良佐所作的「論語解序」裏可以看到。「是人雖未必中道，然其心當遠矣，明矣，不雜矣，其於讀是書也，能無得乎？當不唯念之於心，必能體之於身矣，油然內得，難以語人，謂聖人之言，眞不我欺者，其亦自知而已矣。豈特思慮之效，乃力行之功，至此蓋書與人共相發也，及其久也，習益深，行益著，知視聽言動，蓋皆至理，聲氣容色，無非妙用。父子君臣，豈人能秩序？仁義禮樂，豈人能強名？心與天地同流，體與神明爲一，若動若植，何物非我，有形無形，誰其閒之？至此蓋人與書相忘也。」（同上，頁十二）謝良佐以論語乃聖人之言，意義高深，教人立身有天下之志；但是他卻說讀書「書與人共相發」，「人與書共相忘」，則雜道家和佛教的思想了。

三、呂大臨

呂大臨字與叔，關中藍田人，生於宋仁宗康定六年（公元一〇四六年），卒於宋哲宗元祐七年（公元一〇九二年），年四十七。呂大臨有子三人，大忠、大防、大鈞，都是張載的門人，他也就讀於張載門下。張子去世，他乃從程顥受業，後又受業於程頤。著有藍田文集二十八卷，詩說、大學說、中庸說各一卷、禮記傳十六卷、孟子講義十四卷。

1. 氣

呂大臨採張載的氣說，以解釋人性。人物都由氣而成，以氣的清濁而分別人物。然人物的性本爲理，理爲一，因氣不同，人物之性乃不同。

「萬物之生，莫不是有氣。」（宋元學案 呂范諸儒學案、語錄，頁五十八）

「問呂與叔云：性一也，流行之方，有剛柔分明者，非性也。有三人焉，皆一目而別乎色，一居乎密室，一居乎帷箔之下，一居乎廣都之中，三人所見，昏明各異，豈目不同乎，隨其所居，蔽有淺深爾。竊謂此言分別得性氣甚明。若移此語以喻人物之性亦好。頃嘗以日為喻，以為大明當天，萬物咸覩，亦此日爾，茅屋之下，容光必照，亦此日爾。日之全體，未嘗有小大，只為隨其所居而大小不同爾，不知亦可如此喻人物之性否。朱子曰亦善。」（宋元學案 呂范諸儒學案，頁六十）

朱熹贊成這種主張，因爲和他的主張相同。萬物同一理，好比同是一雙眼睛，或同是一個太陽；眼睛在密室裡，在帷箔下，在廣場所見的程度不同；太陽在中午、在清晨和傍晚或濃雲下，所有光明不同。人性之理爲一，但因所結合的氣不同，乃有全理或偏理。這種思想在二程的思想裏，已經隱藏着，然不明顯；呂大臨則明白講述。

2. 天　理

人心有天理，乃是理學家的共同主張。天理稱爲道，即人生之道。這種道，爲天生之理，爲天理的全部表露，因此說人得天理之正，或說人得天理之中。

「人受天地之中以生，良心所發，莫非道也。在我者，惻隱羞惡辭讓是非，皆道也。在彼者，君臣父子夫婦昆弟朋友之交，亦道也。在物之分，則有彼我之殊，在性之分，則合乎內外一體而已。是皆人心所同然，乃吾性之所固有也。」（同上，頁五十八）

「人受天地之中以生」，所謂中，即是天理之全，或天理之正。理在人性，可以完全表現出來，人性之天理便是整個天理，也是天理的本然，沒有偏處，所以是中。人性天理，由心而表現。人心本來表現本然的天理，大學稱爲明德。明德的人心，稱爲良心。

「赤子之心，良心也。人之所以降衷，人之所以受天地之中也。寂然不

動，虛明純一，與天地相似，與神明為一。傳曰：喜怒哀樂之未發謂之中，其謂此與。」（同上，頁五十七）

呂大臨以「此心自正，不待人而後正。」（同上）這種思想近於程顥的思想，以人心自然光明，人若能保持這種光明，人性天理必自然流露。「而賢者能勿喪，不能物欲之所遷動。如衡之平，不加以物，如鑑之明，不蔽以垢，乃所謂正也。」（同上）良心的名詞，在理學家中，並不常見；呂大臨則多用，而以良心為赤子之心；他可以認為王陽明的先驅。

3. 中

中庸說：「喜怒哀樂之未發，謂之中。」所謂未發，指的是性的本體，或是指的心的氣象？呂大臨和程頤曾經討論這個問題。呂大臨認為中庸所說的未發，指着人性的本體，因人性本體是「寂然不動，虛明純一。」這種思想，當然是受有佛教的影響。呂大臨因此說：

「中者，道之所由出。」

「中卽性也。」（同上，頁五十五；又見二程全書六，伊川文集五，頁十）

中爲本體，卽是性，便也是道之所由出。程頤指點他說：「中者，道之所由出，此語有病。」「中卽性也，此語極未安。」程頤說明性和道，大本和大道，不可混而爲一。「在天曰命，在人曰性，循性曰道：性也、命也、道也，各有所當；大本言其體，達道言其用，體用自殊，安得不爲二乎。」（同上）呂大臨答說：

「旣云率性之謂道，則循性而行，莫非道，此非性中別有道也。……亦非道中別有中也。」（同上）

程頤答以中是表示性的狀態氣象，如同稱說天爲圓地爲方，不能以圓爲天的本體，方爲地的本體。呂大臨則說：

「喜怒哀樂之未發，則赤子之心。當其未發，此心至虛，無所偏倚，故謂之中。以此心應萬物之變，無往而非中矣。……大臨始者有見於此，便指

心名為中，故前言中者，道之所由出也。今細思之，乃命名未當耳。此心之狀可以言中，未可便指此心，名之曰中。」(同上)

(同上)

程頤則認為赤子之心已經是已發，祇是發時，不離於中的狀態。若以赤子之心「謂之中，是不識大本也。」仍是以狀態為本體，赤子之心祇能稱為和。呂大臨堅持自己的主張，以赤子之心為未發之際，不是已發，不宜稱為和。

「何所準則而知過不及乎？求之此心而已矣。此心之動，出入無時，何從而守之乎？求之於喜怒哀樂未發之際而已。當是時也，此心卽赤子之心。……前日敢指赤子之心為中者，其說如此。來敎云：赤子之心可謂之和，不可謂之中。大臨思之，所謂和者，指已發而言之，今言赤子之心，乃論其未發之際，純一無僞，無所偏倚，可以言中，若謂已發，恐不可言心。」

(同上)

程頤仍舊指敎赤子之心不能稱爲中，把體和用要分清楚。呂大臨再答辯說：

> 「先生謂凡言心者，皆指已發而言；然則未發之前，謂之無心可乎？竊謂未發之前，心體昭昭具在。已發乃心之用也。」（同上）

程頤回答說：「凡言心者，指已發而言，此固未當。心，一也，有指體而言者，有指用而言者，惟觀其所見如何耳。」（同上）

這裏所討論的問題，有中是不是性？有赤子之心是未發或已發？有未發和已發的意義？其中最重要的一點，還是最後的一個問題；即未發和已發的意義。未發和已發，兩者都是指心的氣象呢？或者未發是指心或性的本體呢？呂大臨以未發之中指心的本體，已發指心之用。程頤則以未發之中指性或心的氣象。以後羅豫章和李延平談已發之前的氣象，注意表裏，也爲理學者講靜坐的理論。

呂大臨的修身之道，根據已發和未發的思想，主張注意保持未發時心的「虛明純一」，他稱這種心爲良心。保持良心，即是正心。正心爲修身的主要點，其他都是小節。他說「惟先立乎其大者，則小者不能奪。如使忿懥恐懼好樂憂患一奪其良心，則視聽食息從而失守，欲區區修身以正其外，難矣。」（同上，頁五十七）

呂大臨才氣高，心境也活潑，有程顥的氣象，朱熹很賞識他的才學，惋惜他去世過早。「與叔惜乎壽不永，如天假之年，必所見有別。」（同上，頁五十九）

四、楊時

1. 緒論

楊時字中立，南劍將樂人，生於宋仁宗皇祐五年（公元一〇五二年），去世於宋高宗紹興五年（公元一一三五年），享年八十三歲。少年時從學於程顥，程顥很喜愛他，以他能傳自己的學。他回家時，程顥目送說「吾道南矣。」程顥歿後，再從程頤受學，時年已四十一歲，然對程頤執弟子禮，非常恭敬誠懇。一天，他和游酢侍程頤，頤方瞑目靜坐，兩人侍立不動不言。天開始下雪，等程頤開眼吩咐他們回去時，門外雪已深一尺了。

楊時在蔡京當權時，接受官職，召爲秘書郎，遷著作郎，除邇英殿說書。欽宗時，除右諫議大夫兼侍講，兼國子祭酒。因蔡京曾借王安石以自重，楊時上言請降旨以王安石的學說爲邪說。欽宗接受了他的建議，但是一般學子素習王安石的學說以取科第，羣起攻擊。他遂罷官，以徽猷閣直學士提舉西京峰福宮。高宗即位，除工部侍郎，兼侍講。他屢上章乞外出，乃以龍圖閣直學士提舉杭州洞霄宮，紹興五年卒於家。年八十三。學者稱龜山先生。著有三經義辯，裔孫楊繩祖刊龜山集四十二卷。

楊時壽命長，自北宋到南宋，繼承了二程的學說，傳授給南宋人士，三傳到朱熹。宋元學案的「龜山學案」說：「百家謹案二程得孟子不傳之秘于遺經，以倡天下，而升堂覩奧，號稱高第者，游、楊、尹、謝、呂其最也。顧諸子各有所傳，而獨龜山之後，三傳而有朱子，使此道大光，衣被天下，則大程道南目送之語，不可謂非前識也。」

2. 理氣

楊時繼承二程的學說，不以太極爲天地萬物的根源，而以太極爲自然之理，天地有理，萬物各有一理，理的適當便稱爲太極。實則楊時頗喜張載，雖對於「西銘」曾有誤解，然經過程頤的指點，他也就明白了。程頤說：「西銘明理一而分殊。」（二程全書六，伊川文集五，頁十二）

「問易有太極，莫便是道之所謂中否？曰：然。若是則本無定位，當處卽是太極邪？曰：然。兩儀四象八卦，如何自此生？曰：既有太極，便有上下，有上下，便有左右前後，有左右前後四方，便有四維，皆自然之理也。」（宋元學案八 龜山學案、語錄，頁三十三）

似乎是答非所問，問兩儀四象八卦怎樣從太極生出，答卻講上下兩方和前後左右四維。宋元學案附註黃黎洲答萬公擇的話，「故兩儀四象八卦，生則俱生，無有次第。」楊時的答覆，第一以太極爲道的適當處，稱爲中，太極便不是實體，而祇是一種位置形態，代表道的適當之中。適當之中沒有固定的形態，隨着事體而定。那麼易經以兩儀四象八卦由太極而生，應該怎樣解釋？楊時認爲這是一種自然之理。太極爲居中的位置，則有在中位以上的上，和在中位以下的下，所以說「既有太極，便能有居中的位置的前位、後位、左位、右位」，「有上下，便有前後左右。」上下前後左右和中的位置，同時俱有，有了中，便有上下前後左右。沒有中，便沒有上下前後左右，沒有上下前後左右，也沒有中。太極爲中，兩儀爲上下，四象爲前後左右。這種解釋，當然看來很粗淺，然所貴的，則在於說太極不是萬物的根源，萬物之有是同時俱有。萬物同時俱有，是從理上說，因爲萬物同一理。

理使人與萬物爲一，萬物之理在人心，人若反身而誠，則人物爲一。

「凡形色之具于吾身，無非物也。……知其體物而不可遺，則天下之理得矣，天下之理得，則物與吾一也。」（宋元學案　龜山學案、文集、題蕭欲仁大學篇後，頁三十七）

這種思想爲二程的思想；「物與我爲一」更爲程顥的主張。但是楊時對於太極的解釋，雖也承繼二程以太極爲理的解釋，然而卻更見粗淺。

在另一方面，楊時採取張載的學說，以天地萬物皆爲一氣，氣聚成物，氣散則物滅。

「夫通天下一氣也，人受天地之中以生，其盈虛嘗與天地流通，寧非剛大乎！人惟梏於形體，故不見其至大，不知集義所生，故不見其至剛。善養氣者，無加損焉。」（宋元學案　龜山學案、文集、答胡康侯，頁三十七）

在現象界，有生有滅；在宇宙本體則無所謂加損。人所受天地之氣，爲中正之氣，即歷代所說「五行之秀氣」。人一生有各種活動，有各種心境；這都是外面的現象，人本體之氣沒有加損。人若能知道這端大道理，保養自己的氣，則能像孟子所謂的浩然之氣，充塞天地，至剛至大。聖人們都有這種氣概。

3. 心性

楊時以人性爲善，所謂性，乃天地之性，即本然之性，至於氣質之性可以爲惡，乃是反常。在語錄裏有一條：

「仲素問橫渠云，氣質之性如何？曰：人所質禀，因有不同者，若論其本則無不善，蓋一陰一陽之謂善，陰陽無不善，而人則受之以生故也。然而善者其常也，亦有時而惡矣。猶人之生也，氣得其和，則為安樂人，及其疾也，以氣不和，則反帳矣。其帳者，性也。此孟子所以言性善也。橫渠言氣質之性，亦云人之性，有剛柔緩急彊弱昏明而已，非謂天地之性。」

(楊龜山先生集，正誼堂全書、語錄。藝文書局版)

性既是善，乃是天理，人循天理，則自然與天地萬物爲一。天理在人爲性，性卽理。所謂「率性之謂道」，卽是循天理。人循天理，不是在人性上有所加添若何規則，乃是讓天理自然流露。

「人性上不可添一物，堯舜所以為萬世法，亦只是率性而已。所謂率性，循天理是也。外邊用計用數，假饒立得功業，只是人欲之私，與聖賢作處，天地懸隔。」（宋元學案 龜山學案、語錄，頁三十三）

所謂循天理，乃是正心，也是誠。心，爲人性的表露處，沒有心，人性不能表露。二程常以心和性同爲一事，也和理同爲一事。性和理都是抽象名詞，心則是具體的名詞。性由心而表露，心若正，性理則自然流露。心本來是正，是公；但若蒙上了私慾，心則偏，則私，卽所謂私心和勝心。

「人各有勝心，勝心去盡而惟天理之循，則機巧變詐不作。」（同上）

「私意萬人萬樣，安得同。因舉舊記正叔先生之語云：公則一，私則萬殊，人心不同猶面，其蔽于私乎。」（同上）

人的修養工夫，都在求誠，使心常正。程顥爲誠心主張不要自加努力，只求不妨礙天理的自然流露；程頤則主張努力修養。楊時爲誠心，隨從程頤的教導。

「易曰：君子敬以直內，義以方外，夫盡其誠心而無僞焉。」（同上，頁三十二）

「問操則存，如何？曰：古之學者，視聽言動，無非禮，所以操心也。……說經義，至不可踐履處，便非經義。若聖人之言，豈有人做不得處。學者所以不免求之釋老，爲其有高明處。如六經中自有妙理，卻不深思，只于平易中認了，曾不知聖人將妙理只于尋常事說了。」（同上，頁三十三）

心字在理學家中，從修養方面看，非常重要；從本體論方面看，則性字更爲重要。二種都以理、天、性、心同爲一事，卽同指一對象，祇是觀點不同，名詞乃不同。性，是理方面去看，人之所以爲人之理爲性，乃稱爲天理。心，則從行方面去看。修養，是對於行發生關係，因此便以心爲注意之點。楊時對於性和心，都沒有說明；因爲他接受二程的思想，以理爲性，性爲善；又取張載所說氣質之性和天地之性，乃講變化氣質，使濁汚的氣質變爲本來清明的天地之性。但他也用佛教的經文去解釋性：

「總老言經中說十識第八庵摩羅識，唐言白淨無垢，第九阿賴邪識，唐言善惡種子。白淨無垢，即孟子之言善性是也。言性善，可謂探其本；言善惡混，乃是于善惡已萌處看。」（同上，頁三十四）

這種解釋和佛教的思想並不相合，佛教由識論性，不是論人的本性，而是論識性。全祖望批評楊時，還加了別的援佛入儒的話。「又云：圓覺經言作止住滅是四病，作即是助長，止即所謂不耘苗，住滅即是無事。又云謂形色爲天性，亦猶所謂色即是空。又云維摩經云：眞心是道場，佛儒至此，實無二理。」（同上、語錄，頁三十四）後人所以批評楊時的思想很駁雜。

4. 致知

程頤講修身，以致知爲先，知纔能行，知以後則行須和知爲一，知而不行，不能稱爲好學。楊時跟隨老師的學說，以知爲先。

「為是道者，必先乎明善，然後知所以為善也。明善在致知，致知在格物。號物之數至于萬，則物蓋有不可勝窮。君反身而誠，則舉天下之物在我矣。詩曰：天生蒸民，有物有則。凡形色具于吾身者，無非物也，而各有則焉。反而求之，則天下之理得矣。由是而通天下之志，類萬物之情，參天地之化，其則不遠矣。」（同上、答李杭文集，頁三十六）

楊時講致知格物，以程顥的思想爲根據。程顥講反身而誠，則得知天理；因天理在我心。程頤主張格外面的事理，窮一事物之理，則能明萬物之理；因天地爲一理。

「學始于致知，終于知至而止焉。致知在格物，物固不可勝窮也，反身而誠，則舉天下之物在我矣。」（同上、題蕭欲仁大學篇後，頁三十七）

「反身而誠，則擧天下之物在我矣。」爲程顥的主張。程頤雖也主張反身而誠，然以誠爲敬。敬字的意義，楊時接受程頤的主張，「致一之謂敬，無適之謂一。」

程門的敎育，都注重實踐，實踐的方法，首在靜坐。楊時和游酢侍立雪深一尺的故事，那時程頤是在閉目瞑坐，即是靜坐。二程的門人，也都學習這種工夫。楊時說：

> 「夫至道之歸，固非筆舌所能盡也，要以身體之，心驗之，雍容自盡，燕閒靜一之中，默而識之，兼忘于書言意象之表，則庶乎其至矣。反是，皆口耳誦數之學也。」（同上、文集、寄翁好德，頁三十五）

「燕閒靜一之中，默而識之。」乃靜坐的方法。靜坐爲閒、爲主一、爲默念。由靜坐而能進於日常生活，便見實踐的效力。

5. 傳授：羅從彥・李侗

楊時年壽很高，在理學思想上，連接了北宋和南宋的理學。楊時的門生中，以羅從彥爲最著，從彥的弟子中有李侗，為朱熹的業師。

楊時的理學思想，不僅是出於二程，而且也沒有出乎二程思想的範圍，祇是把二程的思想混合在一起，兼併在用；而且採取張載和佛道的觀念，沒有能夠予以融合，所以後人批評他的思想，雜駁不純。

羅從彥字仲素，生於宋神宗熙寧五年（公元一〇七二年），卒於宋高宗紹興五年（公元一一三五年）和楊時同年去世，年六十四歲。世稱豫章先生。

李延平名侗字愿中，生於宋哲宗之祐三年（公元一〇九三年），卒於宋孝宗隆興元年（公元一一六三年），年七十一歲。他沒有留下著作，僅有朱熹所編延平問答二卷。

羅從彥和李侗，在宋朝理學家的位置，是在建立理學家靜坐修身的方式。二程雖已講究靜坐，但沒有以靜坐為學說的中心。羅從彥和李侗則專重靜坐以養心，羅從彥在羅浮山習靜坐，李侗在家習靜坐四十年，造成了南宋理學的風氣。

羅從彥從學程頤，再從學楊時，然他心中欽佩佛教的心法，默契坐禪。

「佛氏之學，端有悟入處。其道宏博，世儒所不能窺，然絕乎人倫，外乎世務，非堯舜孔子之道。趙普之對太宗曰：陛下以堯舜之道治世，以浮屠

之教修心，蓋不知言者。」（豫章學案　宋元學案十，頁六十）

羅從彥在思想上當然是反對佛教思想，以佛教「絕乎人倫，外乎世務。」和儒家之道不相合；但是在實踐生活上，則喜歡佛教的靜坐，李侗記述說：

「先生令愿中靜中看喜怒哀樂未發之謂中，未發時作何氣象，不惟於進學有方，亦是養心之要。」（同上，頁六十三）

中，解爲未發的氣象，乃是呂大臨和程頤的爭論。呂大臨以中爲性的本體，程頤解釋爲情未動時性的狀態，後來程頤的門人便把中解釋爲情未動時的氣象。在中庸上中不是氣象，乃是理；因此，情動而中於理，稱爲中節，稱爲和，即是合於人性，也是誠。把中解爲氣象，中便成爲一種心理狀態，由守靜去體驗；這和道教的靜坐以及佛教的坐禪，都有些相似了，似乎是參透心裏的佛性。從彥向楊時受教時，楊時開始「以饑渴害心，令其思索，先生從此悟入；故於世之嗜好，泊如也。」（同上，頁五十八）楊時的教導，有以佛教禪師的指點，而史稱羅從彥「悟入」，也是佛教的名詞。

黃宗羲在豫章學案的案語說：「宗羲案楊道夫言，羅先生教學者靜坐中看喜怒哀樂未發作何氣象，李先生以爲此意不惟於進學有方，兼亦是養心之要。而遺書有云：既思則是已發者，疑其與前所擧有礙。黃勉齋曰：羅先生以靜坐觀之，乃其思慮未萌，虛靈不昧，自有以見其氣象，則初無害于未發。蘇季明以求字爲問，則求非思慮不可。此伊川所以力辯其差也。朱子曰：羅先生說，恐終有病。如明道亦說靜坐可以爲學，上蔡亦言多著靜不妨，此說終是少偏，才偏便做病。道理自有動時，自有靜時，學者只是敬以直內，義以方外，見得世間無處不是道理，不要專要去靜處求。所以伊川謂只用敬，不用靜，便說平也。案羅豫章靜坐看未發氣象，此是明道以來，下及延平，一條血路也。蓋所謂靜坐者，不是道理只在靜處，以學者入手，從喘汗未定之中，非冥心至靜，何處見此端倪。久久成熟，而後動靜爲一。若一向靜中擔閣，便爲有病。故豫章爲入手者指示頭路，不得不然。朱子則恐因藥生病，其言各有攸當也。」（同上，頁六十三—六十四）

靜坐，不是道理，而是方法。方法中所求的，不是知識，而是心理氣象。靜坐不是求知天理，不是由理智方面去求知人性，去認識人性，去認識人性之理，乃是由感情方面去體驗感情未動的時候，心中是何種氣象，即是心中絕對沒有所向的時候，一切空虛，氣象若何？朱熹當然不贊成這種修養法，因爲他注重智識，又注重實踐修德。怕這種靜坐方法使人落入空而疏，沒有實踐工夫。在羅從彥自己一方面是求實踐，重躬行，然門生中則免不了偏於空疏。從彥自己說：

「古人所以進此道者，必有由而然。夫中庸之書，世之學者，盡心以知性，躬行以盡性者也。而其始則曰喜怒哀樂之未發謂之中，其終則曰夫焉有所倚，肫肫其仁，淵淵其淵，浩浩其天。此言何謂也？差之毫釐，謬以千里，故大學之道，在知所止而已。苟知所止，則知學之先後，不知所止，則于學無由進矣。」(同上，頁六十二)

羅從彥在這一段語錄裏，把中庸和大學連貫在一起，這正是理學家治學的共同途徑和目標。在這段語錄裏，指出「盡心以知性，躬行以盡性。」很多些道理。盡心爲知性，他注重認識人性，爲認識人性，須要盡心；從程顥的思想說，「盡心以知性」爲順自己的心，使心能自然流露，就能知性；這是大學所說的「明明德」。「躬行以盡性」，按程頤的思想說，則是躬行實踐修身之道，在行爲上遵守義理，即是「義以方外」。他把「盡心」和「躬行」相對，「知性」和「盡性」相對。「知性」爲大學之道，「盡性」爲中庸之道。他又把「喜怒哀樂未發之謂中」作爲求學的開始步驟，以「肫肫其仁」爲最終的止點。中和仁都視爲心理氣象，這乃是靜坐的特色，朱熹批評他有所偏。

李侗受學於羅從彥，歸而隱居，習靜坐四十年，雖家貧，簞瓢屢空，心中卻很愉快。他受羅從彥的指教，體認喜怒哀樂未發時的心理狀態。一生常抱持這種主張，力行不懈，行得久了，在一切事上都能貫徹這種氣象，對於事件都能應付得合於道理。學案云：「由是操存益固，涵養益熟，泛應曲酬，發必中節。」（同上，頁六十五）

他思想的出發點，是在認識人性。人性本來不可爲人所知，祇能由心去知性。羅從彥曾說「盡心以知性」，李侗說：

「天下之理，無異道也。天下之人，無異性也。性惟不可見，孟子始以善形之。惟能自性而觀，則其致可求。苟自善而觀，則理一而見二。」（同上，頁七十四）

性爲理，理一，天下之人同一性。然天地萬物之理相同，是否性也相同？二程已講理一而殊，他們的弟子也都有同樣的主張。人之性爲理，怎樣可以知道性之理呢？應由心去知道性理。孟子由心的善端去講道，李侗認爲由善端以觀性，則理有分別，因爲把性和善分成爲兩事，則「理一而二」。

由心以觀性，爲人自觀其性。爲能自觀自己的性，心要虛。若是心中有事，則心爲實。心中有事，外物引着心而動，便不能見性

「虛一而靜。心方實，則物乘之，物乘之則動。心方動則氣乘之，氣乘之則惑，惑斯不一矣。則喜怒哀樂者，皆不中節矣。」（同上，頁七十四）

「虛一而靜」爲二程的思想，由靜而虛，虛乃一。這所謂一，在二程的弟子們看來，爲喜怒哀樂未發時之心的氣象。保持虛一，也就是存心。

「爲學之初，且當常存此心，勿爲他事所勝。凡遇一事，卽當且就此事反復推尋，以究其理。待此一事融釋脫落，然後循序少進，而別窮一事。如此既久，積累之多，胸中自當有灑然處，非文字言語之所及也。」（同上，頁七十四）

這種致知方法，乃是程頤的致知法，也是後來朱熹的格物致知。但李侗所注意的，還是心中的氣象，即「胸中自當有灑然處」，灑然爲一種自然貫通無所牽掛的氣象，即心中沒有私欲的牽掛。這種氣象的造成，爲每件事理在心中能够「融釋脫落」這四個字，不是指着心中對事物之理，明白看清，而是指着心中的氣象，即是這件事情的理，和心中之理相融合，而和外面的事件相脫落了。

「學者之病，在於未有灑然冰解凍釋處。縱有力持守，不過苟免顯然悔尤而已。若此者，恐未足道也。」（同上，頁七十四）

學者若不能達到使事理和心中之理相融解，以事物之理，心中之理爲一理，兩理不相融合，不能說是有所成。爲達到「融釋」的氣象，須要靜坐。

「學問之道，不在多言，但默坐澄心，體認天理。若真有所見，雖一毫私欲之發，亦退聽矣。久久用力於此，庶幾漸明，講學始有力耳。」（同上，

頁七十四）

「默坐澄心」爲學者求學和修身的工夫，求學在致知修身之道，修身則是實踐所致之知，兩者相合，都由靜坐作爲工夫。靜坐時體認天理，卽是致知；這種致知法，乃是程顥的致知法，雖和程頤的致知法不相衝突，究竟所有的根據和實踐的方法，彼此不相同。李侗有時講程頤的致知法，有時講程顥的致知法；然而實際上他所遵循的方法，爲程顥的方法，卽「默坐澄心」。

關於喜怒哀樂未發和已發的問題，朱熹曾記有一段答問。朱熹問太極動而生陽，乃是動，動而見天地之心代表喜怒哀樂已發，已發乃見人之心。李侗答覆說不能作爲動也不能作爲已發看。太極動而生陽，只是理。先儒常以靜而見天地之心，程頤以太極動而生陽爲動之理，並不是說動。因此，也不能以喜怒哀樂已發時能見人之心。（同上，頁六十九）李侗繼承羅從彥的主張，也是呂大臨的主張，以未發之中爲人心之本體。靜坐乃見心之本體。

朱熹又問孟子所謂養氣，李侗答謂心與氣合一，「孟子所謂養氣者，自有一端緒，須從知言處養來，乃不差，於知言處下工夫，儘用熟也。」（同上，頁六十六）所謂知言，卽是體認「心與氣合之時不偏不倚氣象」，卽是喜怒哀樂未發時的氣象，卽是中。

不僅心與氣合，也要「理與心爲一」，不僅在喜怒哀樂未發時心與理爲一，更要在已發時，理與心爲一，卽是中節之和。這種和乃是心之理自然流露，不是心隨合外面事物之理。若是心隨合外面事物之理，則心和理爲一內一外，便不是一了。

朱熹記述李侗教學的方法和思想：

「李先生意，只是要學者靜中有個主宰存養處。」（同上，頁七十七）

「李先生敎人，大抵令於靜中體認大本未發時氣象分明，卽處事應物，自然中節。此乃龜山門下相傳指訣。」（同上，頁七十七）

朱熹自己說不接受這種思想，因此沒有深入去研究，別的門人，則雖接受而沒有了解老師的意思，故後來沒有承傳。

五、蜀　學

1. 緒　論

在宋朝的文學史裏，三蘇的地位很高，尤其是蘇軾，可以說是宋朝文學的代表人物。但是在理學的歷史裏，卻沒有他們父子三人的名字。然而當時所分的洛蜀兩派，並不是因着文章筆法而分派，而是因着思想而分的。因此，蜀學也必定有自己的哲學思想，雖不能像洛學的二程和門生一樣的廣博深淵，在理學上也應有一席的地位。秦觀曾反駁人家以三蘇祇是文學作家而不是思想家，他說：

「蘇氏之道最深於性命自得之際，其次則器足以任重，識足以致遠，至於議論文章，乃其與世同旋，至粗者也。閣下論蘇氏而其說止於文章，意欲尊蘇氏，適卑之耳。」（淮海集　卷三〇、答傅彬老簡）

「老蘇先生，僕不及識其人。今中書補闕二公，則僕嘗身事之矣。中書之道，如日月星辰，經緯天地，有生之類，皆知仰其高明。補闕則不然，其道如元氣行於混淪之中，萬物由之而不知也。故中書嘗自謂吾不及子由，僕竊以為知言。」（同上）

老蘇爲蘇洵，中書爲蘇軾，補闕爲蘇轍。蘇洵，字明允，生於宋眞宗大中祥符二年（公元一〇〇九年），卒於宋武宗治平三年（公元一〇六六年），年五十八歲，著有嘉祐集十五卷。蘇軾，字子瞻，號東坡，生於宋仁宗景祐三年（公元一〇三六年），卒於宋徽宗建中靖國元年（公元一一〇一年），年六十六歲，著有東坡詩文集。蘇轍，字子由，生於宋仁宗寶元二年（公元一〇三九年），卒於宋徽宗政和二年（公元一一一二年），年七十四歲，著有欒城集。

蘇氏的朋友和柔，有秦觀、黃庭堅、晁補之、張耒。秦觀，字少游，生於宋仁宗皇祐元年（公元一〇四九年），卒於宋徽宗建中靖國元年（公元一一〇一年），年五十三歲，著有淮海集。晁補之，字無咎，生於宋仁宗皇祐五年（公元一〇五三年），卒於宋徽宗大觀四年（公元一一一〇年），年五十八歲，著有鷄肋集。黃庭堅，字魯直，號山谷，生於宋仁宗慶曆五年（公元一〇四五年），卒於宋徽宗崇寧四年（公元一一〇五年），年六十一歲，著有豫章黃先生文集，更以詩名於世。張耒字文潛，生於宋仁宗至和元年（公元一〇四五年），卒於宋徽宗政和四年（公元一一一四年），著有張右史文集。

蘇洵所著嘉祐集，沒有關於理學思想的文章，僅有六經論和太玄論涉及理學思想。在六經論裏有「易論」一篇，以易經之道爲幽秘不可解，天下人乃尊重聖人。「探之茫茫，索之冥冥，童而習之，曰首而不得其源；故天下視聖人如神之幽，如天之高，尊其人而其敎亦隨之而尊。故其道之所以尊於天下，而不敢廢者，易爲之幽也。」（嘉祐集 卷六）對於揚雄的太玄，蘇洵加以攻擊，「蓋雄者，好奇而務深，故辭多夸大，而可觀者鮮。如之以十八第，中之以三十六，終之以七十二，續之以二萬六千二百四十四，張而不已，誰不能？然蓋總例之外無觀焉。」（嘉祐集 卷七、太玄總例）蘇洵好作史論和政治論的文章，有漢朝賈誼的筆調。

蜀學的思想，頗帶佛教和道教的色彩；因爲三蘇以及他們的門生，常和僧人道士交遊，而且信佛。蘇洵的嘉祐集有「彭州圓覺禪院記」，記中說：「予在京師，彭州僧保聰來求識予甚勤，及至蜀，聞其自京師歸，布衣蔬食以爲其徒先，凡若千年，而所居圓覺寺大治。一日，爲予道其先師平潤事與其院之所以得名者，請予爲記。予佳聰之不以叛其師而悅予也，故爲之記。」（同上，卷十四）另外有一篇「極樂院造六菩薩記」，記他自已爲已亡的父母妻兒姊妹造六菩薩於極樂院，使亡者魂有所安，他說將離家出遊，以忘自己的老境，「將去，慨然顧墳墓追念死者，恐其魂神精爽，滯於幽陰冥漠之間，而不獲曠然道乎逍遙之鄉，於是造六菩薩並龕座二所，蓋釋氏所謂觀音，勢至，天藏，解寃結，引路王者，置於極樂院阿彌如來之堂。庶幾死者有知，或生於天，或生於四方，所適如意。」（同上，卷十四）。洛學的二程和弟子，雖受禪學影響，但極力排佛。蜀學三蘇和弟子等，常和僧道遊。如禪宗僧人辯才、元淨、海月、慧辯、參寥、道潛等人，都是蜀學學者的好友。晁補之自述「年二十許時卽知歸依正法，更不生疑。」（鷄肋集 卷六十九、答楷老別紙）鷄肋集的第六十九卷和第七十卷，名「釋氏贊疏」，稱崇佛法。黃庭堅的豫章黃先生文集第十四卷和第十五卷都是一些和尚的贊和頌。張耒稱讚佛僧的得道：「滿坐繩床百事貧，荒溪古屋四無鄰，爲生易足君無笑，渠是人間得計人。」（張右史文集 卷三十四、題寒溪長老方丈）「一粥一齋年已老，千經萬論不留心，菩提本自非言說，默默知師得更深。」（張右史文集 卷三十五、贈圓明老）

因此有人說「與洛學比較，蜀學是更多地接受佛學的影響，並公開地宣揚佛學。蜀學學者以談禪相尚，並撰作了大量佛教的文章。……同時，蜀學學者也講求道教方術。蘇軾自八歲即從道士爲師（志林卷二），他寫了不少龍虎鉛汞論一類道教文字，實際上也確曾『用道書方士之言，厚自養煉。』蘇軾自稱『心是道士。』」（註八）

2. 形上學思想

蘇軾曾作思陵易傳，蘇轍曾作老子解，在兩種著作中，可以窺見二蘇的形上學思想。二蘇以「道」爲天地萬物的根由，「道」爲非有非無，恍惚不定，中含有精。這些都是老子的思想，但蘇轍不以「道」爲無，蘇軾更以太極之極有虛極、實極，虛極爲無，實極爲有。

「道非有非無，故以恍惚言之。……方有無之未定，恍惚而不可見；及其

有無之交，則見其窈冥深渺，雖未成形而精存乎其中矣。」（老子解、孔德之容章第二十一）

「至虛極於無，至實極於有，無為大始，有為成物。」（毘陵易傳 卷七）

「太極者，有物之先也。」（毘陵易傳 卷七）

無和有，爲物的始和成。無爲道，有爲氣。氣分陰陽。易經說一陰一陽之謂道，蘇軾以「道」是陰陽未交，雖是未交，已是氣，蘇轍便稱爲元氣。「道」若稱爲元氣，則「道」和「元氣」爲一，無和有也爲一，「道」爲無的一面，元氣爲有的一面。

「陰陽未定，元氣也。非道也。」（欒城遺言）

陰陽既交，乃有五行，五行以水爲第一，因「天一爲水」，也因爲水的形態不定，其他四行則有固定的形態。

「凡可見者皆物也，非陰陽也。然謂陰陽為無有可乎？雖至愚知其不然

> 也。物自何生哉？故借陰陽以言之，曰『一陰一陽之謂道』。一陰一陽者，陰陽未交而未生之謂也，喻道之似，莫密於此者矣。」
>
> 「陰陽一交而生物，其始為水。水者，有無之際也，始離於無而生於有矣。老子識之，故其言曰：『上善若水，』又曰：『水幾於道。』聖人之德雖可以名言，而不囿於一物，若水之無常形，此善之上者，幾於道矣。若夫水之未生，陰陽之未交，廓然無一物而不可謂之無有，此真道之似也。」（毘陵易傳　卷七）

蘇軾雖以道德經解釋易經，但是他不接受老子的「有生於無」的主張，他以「道」不是「無有」，乃是有，祇因恍惚不定，乃稱為無，實則無和有為一，道是無又是有，有和無為道的兩面。他把易經和道德經的思想，混合為一。水為五行之首，也是把儒家的思想和道家相混，而且滲有道教的方術思想。蘇軾曾作「天慶觀乳泉賦」：

> 「陰陽之相化，天一為水。六者其壯，其一而稺也。夫物老死於坤，而萌芽於復，故水者，物之終始也。」（東坡文集　卷二）

「天下之至信者，唯水而已，江河之大與海之深兮，可以意揣，唯其不自為形，而因物以賦形，是故千變萬化，而有必然之理。」（東坡文集　灧澦堆賦卷一）

陰陽爲氣，萬物之成，由氣而成；氣便是萬物的成素，萬物非氣莫成。儒道都有這種思想。秦觀講氣，近於當時的理學思想。

「氣之為物，至矣！其在陽也，成象而為天，其在陰也，成形而為地。……氣也者，天之所以旋，地之所以運也，況於人乎！夫氣之主在志，志之主在心。心者，神之合也；志者，精之合也；氣者，魄之合也。神虧則精不復，精弊而魄不寧，君子虛心以養志，弱志以養氣，故能外探事物之奧，內安性命之情，浩然無際，與道自會，豈將通體乎天地，同情於陰陽而已哉！嗚呼，氣之為物亦已至矣！」（淮海集　卷二十四、浩氣傳）

秦觀又將儒道的思想相混合了，浩然之氣爲孟子所講，孟子集義養氣，氣乃充塞天地。

孟子所說的浩然之氣，爲一稱心理的氣象。理學家張載的「西銘」，以人和天地萬物同體。秦觀則以莊子的養生，加入孟子的養氣裏，以浩然之氣，爲人之氣和道相合，「浩然無際，與道相會。」

在「氣」的意義上，儒家以這種因素爲本體的因素，不牽涉生理活動，道家則以氣爲本體因素也是生理因素。儒家以心思之官的精神生活代表人的特性，氣便進入人的精神生活，孟子的養氣爲精神生活的活動；道家的養生則是生理生活的活動，轉而爲求長生。秦觀把兩家的思想混合一起，使孟子在精神生活的養氣，變成了道家的「與道相合」的長生思想。

另外還有一點，蜀學學者也把道家和儒家的思想相混。老子莊子都以天地萬物的變化爲自然的變化，沒有上天的主宰；莊子雖也講造物主，然而祇信造物主造生萬物，不信造物主掌管人物。儒家則信上天造生人物，也掌管人物。二蘇則一面講「自然」，一面講主宰之帝：

「萬物自生自成，故天地設位而已。」（毘陵易傳　卷八）

「天地無私而聽萬物之自然，故萬物自生自死，死非我虐之，生非吾仁之也。」（老子解　天地不仁章　第五）

老子以天地爲不仁，易經以天地生生之易爲仁，兩者思想互相對立。二蘇好似王弼以老莊的思想解釋易經；但卻又謂在天地變化之中，有神妙莫知之處，神妙莫知之處由神主宰。

「是萬物之盛衰於四時之間者也，皆其自然，莫或使之；而謂之帝者，萬物之中有妙於物者焉，而謂之帝云爾。」（毘陵易傳　卷九）

「小物寡衆，蓋有可以力取而智奪者；至於天下之大，有神主之。」（老子解　將欲取天下章第二十九）

在二蘇的生活裏，雖多浪漫的色彩，然而造物主和天命的思想也常有。

「惟江上之清風與山間之明月，……是造物者之無盡藏也，而吾與子之所共適。」（東坡文集　卷一、前赤壁賦）

「天之生是人也，將使任天下之重，……齊得喪，忘禍福，混貴賤，等賢愚，同乎萬物，而與造物者遊。」（東坡文集　卷五十、韓魏公醉白堂記）

在宇宙的變化裏，老莊看爲一切都自然變化，死生也是一樣，沒有意義；儒家以宇宙變化爲生生之仁，人的一生應參天地的化育。蜀學學者喜歡談老莊的宇宙變化，自然而生自然而死；但又不忘孔孟之道，以勤政愛民爲職務。

「萬物不能常有，有極則入於無；亦不能常無，無極則入於有。變者，自有入於無者也；化者，自無入於有者也。方其入也，則質散而返形，形散而反氣，氣散而返於芒忽之間。……此物之極者所以由之也。方其出也，則芒忽之間而合成氣，氣合而成形，形合而成質，……此物之生者所以由之也。是故物生謂之化，物極謂之變。……是二者，獨生之有死，晝之有夜，動之有靜，往之有來，常相待為用，而未有能獨成者也。……」（秦觀 淮海集 卷二十三、變化論）

物的變化不息，生死相繼續，人生也祇是須臾卽過，無可留戀。但求無愧於心。

「以先生之道，仰不愧天，俯不怍人，內不愧心，某雖至愚亦知無足憂者。」（秦觀 淮海集 卷三十、與蘇黃州簡）

蜀學和洛學的不同點，在形上學思想方面，不大特出，因蜀學學者不大談性理之學；在人生哲學思想方面則兩者有特出的不同點。洛學學者講求修養，養心養氣，靜坐主敬；蜀學學者則豪放不羈，飲酒賦詩，求自然界山水之樂。「程頤傳」說：「方是時，蘇子瞻軾在翰林，有重名，一時文士多歸之。文士不樂拘檢，迂先生所爲，兩家門下，迭起標榜，遂分黨爲洛蜀。」

3. 人生哲學思想

蜀學的人生哲學思想，在形上本體方面，和一般理學家的思想沒有多大分別，談性談心談神談命。蜀學的特點，在於不以善惡言性。

「性之為體，充遍宇宙，無遠近古今之異。古之聖人，其所以不出戶牖而無所不知者，將其性全故耳。世之人為物所蔽，性分於耳目，內為身心之所紛亂，外為山河之所障塞，見不出視，聞不出聽，戶牖之微能蔽而絕之，不知聖人復性而足，乃欲出而求之，是以彌遠而彌少也。」（老子解不出戶章第四十七）

「昔於孟子以為性善，以為至矣，讀易而後知其未至也。孟子之於性，蓋見其繼者而已矣！夫善，性之效也。孟子未及見性而見性之效，因以所見者為理。猶火之能熟物也，吾未見火而指天下之熟物為火。夫熟物則火之效也。」（毘陵易傳）

復性的解釋和程顥的思想相近，理是性在心內，人不要向外物追求，應向內心識性。不以善爲性，後來遭到朱熹的駁斥。

「性至於是則謂之命。命，令也，君之命曰命，天之令曰命，性之至者亦謂曰命。」（毘陵易傳卷一、乾）

「凡進以禮，退以義，動而智，靜而仁者，皆性也。窮通之有數，廢興之不常者，皆命也。君子審去就之分，循得喪之理，以盡其性，則寵辱於

己，猶蚊蠻之一過，死生於己，猶夜旦之一易，皆命之偶然者也，烏足槩其心哉。」（秦觀　淮海集　卷二十四、浩氣傳）

「天命之謂性」，性由天命而來。普通所謂命，乃是上天對於一個人的個別事的命令，「性至於是則謂之命。」人的窮富壽夭曰命，人的重任也曰命。

「夫氣之主在志，志之主在心。心者，神之合也；志者，精之合也；志者，魄之合也。……君子虛心以養志，弱志以養氣。」（秦觀　淮海集　卷二十四、浩氣傳）

這一段話是孟子的思想，孟子主張以志帥氣，又主張不動心。心爲人之主，心動所向爲志，志便由心所管制。氣，充實身體百肢，心既定志乃動肢體，故「氣之主在志」，氣由志去率領。至於說：「心者，神之合也。」卽是說心爲精神體。「志者，魄之合也。」魄爲陰氣，魄成軀體，故志爲魄所合。秦觀所講的養生，「虛心以養志，弱志以養氣。」則是莊子的養生法。

生。

蜀學的人生哲學思想採取道家的人生哲學思想，講無爲，講物外，講求自然之樂，講養

「子亦見夫蜩與鷄乎，蜩登木而號，不知止也；鷄俯而啄，不知仰也。其固也如此，然至其蛻與伏也。則無視無聽，無饑無渴，默化於恍惚之中，而候伺於毫髮之間，雖聖智不及也。」（蘇軾　東坡文集　卷五十二、衆妙堂記）

「力生於所濟，而不自為力，故不勞；形生於所遇，而不自為形，故不窮。」（蘇軾　東坡文集　卷五十二、清風閣記）

「凡物皆可觀，苟有可觀，皆有可樂，非必怪奇偉麗者也。餔糟啜漓，皆可以醉，果蔬草木，皆可以飽。推此類也，吾安往而不樂！夫所謂求福而辭禍，以福可喜而禍可悲也。人之所欲無窮，而物之可以足吾欲者有盡，美惡之辨戰手中，而去取之則交乎前，則可樂者常少，而可悲者常多，是所謂求禍而辭福也。夫求禍而辭福，豈人之情也哉，物有以蓋之矣！彼遊於物之內，而不遊於物之外。物非有大小也，自其內而觀之，未有不高且大者也。彼其高大以臨我，則我常眩亂反覆，如隙中之觀鬬，又焉知勝負

之所在？是以美惡橫生而憂樂出焉，可不大哀乎！……臺高而安，深而明，夏涼而冬溫，雨雪之朝，風月之夕，余未嘗不至，客未嘗不從，擷園蔬，取池魚，釀秫酒，瀹脫粟而之食，曰樂哉遊乎。方是時，余弟子由適在濟南，聞而賦之，且名其臺曰超然。以見余之無所往而不樂者。蓋遊於物之外也。」（蘇軾 東坡文集 卷五十、超然臺記）

「今夫山居者知山，林居者知林，耕者知原，漁者知澤，安於其所而已，其樂不相及也，而臺則盡之。天下之士，奔赴於是非之場，浮沈於榮辱之海，囂然盡力而忘返，亦莫自知也，而達者哀之，二者非以其超然不累於物故邪？老子曰：雖有榮觀，燕處超然。嘗試以超然命之，可乎？」（蘇轍 欒城集 卷十七、超然賦並序）

這種超然物外的精神，爲道家的精神。蘇軾深受道士的影響，也受佛敎僧人的影響。對於人生，他在「前赤壁賦」說：

「蘇子曰：客亦知夫水與月乎？逝者如斯而未嘗往也，盈虛者如彼而卒莫

消長也。蓋將自其變者而觀之，則天地曾不能一瞬，自其不變者而觀之，則物與我皆無盡也。」（東坡文集 卷一）

蘇軾和黃庭堅、秦觀，都不是玩世之人，不採取魏晉清談派竹林七賢的悲觀思想和頹廢人生觀，他們是儒者，但不贊成程頤一派人的拘整，有曾點愛好自然美景的精神。當時佛教禪學和道教的逃世思想，頗盛行於社會，二程極力排斥佛道，二蘇則和僧人道士遊。蜀學的思想中，乃滲入佛道的思想。蘇軾嘗以道士方術以養生。在文集中有「龍虎鉛汞論」，有「上張安道養生訣論」，又有「服胡麻賦」。

「我夢羽人頎而長兮，惠而告我藥之良兮，喬松千尺老不僵兮，流膏入土龜地藏兮，得而食之壽莫量兮，於此有草衆所嘗兮。」（蘇軾 蘇東坡全集，服胡麻賦）

然蘇軾居官，每至一處必爲民謀福利，本獄訟，百民都很喜愛他，有一般儒家君子之風。

六、湘學

蜀學不是專於理學的學派，湘學則是理學的一宗；然而蜀學和洛學爲兩派思想，湘學和洛學卻是脈絡相承。湘學的第一人爲胡安國，繼起的爲他的兒子胡寅胡宏，而發揚光大的人則爲張栻。張栻以後無傳人，中國哲學史上再不講湘學，及到明末王船山再振湘學的名字，然而王船山的學自爲一家，不是承接宋朝的理學。

1. 胡氏父子

(甲) 緒　論

胡安國，字康侯，崇安人，生於宋神宗熙寧七年，(公元一〇七四年)，卒於宋高宗紹興八年(公元一一三八年)，年六十五歲。著有春秋傳、資治通鑑、舉要補遺及文集。學者稱爲武夷先生。長子胡寅，字明仲，生於宋哲宗元符元年(公元一〇九八年)，卒於宋高宗紹興二十六年(公元一一五六年)，著有論語詳說及詩文集，學者稱爲致堂先生，年五十九歲。胡宏，字仁仲，生於宋徽宗崇寧四年（公元一一〇五年），卒於宋高宗紹興二十五年（公元一一五五年）年五十一歲，著有知言五卷、詩文集五卷、皇天大紀八十卷、五峯易外傳一卷，學者稱爲五峯先生。

胡安國晚年奉祠，休於衡嶽的山麓。胡寅當秦檜爲相時，退歸衡州。胡宏不仕，優游衡山二十餘年。因此，父子三人，創立湘學。張栻曾師事胡宏，繼承了他們的思想，發揚了理學的湘學一宗。胡安國和楊時相識，又因楊時認識了謝良佐和游廣平。學者便以胡安國或爲楊時的弟子，或爲謝良佐的弟子；然而胡安國自己則說和游楊謝三公，皆義兼師友。

胡氏父子，皆排擠佛學。胡安國壯年時，曾讀佛書，後遂摒絕。胡寅有崇正辨，攻擊佛家。胡宏曾在一信上說：「來教謂佛氏所以差了途轍者，蓋由見處偏而不該爾。見處偏，踐履處皆偏。大抵入道者，自有聖人所指大路，吾輩但當篤信力行。其他異同，一筆勾斷。」（宋元學案十一 五峯學案，頁三十五，與曾吉甫書）當初，張栻請見胡宏，宏辭以疾。張栻不知道底中原因。後來孫正孺告訴他，是因爲他好佛，胡宏拒而不見。栻乃改變所學，再請見，胡宏纔收他爲門生。

胡氏父子的思想，都集中在修養一方面，不是講求靜坐的方法，而是講心、性、仁的理論。他們不講宇宙論，少談易經，但多談中庸大學。所以他們的思想祇有人道，而缺乏天道，不能成一完全的系統。

（乙）性

胡宏的知言，講論「道」，以「道」充塞人身和地。他所講的道，不是老子所講的道，乃是中庸所講的道。中庸所講的道，爲人生之道，即是人生的原則；然而人生之道，以天地運行之道爲根本；因此「道」便充乎人身，塞乎天地。

「道，充乎身，塞乎天地。而拘於墟者，不見其大。存乎飲食男女之事，而溺於流者，不知其精。」（宋元學案十一 五峯學案，頁二十五）

所謂道，乃是事物之理，也是行動的原則。胡宏也說命之道爲誠，性之道爲中，心之道爲仁。

「誠者，命之道乎！中者，性之道乎！仁者，心之道乎！」（同上，頁三十四）

修身之道，在乎窮理盡性；這是程門一貫的學說。蘇氏蜀學絕不談窮理盡性，胡氏湘學則最注重這點。

「嘗答曾幾書曰：窮理盡性，乃聖門事業。物物而察，知之始也。一以貫之，知之至也。」（宋元學案 武夷學案，頁一百十一）

「物物而察」，爲程頤的主張，研究外面事物之理，以知天理。「一以貫之」，乃是心與理爲一；佛教以心和理爲二，以心爲空，以理爲障礙，理和心相分離。二程常講理與心爲一，另外是程顥以心無內外。胡寅辯斥佛教說：

「佛教以心為法，不問理之當有當無也，心以為有則有，心以為無則無，理與心二，謂理為障，謂心為空，此其所以差也。聖人心卽是理，理卽是心，以一貫之，莫能障者，是是非非，曲曲直直，各得其所。物自付物，我無與焉。」（宋元學案十一 衡麓學案，頁十二）

心與理一，理卽是性，乃是理學家的一貫主張。胡氏兄弟以性爲本，天地萬物都因性而立。

「天命之謂性，性，天下之大本也。」（宋元學案，五峯學案、十一，頁二十七）

「或問性，曰：性也者，天地所以立也。」（同上，頁三十一）

胡宏講性，以性爲「天下之大本」，「天地所以立」，究竟有什麼意義？「大本」出自中庸，中庸以中爲天下的大本，以和爲天下的達道。胡宏借用中庸的大本，用於性，他便是以中爲性的本體。這一點和程頤的主張不同，程頤以中爲性的氣概。然而呂大臨和楊時、羅從彥等人，都以中爲喜怒哀樂的未發，爲性的本體。胡宏的思想和他們相同。不過，胡宏又另有一種主張，則爲同時學者和後一輩的張栻和朱熹所非難。胡宏在上面我們所引的一段話裏，後面有這樣的一句話：

「心也者，知天地，宰萬物以成性者也。」（同上，頁二十七）

胡宏說性爲天地的大本，然而堯舜禹湯文王孔子都講盡心，因爲盡心乃能成性。朱熹批評這句話裏的「成性」，說得不妥當，他和張栻往復論辯。

「朱子曰：以成性者也，此句可疑，欲作而統性情也。何如？」

「張南軒曰：統字亦恐未安，欲作而主性情。何如？」

「朱子曰：所改主字極有功。……」

「呂東萊曰：成性固可疑，然今所改定，乃兼性情而言，則與本文設問不相應。」（同上，頁二十七、頁二十八）

胡宏講正心或盡心以成性，朱熹認爲說得不妥，因爲性不由心而成。但他改作心統性情或兼性情，和原文的文勢不通。張栻以爲可作爲心主性情；然也不合原文的意義。胡宏的思想，在於孟子的盡心知性，人若能盡心，則能表現自己的性，因爲性以心而顯。胡宏所說的成，不是說性的本體因盡心而成，乃是說盡心則性可知，性在人的知識內乃能成。朱熹在他自己所作的批評裏也說到這一點：

「故孟子旣言盡心知性，又言存心養性；蓋欲此體常存，而卽事卽物，各

用其極，無不盡云爾。以大學之序言之，則盡心知性者，致知格物之事，存心養性者，誠意正心之事。……」（同上，頁二十七）

盡心知性爲精神生活的最高點，程顥以爲人心若沒有私慾的障蔽，自然會流露自己的明德，明德爲性，盡心知性即是大學所謂「明明德」。聖人心地清明，自然能盡心知性。常人則有私慾，便要有存養的工夫，孟子乃說存心養性，保存心的本有明德，以養育「性」的發展。

性爲理，理自然不僞。聖人常人同有一理。胡寅攻斥佛僧毀滅人性至理。人當父母喪時，必悲痛毀身，佛僧竟以爲「恩愛重賊」，須以佛法管制。胡寅說：

「法雲之所為（及居母愛，毀瘠過禮），乃人之本心，自古至今，欲掃除泯滅而不可得者，蓋天命之性，其理自然，非智力技巧所能造作也。不遇聖賢，因其良心之未亡，歸諸正道，而陷身佛教，又與僧閔為徒，乃法雲之不幸耳。孟子曰：天生蒸民，有物有則，民之秉彝也，故好是懿德。僧閔者，戕毀物則之人也。毀則為賊，反則為亂，又可責以仁義之道耶？理之

所在，先聖後聖，其心一也。」（宋元學案 衡麓學案，頁八、頁九）

天生蒸民，予以規則，規則卽是理，理就是人性。人性之理，古今爲一，不能泯滅。胡宏乃說人性不能談善惡。如要談人性的善惡，則善惡都屬於性。程顥曾以善惡都出於性，程頤也不反對，胡宏接受這種主張，不以性爲善，情爲惡。

「或問性，曰：性也者，天地所以立也。曰：然則孟軻氏荀卿氏揚雄氏之以善惡言性也，非與？曰：性也者，天地鬼神之奧也，善不足以言之，況惡乎哉！或又曰：何謂也？曰：某聞之先君子曰：孟子之所以獨出諸儒之表者，以其知性也。某請曰：何謂也？先君子曰：孟子之道性善云者，歎美之辭，不與惡對也。」（五峯學案，頁三十一）

胡宏傳父親胡安國的思想，以性爲至奧至妙，沒有詞句可以形容，孟子用「善」以讚美性的奧妙，不是說性是善而不是惡，性的本體祇能稱爲至善。「人之爲道，至大也、至善也。」（同上，頁二十九）

「好惡性也。小人好惡以己，君子好惡以道，察乎此，則天理人欲可知。」(同上，頁二十九)

「天理人欲，同體而異用，同行而異情。進修君子，宜深別焉。」(同上，頁二十八)

對於這兩段話，朱熹很不以爲然。胡宏以天理人欲，和人之好惡，都出於人性，祇是在用的時候，趨向不同。朱熹主張天理爲人性，乃生來所有，人欲則係受外物所誘而生，係後天所有。

「朱子曰：某案此章，亦性無善惡之意，與好惡性也一章相類似，似恐未安。蓋天理莫知其所始，其在人則生而有之矣。人欲者，梏於形，雜於氣，狃於習，亂於情，而後有者也。……今以天理人欲混為一區，恐未允當。」(同上，頁二十八)

呂東萊則認爲「天理人欲，同體而異用，卻似未失。」（同上）朱熹再研究以後，仍不同意「此是義理本原極精微處，不可少差，試更仔細玩索，當見本體實然，只一天理，更無人欲。」（同上，頁二十九）

朱熹以性只一天理，從形上本體論去看，當然是對的；因爲人的存有，因性而定，性祇是理。但從行動方面去看，人欲也來自人性，有這樣的人性天理，纔有這樣的欲，人的欲和禽獸的欲不一樣，若是人欲變成了獸欲，人就不是人了。因此好惡也出於性，因爲好惡就是「欲」。至於說同體而異用，這句話不正確，原因則在於中國哲學對於體用，常有不正確的意義。人欲有用，理則不能有用；心可以有用，性不可有用。性和理屬於形上的本體論，心和欲則屬於形下的心理論或倫理論；中國哲學則常把兩者相混。

朱熹當然也不贊成以好惡爲性，他以好惡爲性之所有，不能稱爲性。

「朱子曰：好惡固性之所有，直謂之性則不可，蓋好惡物也，好善而惡惡，物之則也。有物則必有則，是所謂形色天性也。今欲語性，乃舉物而遺，則恐未得為無害也。」（同上，頁二十九）

朱熹認為好惡若認為人的一項本能，則為性所固有。好惡之所以成為好惡，乃是心的既動，心傾於物。心傾於物時，便有規則，即是所謂「小人好惡以己，君子好惡以道。」好惡便是按照外物的規則，便是物，而不是性。朱熹引楊時的話說：「龜山楊子曰：天命之謂性，人欲非性也，卻是此語直截，而胡子非之，誤矣。」（同上）但是「百家謹案朱子好惡物也，此句可疑。蓋好惡物之則也，如以好惡為物，將喜怒哀樂未發之中，亦物乎？」（同上）朱熹以好惡為物，若就好惡為行動，說得對；但以好惡之道在性以外，而在於物，稱好惡為物，則說得不對了，因為朱熹自己也承認天地萬物之理為一，不分內外。至於朱熹批評胡宏以人欲不是性，則是對於人欲的看法不同。胡宏以好惡為人性的本能，如孟子所說食色為人性。這一點，朱熹也承認；不過朱熹是從好惡為活動一方面去看，人欲便不是人性了。張栻說得好：「南軒曰：好惡性也，此一語無害，但著下數句，則為病矣。」（同上）

（丙）心

胡安國說：

「心者，身之本也。正心之道先致知而誠意。」（宋元學案九　武夷學案，頁一一四）

胡寅說：

「聖人心卽理，理卽心，以一貫之，莫能障也。」（宋元學案十一 衡麓學案，頁十二）

胡宏說：

「心也者，知天地宰萬物而成性者也。」（宋元學案十一 五峯學案，頁二十七）

「氣之流行，性為之主；性之流行，心為之主。」（同上，頁二十五）

胡氏父子的心論，互相連貫。心爲性的具體，性由心而顯，故心爲理，心和理一貫相通。心在人的地位，爲主宰的地位。人由氣而成，氣流行而成人，由性而定，故「性爲之主」；性是理的流行表現，由心而定，故「心爲之主」。心主性，卽是性理的表現於喜怒哀樂之已發，由心作主宰。性之理既由心而顯，心乃能知道天理，知道天理而後能主宰性理的流行，「心知天地，宰萬物。」

心既知道天地，便按照天理應接萬物，事事中節。但爲能達到這種境界，應時加修鍊，求放心，以存心養性。

「心無不在，本天道變化，爲世俗酬酢，參天地，備萬物，人之爲道至大也，至善也，放而不知求。……故孟子曰：學問之道無他，求其放心而已矣。」（同上，頁二十九）

渡邊秀方說：「要之他以心爲萬物的主宰，以心爲知天地之理，及使性所以成爲善惡之理的東西。換句話說：卽統御性情的東西。同時，又以爲心的作用，就是成這性的，依良心而使盡至誠的。」（註九）所說「心的作用就是成這性的」，不能作爲性因心而成，祇能作爲性因心而顯。

胡宏也談到當時理學界所有的未發已發的問題。從他對這問題所有的主張，可以更明瞭他所講的性和心的意義：

「心性二字，乃道義淵源，當明辨不失毫釐，然後有所持循，未發只可言性，已發乃可言心。故伊川云：中者，所以狀性之體段，而不可言狀心之體段。心之體段難言，無思也，無為也，寂然不動，感而遂通天下之故是也。未發之時，聖人和衆人同一性。已發，則無思無為，寂然不動，感而遂通天下之故，聖人之所獨。若楊尹二先生以未發為寂然不動，是聖人感物亦動，與衆人何異？至尹先生又以未發為真心，然則聖人立天下之大業，成絶俗之至行，舉非真心耶？故某嘗謂喜怒哀樂未發，冲漠無朕，同此大本，雖庸與聖無以異。……故無思無為，寂然不動，聖人之所獨。」（同上，頁三十四、頁三十五）

胡宏贊成程頤的主張，以未發爲性，已發爲心；不贊成楊時和尹焞的主張，否認「無思無爲，寂然不動」爲性，而以爲心，且以這種心的氣概，爲聖人所獨有。在性方面，聖人和普通人一般無異；但在已發時，能無思無慮，寂然不動，自然和事物相通。普通人則已發時就動心，動心則有情欲，便須有存養的工夫。

「聖人指明其體曰性，指明其用曰心。性不能不動，動則心矣。聖人傳心，教天下以仁也。」（同上，頁三十三）

這一段話，引起三個問題：第一，性爲體，心爲用；第二，性不能不動；第三，動爲心。朱熹對這個問題，意見和胡宏不相同。

「朱子曰：心性體用之云，恐自上蔡謝子失之。此云性不能不動，動則心矣，語尤未安。凡此心字，皆欲作情字。如何？南軒曰：心性分體用，誠爲有病，此若改作性不能不動，動則情矣，一語亦未安。不若伊川云：自性之有形者謂之心，自性之有動者謂之情，語意精密也。此一段似亦不必存。」（同上，頁三十三）

以性爲體，以心爲用，不僅語意有病，實則意義不當。性爲理，理不是本體，理和性相合而成人心，人心纔是本體。理要在心上纔能存在，而不是以心爲用。心爲本體，情是用，知是用。

「性不能不動」，這句話也要看若何解釋。性本來是理，無所謂動靜，也無所謂善惡；勉強來說，性可以說是至善，是至靜。若說性不能不動，因人性具有各種良能和才，良能和才不能不動，這是正確的；若說性是本體，本體一定有用，從體用方面去說，便不正確了。「性動爲心」，這是因爲以心爲用。心既不能看爲用，則也不能以動爲心。至於說動是情，祇能說心動是情，不能說性動是情。

(丁) 修養

胡安國教訓子弟，以「窮理盡性乃聖門事業」，「聖門之學，則以致知爲始，窮理爲要，知至理得，不迷本心，如目方中萬象皆見，則不疑所行，而內外合也。」(宋元學案九 武夷學案、胡安國傳，頁一一一、頁一一二) 胡氏承繼程頤的思想，以致知爲修養的第一步工夫，窮理則爲第二步。他的兒子胡寅胡宏又特別注意正心，以正心而體仁。這一點又和程顥的思想相近。

(A) 致知窮理

胡安國以致知爲「物物而察，知之始也。一以貫之，知之至也。」(同上) 物物而察爲對每一事物，深加研究，所謂研究，不在研究事物本身的物理，如現在的物理化學等自然科學；而在於研究人爲行這些事該有什麼理，即是人生之道。對於事物深入研究，達到窮理，一樁事物之理既能研究到徹底，事理相通，而且理在事物也在人心，人心便和理合而爲一，乃能一以貫之。

「靜觀萬物之理，得吾心之悅也易；動處萬物之分，得吾心之樂也難。是故仁智合一，然後君子之學成，成己所以成物。」（宋元學案十一　五峯學案，頁二十六）

致知窮理，不能僅是求知，宜和行相合，人在致知窮理時，是求知自己的心，人能知自己的心，便能盡自己的心，乃能得心的悅樂。得心的悅樂，是爲仁者。仁智合一，纔達到致知的目的。

(B)　正心體仁

胡寅說：

「聖學以心為本，佛氏亦然，而不同也。聖人教人正其心，心所同然者，謂理謂義也。窮理而精義，則心之體全矣。佛氏教人以心為法，起滅天地而夢幻人世。」（宋元學案十一 衡麓學案十一，頁八）

佛教以心爲空，儒家以心爲理；心空則天地萬物皆歸於空無，一切都是幻覺；心爲理，則心主宰人的一切行爲。胡寅以正心爲儒家的中心思想。

正心使心發揚自心之理，「盡理而盡義」。楊時和羅從彥曾以正心在求知喜怒哀樂未發時的氣象，能够守着這種氣象，便能正心。胡氏不講究靜坐，而以節欲爲正心。

「生本無可好，人之所以好生者，以欲也。死本無可惡，人之所以惡死者，亦以欲也。生求稱其知，死懼失其欲，憧憧天地之間，莫不以欲為事，而心學不傳矣。」（宋元學案十一 五峯學案，頁二十七）

欲是以迷心，天下人之都以欲去行事，聖人正心之學乃不能傳於後世。爲正心便應節欲。

「行紛華波蕩之中，慢易之心不生，居幽獨得肆之地，匪僻之情不起，上也。起而以禮制，次也。制而不止者，昏而無勇者也。理不素窮，勇不自任，必為小人之歸，可恥之甚也。」（同上，頁二十六）

聖人之心，常能遇事不動心；普通的人遇事動心，則應制之以禮。禮節欲，行動乃能中節。

心爲理，理的全部表現爲仁，所以盡性盡心便是仁。仁爲人心之德，由心又體驗到仁。

「彪居正問心無窮者也，孟子何以言盡其心？曰：惟仁者能盡其心。居正問為仁？曰：欲為仁，必先識仁之體。曰：其體如何？曰：仁之道宏大而親切，知者可以一言盡，不知者，雖設千萬言，亦不知也。」（同上，頁三十二）

「仁者能盡其心」，因心是仁，孟子曾以「仁，人心也，」發揮了仁道，便盡了心。彪居正的問題，以盡心爲完全滿足人心，人心的要求無窮，便不能講盡心。孟子所講盡心，爲完全發揮人心的仁道，中庸也講盡性以參天地的發育，胡宏乃說出發揚仁道便是盡心。

仁是什麼？彪居正答說：「萬物與我爲一，可以爲仁之體乎？」這是張載和程顥的思想，程頤以公代表仁。胡宏不大贊成張載的思想，反問彪居正人身或人心怎樣可以和萬物爲一體？彪居正無話可答。胡宏認爲仁卽是人的良心，爲人心的本來面目，人若能「操而存之，存而養之，養而充之，以至于大，大而不已，與天同矣。」（同上）朱熹不同意胡宏的講法，他以爲求仁不必識仁之本體，祇要知道求仁的方法，一步一步做去。又認爲操存養存，不免支離，祇是一時一事的工夫，「於其本源全體，未嘗有一日涵養之功，便欲擴而充之，與天同大，愚竊恐無是理也。」（同上）呂東萊則答覆朱熹，以平日涵養的工夫，和遇事操存的工夫，兩者不可偏廢。

「仁之一義，聖學要道，直須分明見得，然後所居而安。只於文字上見，不是了了，須於行住坐臥上見，方是真見。」（同上，頁三十八）

仁由實踐而能體認，仁的實踐爲事事合於理，而後能使人所居而安。這種實踐乃是誠。

誠是在日常生活中，本於天性。

> 「誠成天下之性，性立天下之情，情效天下之動，心妙性情之德。誠者，命之道乎。中者，性之道乎。仁者，心之道乎。惟仁者，為能盡性至命。」（同上，頁三十四）

「誠成天下之性」，成字爲完成爲實現，誠使人性能够完成，能够見之於行事。人的行動爲情，性乃立人之情。然而性和情都在心中，性由心而現，情由心主宰，故「心好性情之德」。心之德是仁，因此，「惟仁者，爲能盡性至命。」命卽是「天命之謂性」的命。

胡宏堅持求仁應該認識仁的本體，可是他自己並沒有說明仁的本體是什麼，他祇是用玄妙的話形容仁的本體爲「宏大而親切」。他的說法和中庸的說法相同，中庸說：「君子之道，費而隱，夫婦之愚，可以與知焉。及其至也，雖聖人亦有所不知焉。……故君子語其大，天下莫能載，語小，天下莫能破焉。」（第十二章）仁爲心，心的自然流露就是仁。在一切事上，另外在日常生活上，使心能自然流露便是行仁。胡宏稱這種仁心爲良心，良心乃天生自然合於理之心，不是王陽明所說知善惡之心的良心。

胡宏以心爲已發，爲用，故從用處講仁。朱熹予以反駁。黃宗羲則予以解釋。「愚以爲胡氏主張本然之善，本自無對，便與惡對，蓋不欲將氣質之性，混入義理也。心爲已發，亦自伊川初說，有凡言心，皆指已發而言，以其未定者爲定爾。察識此心，而後操存；善觀之，亦與明道識仁無異；不善觀之，則不知存養之熟。自識仁體，有朱子之疏，則胡氏之說，未始不相濟也。」(同上，頁三十四)

胡氏父子的理學思想，爲實踐的思想，沒有高談性理，祇注意正心。因着正心，乃反對佛教的心法，肯定人心本於天性，不可磨滅，「釋氏狹隘褊小，無所措其身，必以出家出世爲事，絕滅天倫，屏棄人理，(又以晨昏之奉，室家之好，嗣續之託，爲幻妄粗迹不足爲者，)然後以爲道，非邪說暴行之大者乎！」(同上，頁三十五)

2. 張栻

張栻字敬夫，一字樂齋，號南軒，生於宋高宗紹興三年(公元一一三三年)，卒於宋孝宗淳熙七年(公元一一八〇年)，年僅四十八歲。著有論語解十卷、孟子說七卷、易說三卷、文集四十四卷。張栻也是一家爲理學之門，父親張浚，字德遠，爲南宋有名的將相，封魏國忠，曾大破金人。因奸臣的陷害，屢徙永州，他本是綿竹人，死時遺命葬於衡山下。二子栻和杓遷居衡陽。父親張浚，弟弟張杓都在宋元學案中有傳，稱爲學者，浚曾著有易解雜說十卷、詩書禮春秋中庸解，和文集十卷，奏議二十卷。弟張杓，字定叟，官至龍圖閣學士。

張栻少從胡宏受學，又私淑二程，後與朱熹爲友，過從甚密，很爲朱熹所敬重。官任侍講，向皇上講正心誠意之道。出爲靖江知府經略廣南西路，後除秘閣修撰，改知江陵府安撫本路，因劾信陽守劉大辨，不報，乃求去，詔以右文殿修撰提擧武夷山沖佑觀，病卒，年四十有八。朱熹聞喪，很爲痛惜。黃宗羲在宋元學案作案語說：「朱子生平相與切磋得力者，東萊、象山、南軒數人而已。東萊則言其雜，象言則言其禪，惟於南軒，爲所佩服。一則曰敬夫見識卓然不可及，從遊之久，反復開益爲多。一則曰敬夫學問愈高，所見卓然，議論出人表，近論其語，不覺心中灑然，誠可嘆服。然南軒非與朱子反復辯難，亦焉取斯哉。第南軒早知持養是本，省察所以成其持養，故力省而功倍。朱子缺卻平日一段涵養工夫，至晚年而後悔也。」（宋元學案 南軒學案、十三，頁三十）

湘學素主實踐，張栻更陳述涵養的工夫，實行體驗。在理學思想方面，張栻宗程伊川，服膺老師胡宏的主張。但對於老師的主張，能更深一層予以補充，在和朱熹辯論胡宏的知言時，他一面爲老師辯護，一面加以自己的見解。黃宗羲說：「南軒之學，得之五峯，論其造大要，比五峯更純粹，蓋由其見處高，踐履又實也。」（同上）

（甲）性

張栻在文集裏有一篇論性的文章，文章裏說：

「太極動而二氣形，而萬物生，人與物俱本乎此者也。原物之始，豈有不善者哉！其善者，天地之性也；而孟子道性善，獨歸之人者何哉？蓋人稟二氣之正，而物則其繁氣也。人之性善，非被命受生之後，而其性旋有是善也。性本善，而人稟夫氣之正，初不隔其全然者耳。若物則為氣旣昏，而不能自通也。惟人全夫天地之性，故有所主宰，而為人之心，所以異於庶物者，獨在於此也。」（文集 卷九 存齋記）（註十）

性源自太極，太極動而生陰陽之氣，陰陽相結合而有人物，相結之理爲性。性本善；這種善不是倫理的善，而是本體的善；因此萬物的性都是善，即都是完全的。然因物之氣昏濁，性之理不能顯露，乃有所偏；人之氣淸，性之理能顯露，人之氣，或更說人之理乃是正。性之善，不是後來改變而成的，乃是先天生來的。先天之性爲理，稱爲天地之性。

「其以天地為言，特指其純粹至善，乃天地賦予之本然也。」(見性理大全)(註十一)

本然之性和氣相結合；氣有清濁，氣的清濁為氣質，本然之性乃成為氣質之性。氣質之性有昏明，然天地之性固然在氣質之性以內。

「氣有清濁，譬如著此物蔽了發不出。……如燈光使紙罩了，光依舊在裏面，只是發不出來。拆去了紙，便自是光。」(同上)

因氣有清濁，本然之性能被掩蔽，人性乃有善惡。人性的善惡來自氣質。

「人性本善，氣質之禀，一昏一明，一偏一正，故有善惡之不同。其明而正者，則發無不善；昏而偏者，則發有善惡。然其所以為惡者，亦自此理而發也。故曰惡亦不可不謂之性也。」(同上)

善惡都來自性之理，乃是程頤的主張，善是合於理，惡是不合於理，善惡都是以理爲標準。而且向善向惡，也都是性中所有之能，也就是才，或是情。程頤說好比清水濁水都是水，清水是水的本來面目，濁水是水中雜有外物。就才和情的本身說，也不是惡，孟子曾說若是爲惡，並不是才的罪。再者惡的來源是氣，氣濁了，性動時乃有惡，因此惡是來自氣質的性。氣質之性也是性，卽是具體之性，惡便也是來自惡。

但這又牽涉到未發和已發的問題，胡宏曾說性不能不動，動則是心。張栻也主張性有動，他接受胡宏的主張，卽未發以前爲性爲理，已發時則有氣。

「愚嘗以是質之先師矣，答曰：未發之前，氣不用事，所以有善而無惡。至哉此言！」（同上）

在一物的本體，有理有氣，氣或清或濁，禀受不同，但在未發以前，一個禀有氣濁的不能說是惡，惡由動不中節而生。

「性因為氣質所雜矣；然方其未發也，此心湛然，物欲不生，則氣雖偏，而理自正，氣雖昏，而理自明。……及其感物而動，則或氣動而理隨之，或理動而氣挾之。由是至善之理，聽命於氣，善惡由之而判矣。此未發之前，天地之性純粹至善，而子思之所謂中也。」（同上）

用普通的話來說，人性之理本來完善，然人因氣而有欲，欲能使人看不清人性之理。在人心因物而動時，人若能看見性之理則行事合於理，便是善；若是人看不清性之理，便使行爲不合於理，就是惡。人性之理常是善，人所有能行事之才也是善，連人的情也是善。惡是來自濁氣。

「故孟子不但言性善，雖才與情，亦皆只謂之善。及其已發，而有善惡者，氣稟不同耳。」（同上）

天地之性，卽本然之性，所以是純粹至善，因是來自上天。上天之命，應是完善無缺。

「天命之謂性，是天分付與人底謂之性，惟皇上帝降衷於民是也。所降之衷何嘗不善！天將箇性與人，便夾了氣與人，氣裏這性，性纔入氣裏面去，便有善有惡。」(同上)

在這一方面，張栻較比二程和門人都說得更清楚，更明白。他和朱熹往來研究，必定受了朱熹的影響，同時朱熹也受了他的影響。

對於天字的解釋，張栻和朱熹不同，張栻強調皇天之天，朱熹則專重自然之天。張栻的思想在下一條對話可以看見：

「一日奏事，帝問天，先生曰：不可以蒼蒼者便為天，當求諸視聽言動之間，一念纔是，便是上帝監視。上帝臨汝，簡在帝心。一念纔不便，便是上帝震怒。」(宋元學案十三　南軒學案，頁二十七)

因此，他解釋「天命之謂性」，不以天為自然，而是皇天上帝。他也以天地代表上帝，接受儒家傳統「事天如事親，事親如事天。」「天地其父母乎！父母其天地乎！不以事天之

道事親者，不得爲孝子；不以事親之道事天者，不得爲仁人。」（同上，頁十九）

（乙）心

胡宏以已發爲心，心爲身的主宰。張栻對於老師胡宏所說「心也者，知天地宰萬物以成性者也」的成字，擬改爲「而主性情」，即是「心也者，知天地宰萬物而主性情」，因爲他不同意朱熹所說「而統性情」的統字。又對胡宏所說性爲體，心爲用，加以改正，因朱子極力攻擊胡宏的主張。張栻說：「心性分體用，誠爲有病。此若改作性不能不動，動則誠矣（朱熹所改）一語，亦未妥。不若伊川云，自性之有形者謂之心，自性之有動者謂之情，語意精密也。」（宋元學案十一　五峯學案，頁三十三）

從上面所引的文句，我們可以提出兩點：一、心，主性情。二、性之有形者謂之心，性之動爲情。

這兩點不是張栻所創，程頤已經講過，胡宏也有過這樣的思想，祇是在陳說時，用詞不恰當，受朱熹的攻擊。

張栻分心和性，也分心和情。性是理，心是具體的性；心含有氣，故有情。心和情的分別，情是動，心是主宰，欲是情動而傾向外物，惡是在於欲。

「或問伊川曰：心出入無時，如何？曰：心本無出入，孟子只據操舍言之。又問人有逐物，是心逐之否？曰：心則無出入矣，逐物是欲。」（宋元學案十三 南軒學案，頁十八）

欲逐物，向外；心則不分內外。心的功效在於顯示天理。人因感物而動時，自心之理必顯，雖說不睹不聞，人自己必不能隱瞞自己；故中庸強調愼獨。

「然莫見莫顯者，以善惡之幾，一毫萌焉，即吾心之靈，有不可自欺而不可以掩者，此其所以為見顯之至者也。以吾心之靈，獨知之而人所不與，故言獨，此君子所以致嚴者，蓋操之之要也。」（同上，頁十八）

後來王陽明講良知，和張栻這一段話的主要思想相同。人心之靈，在情將動未動的一刻，顯示自心的天理，明辨善惡。在「善惡之幾」，就有「見顯之至者」。

「人具天地之心，所謂元者也。由是而發見，莫非可欲之善也。其不由是而發，則為血氣所動，而非其可矣。聖人者，是心純全，渾然天理，乾知大始之體也；故曰乾，聖人之分也，可欲之善屬焉。在賢者，則由積習以復其初，坤作成物之用也；故曰坤，學者之事也，有諸己之信屬焉。今欲用功，宜莫若養其源，先於敬用功之久，人欲寖除，則所謂可者，益可得而存矣。若不養其源，徒欲於發見之際，辨擇其可不可，則恐紛擾而無日新之功也。」（同上，頁十）

張栻和當時理學家一樣，分別聖人和普通人；聖人，心中沒有欲情的紛擾，渾然天理，所欲都是善。聖人稱爲乾，因爲乾爲元之長。賢人代表普通人，心中有欲情的紛擾，便要努力克制欲情，使不掩蔽天理。賢人稱爲坤，因爲坤作成物。

上面一段話裏的最後一段，代表張栻的思想，卽是力主修養，莫空談未發已發。這種思想正爲矯正楊時、羅從彥和李侗一班人的靜坐，尋求未發氣象的空疏工夫。

（丙）涵養

黃宗羲曾稱譽張栻爲最有實際涵養的人，我們從張栻的答問中，也看出他是腳踏實地，注重涵養，不空論性理。他的涵養工夫，雖先注意格物致知，然最注重持敬主一，在日常的生活上，在外面整飾衣冠，在內面心專於事，時時收斂，常加反省。

「格，至也，格物者，至極之理也，此正學者下工夫處。」（同上，頁九）

格物爲求事物之理，每一事有一事的見，每一事之理爲這事的至極之理，即是事的當然之理，也就是『中』，不過也不及，不偏也不倚。

「隨時以取中，非元晦語，乃先覺之意也，此意甚精。蓋中字作統體看，是渾然一理也。若散在事物上看，事事物物各有正理存焉。君子處之，權其所宜，悉得其理，乃隨時以取中也。」（同上，頁十一）

格物致知即是隨時在事物上，「權其所宜，悉得其理。」爲能達到這種境界，先必要經過長久的涵養，時時持敬。

「雖然，格物有道，其惟敬乎。」(同上，頁九)

「居敬有力，則所窮者益精，窮理浸明，則其所居者亦有地。所謂持敬乃是切要功夫。」(同上，頁八)

在涵養的工夫裏，持敬爲最重要的一點。然而持敬的工夫究竟怎樣？

「程子教人居敬，必以動容貌整思慮為先；蓋動容貌整思慮。則其心一以敬也。」(同上，頁八)

容貌的端莊，和內面的思慮有關係；外面容貌不莊正必引起內面思慮的煩亂。外面整飾容貌，內面則要整思慮，使思慮不亂跑。內面整思慮，卻不是不思不想；不思不想，祇是消極的強制思慮，暫時使心平靜，然不能持久。

「所諭雖間有平帖安靜之時，意思清明，四體和暢，念慮不作，覺無所把摸，接物遇事，則渙散矣。此蓋未能持敬之故。所謂平帖安靜者，亦是暫時血氣休息耳。且既曰覺無所把摸，安得謂安靜乎！敬有主宰，涵養漸熟，則遇事接物，此意豈容遽渙散乎！主一之義，且深體之。」（同上，頁八）

持敬應該主一；因爲持敬不是僅僅收斂此心，「敬則惺惺」，心中很明白，明白什麼，明白自己所做的事，注意在所做之事的天理。這就是主一。

「須思此事，只思此事，做此事時，只做此事，莫教別底交互出來，久久自別。看時似乎淺近，做時極難。某前作主一箴，爲一相識所刊，其間亦有此意。」（同上，頁七）

這種主一工夫，看來實在很淺近，做起來卻很難。張栻自己下力去做，卻也嘆惜當時的學者，好高鶩遠，不喜歡下這種工夫。

「年來務欲收斂於本原處下功，覺得應事接物時差帖帖地；但氣息露見處，未免有之，一向鞭辟，不敢少放過。」（同上，頁二十二）

「自歸半歲，省過矯偏。」（同上，頁二十三）

「向來每見衣冠不整，擧止或草草，此恐亦不可作小病看。」（同上，頁二十三）

「存養省察之功，因當並進，然存養是本覺。」（同上，頁二十三）

可見他自己平日的努力，以涵養爲一種工夫，下力去做，以省察去鞭辟自己，雖小過也看作大事。

「今世學者，慕高遠而忽卑近之病為多。此間有肯來講論者，今殊不敢泛告。」（同上，頁二十三）

「舍實理而駕虛說，忽下學而驟言上達，掃去形而下者，而自以為在形氣之表，此病恐不細。正所謂欲闢釋氏，而不知正墮其中者也。」（同上，頁二十四）

「近世學者之弊，渺茫臆度，更無講學之功，其意見只類異端。……五峯所謂此事只終身事，天地日月長久，斷之以勇猛精進，持之以漸漬薰陶，

故能有常而日新。」（同上，頁二十五）

所謂近世學者之弊，一定是指着當時祇講靜坐以求知心的未發氣象。羅從彥和李侗尚是力行修己的人，但其他祇講求心中氣象而不實力修身的人，豈不是墮入佛教的心法嗎？胡宏與張栻等湘學派的人，極力想矯正他們那輩人的錯誤。

（丁）仁

涵養工夫的目的，在能達到盡性之仁。人心之本體爲仁，涵養工夫到了最高境界，乃能使人心之仁顯露於生活中，人和天地萬物相接。

仁的意義不能誤解，仁不是心的知覺，不是未息，不是愛，也不是禮之用。

「問不可息者，非仁之謂與？曰：仁固不息，只以不息說仁，未盡。」（同上，頁十五）

「問心有所覺謂之仁？……曰元晦前日之言，固有過當，然知覺終不可以訓仁。如所謂知者，知此者也，覺者覺此者也。此言是也。然所謂此者，

乃仁也。」(同上，頁十六)

「問以愛名仁者，指其施用之迹也，以覺言仁者，明其發見之端也。曰：愛固不可以言仁；然體所以愛者，則固求仁之要也。」(同上，頁十六)

「問人者，天地之心，經以禮論，而五峯以論仁者，自其體言之為禮，自其用言之為仁。曰：仁其體也，以其有節而不可過，故謂之禮。」(同上，頁十七)

張栻改正老師和當時一些學者的主張，他看到仁的本來意義，仁是天地之理，即太極之理，流行於天地，使萬物成一全體。

「天命之全體，流行無間，貫乎古今，通乎萬物者也。衆人自昧之，而是理也，何嘗有間斷。……蓋公天下之理，非有我之得私，此仁之道所以為大，而命之理所以為微。若釋氏之見，則以萬化皆吾心所造，皆自吾心生者，是昧夫太極本然之全體，而反為自利自私，天命不流通也。」(同上，頁十五)

仁以天命爲本源，依於太極本然之全體。太極動而生二氣，二氣生萬物，萬物由天命而生，而不是人心所生。萬物既由太極因天命而生。天命是公，流行無間，遍於萬物全體，人以天地之心爲心，人心乃能以萬物爲全體，這就是仁。若像佛氏所說萬物爲心所生，則萬物都是我心所私有，恰恰和仁相反。

七、結論

黃宗羲在「南軒學案」中作案語說：「湖南一派，在當時爲最盛，然大端發露，無從容不迫氣象。自南軒出而與考亭相講究，去短集長，其言語之過者，裁之，歸於平正。」（宋元學案十三，頁七）湘學在當時稱爲盛，因胡氏和張氏都是兩大家，父子兄弟都是學者，胡安國、胡寅、胡宏爲一大家，張浚、張栻、張枸、張忠恕、張洽、張庶爲一家，當時從張栻受業者多人，然黃宗羲案說：「五峯（胡宏）之門得南軒而有耀，從南軒遊者甚衆，乃無一人得其傳，故傳之明晦，不在人之衆寡耳。」（同上，頁三十）

湘學在理學思想裏有兩種特點，一是注重修身涵養，不以靜坐求未發的氣象，一是對於性和心，有明晰的說明。再者，攻擊佛教毫不妥協。在理學中可說是程頤學派中的穩健派。

註

註　一：参看宋元學案的上蔡學案，頁三與頁十三。

註　二：渡邊秀方　中國哲學史。商務印書館。民五十六年版，近世哲學第一編，頁四十六。

註　三：宋元學案　上蔡學案，頁十。

註　四：同上，頁十。

註　五：同上，頁十五。

註　六：同上，頁十五。

註　七：同上，頁十六。

註　八：引目中國思想通史、第四卷、上册、第十二章第二節。

註　九：渡邊秀方　中國哲學史、近世哲學第一編，頁五十四。

註　十：見於渡邊秀方的中國哲學史、同上，頁八十七。

註十一：此節所引性理大全，見於古今圖書集成、七十三册，四百七十一頁、文星書局出版。

第八章 朱熹的哲學思想

一、緒 論

朱熹，字元晦，又名仲晦、晦庵，別號晦翁。徽州婺源人，生於宋高宗建炎四年（公元一一三〇年），卒於宋寧宗慶元六年（公元一二〇〇年）壽七十一歲。

朱熹的父親朱松，號韋齋，爲羅從彥的門人，早年登進士第，因不贊成秦檜的政策，退官居在家中。去世時，把兒子朱熹托付給三位學者朋友，籍溪胡憲，白水劉勉之，屛山劉子翬，也囑附兒子朱熹奉三人爲師。當時，朱熹年十四歲。三位教師用心教導，劉勉之且選他爲女婿。他在十八歲時，登紹興八年進士第，授同安縣主簿。二十四歲時，拜見李侗，乃專心研究二程思想，深入理學的堂奧。屢次上書或對策，勸皇帝抵抗金人，朝廷的宰相湯思退、史浩、趙雄、王淮等都懦弱無能，力主言和。朱熹不能用於朝，祇在外省任低職官吏，知南康軍，提擧江西平茶鹽，提擧浙東，點江西刑獄，知漳州，知潭州。但曾主管書院道觀，致力教育子弟，如台州崇道觀，武夷山沖仲觀，重修白鹿洞書院，太乙宮兼崇政殿說書，南京鴻慶宮。

朱熹一生安貧樂道，守正不阿，屢次遭人誣告。兵部侍郎林栗因論易經和「西銘」，和他的意見不合，便奏劾他竊取張載程頤的學說，自稱道學，常帶着門生數十人，各處奔走，妄想倣效孔孟的風範。幸而，有宰相周必大的保奏，得免禍。沈繼祖、胡紘、劉德秀輩在韓侂胄執政時，奏劾朱熹結黨，造設僞學，諫議大夫姚愈且誣道學權臣結爲死黨，窺伺神器，有反叛惡跡。慶元時的黨禍，較比程頤蘇軾的黨爭更烈，可以和元祐時的黨禍相比。

朱熹的著作，有文集一百卷，或稱朱子大全，語類百四十卷，周易本義十二卷，易學啓蒙四卷，論孟集注三十四卷，大學中庸章句，或問，儀禮經傳通解三十七卷，家禮五卷，詩集傳八卷，太極圖解一卷，通書解一卷，西銘解一卷，陰符註一卷，楚辭集註八卷，同後語六卷，韓文考異十卷。所編輯的書，有資治通鑑綱目六十卷，上蔡語錄三卷，程氏遺書二十五卷，近思錄十四卷，伊洛淵源錄十六卷，延平問答一卷，名臣言行錄二十四卷，小學書六卷。

朱熹的學術思想，由李侗到謝良佐，再到程頤。他可以說是程頤的正傳，但他也採取張載和周敦頤的思想。對於邵康節的理數則不贊成，祇取先天圖說。又追承孟子和中庸大學的思想，滙成一大系統。中國儒家的傳統學說，到了朱熹纔成了一系哲學，在結構上雖然不能和西洋的哲學系統相比，但已經有自己的體系，有形上學的基礎。

朱熹學說的影響，自宋朝開始，一直流傳到民國。他的影響不是在於門生弟子的傳述，而是在於他所作的四書和易經、詩經的注解。明清兩代，文人學子都要讀經、書，且都要以朱註爲主。朱熹註解經書，常根據自己的哲學思想作注，而且常是始終一貫。因此，在沒有廢除私塾讀四書五經的制度時，朱熹的思想常作爲儒家思想的正式代表。

二、宇宙論

1. 天地萬物

儒家的宇宙論，和西洋哲學的宇宙論含義不大相同，西洋哲學的宇宙論，除了初期的希臘哲學家以外，不討論宇宙的源起，祇討論物質界的本體構成素，即是討論宇宙間的物體。至於對於宇宙的起源，中古的哲學讓給宗教信仰和神學去討論，現代的哲學則委諸自然科學的天文學和地質學去研究。中國儒家的宇宙論，由易經開始，講論宇宙萬物的起源，由宇宙源起講物體的本質成素。理學家周敦頤根據易經的思想造成了太極圖，由太極而陰陽，由陰陽而五行，由五行而男女，由男女而萬物。張載進而講論宇宙萬物的成素，以萬物都由「氣」而成。程顥程頤又加入「理」，以氣中有理，萬物同一理。朱熹結合理學家周張二程的思想，成爲一種有系統的宇宙論。朱熹的宇宙論，有似於西洋的宇宙論，不注意宇宙的起源，而注意萬物本體的成素。但他也接受易經的太極，不過在意義上加了修改。他也講天地的起源，然而卻近於一種自然科學的智識。從這種科學的智識，他進入宇宙萬物的本體。他的研究法，似乎如同近代西洋哲學的宇宙論，從自然科學採取物質的構成素。

(甲) 天地起源

「天地初間，只是陰陽之氣，這一個氣運行，磨來磨去，磨得急了，便挼許多渣滓，裏面無處出，便結成個地在中央。氣之清者便為天為日月為星辰，只在外，常周環運轉，地便在中央，不動，不是在下。」（朱子語類卷一）

「天地始初，混沌未分時，想只有水火二者，水之滓脚便成地。今登高而望羣山，皆爲波浪之狀，便是水泛如此，只不知因甚麼時凝了，初間極軟，後來方凝得硬。問：想得如潮水湧起沙相似？曰：然。水之極濁便成地！火之極清便成風霆雷電日星之屬。」（朱子語類　卷一）

在天文學裏曾有一種星雲說，由法國天文學家拉布拉斯（Laplace 1749-1827 A. D.）所創，主張「宇宙開始時，爲一團極大的星雲。星雲繞自身的中心，迅速旋轉。因着離心力的排擠，團團星雲脫離大星雲而成一較小的星雲，較小的星雲因着本身和大星雲間的吸力，乃繞着大星雲而旋轉。從較小的星雲又有更小的星雲脫離而成獨立的星雲，照樣旋轉不息，乃構成宇宙天體。地球便是一小星雲團，星雲逐漸冷化凝固，變成山水。」（註一）

英國天文學家姜斯（T. H. Jeans）發表瓦斯進化說，主張「天地沒有開闢以前，宇宙是一塊極大的瓦斯。瓦斯廻轉不息，邊緣噴出一部份瓦斯。噴出的瓦斯，末端極細，不久便失去了熱氣，漸漸凝固成爲小行星；中央粗大，很久都保持了熱度，後來成爲於今的木星和土星。」（註二）

朱熹的天地起源論，和天文學的星雲說和瓦斯說，有點相似。天地開闢以前，有陰陽之氣，陰陽因着動靜之力，運行不息，互相磨擦，磨擦很速很急，便噴出了渣滓，凝結成地，清氣飛揚在上，成爲日月星辰。在陰陽氣中有五行。但在天地開闢以前祇有水火兩行，水凝成地，火化爲雷電日月。在星雲說和瓦斯說裏，有熱度極高的液體，熱度爲火，液體爲水。也和朱熹的水火二行說有些相似。然而星雲說和瓦斯說乃是自然科學的學說，從自然科學方面去講天地的起源，不是哲學上的宇宙論。

朱熹的天地起源說，雖和自然科學相似，也可以說是當時中國自然科學的學說，但卻也是哲學的宇宙源起論；因爲陰陽五行，屬於哲學的思想，爲物體構成的因素。

天地由氣而成；朱熹所講的氣，爲陰陽之氣，不是張載所講的太虛之氣。太虛之氣相當於太極，由太虛而有陰陽，由陰陽而有天地：「地純陰，凝聚於中央，天浮陽，運轉於外，此天地之常體也。」（正蒙、參兩 第二）朱熹曾爲正蒙作註，知道張載的天地起源說。他所講天地起源較比張載所說稍詳，在天地本體上則相同。但因朱熹不講太虛之氣，構成天地的陰陽之氣究竟由何而來，朱熹似乎也贊成張載所說一種未成形之氣。

地居中，不動，天居外，旋轉不息。因着天的運轉不息，天的氣行於地中，陰陽相結合而成萬物。

「天包乎地，天之氣又行乎地之中。」（朱子語類 卷一）

這種思想來自易經，易經常講天地相合而生物。在易經上天地以乾坤爲代表，乾元，「萬物資始，乃統天。」（乾卦 彖曰）坤元，「萬物資生，乃順承天。坤厚載物，德合無疆。」（坤卦 彖曰）朱熹註說：「乾元，天德之大始，故萬物之生，皆資之以爲始也。」「始者，氣之始，生者，形之始。順承天施，地之道也。」乾坤代表天地之德，乾坤爲萬物的起源，卽是天地爲萬物的起源。天地的本質乃是陰陽之氣，故萬物的起源，實卽陰陽兩氣。

天地生物，純出自然。但是儒家和道家不同，道家老子以天地無心，天地不仁，自然地使物生滅。儒家則以天地有好生之德，乃以天地有心。

朱熹對於宗教信仰，沒有喜好，盡其可能，把宗教信仰撇開，祇用理智去解釋天地生物的現象，他以爲天地生物，純出乎自然，天地並沒有生物的心，更不能說天地愛惜萬物而生物。但他卻又不能完全否認傳統的宗教信仰，因此他以爲天地無心又是有心，以爲天地無心愛惜萬物，卻又說天地之心爲仁，朱熹自己常表現矛盾的衝突。

「問天地之心亦靈否？還只是漠然無爲？曰：天地之心不可道是不靈。但不

如人恁地思量。伊川曰：天地無心而成化，聖人有心而無為。」（朱子語類卷一）

「問天地之心，天地之理，理是道理，心是主宰底意否？曰：心固是主宰的意，然所謂主宰者，卽是理也。」（同上）

把天地之心解釋成爲天地之理，理則是抽象；既是抽象，當然不能有思慮，便是不靈。「天地無心而成化」，和老莊的天地自然還有什麼分別呢？而且程伊川所說的話，並不是說天地無心呆板不靈，伊川的話是說天地化生萬物不需要和人一樣，要去思慮和動作，而是一切有理有則，自然而成化，聖人們效法天地，要自己知道參加天地的化育，但不必和普通一般人一樣努力去修養心性。因此，學生問他，這樣看來，天地無心，四時行，百物生，祇是合當如此，不待思維。朱熹卻答應門生，以爲他祇說了上半截，下半截沒有說出來，祇說到天地無心，沒有說到天地有心。

「如公所說，祇說得他無心處爾！若果無心，則無牛生出馬，桃樹上發李花，他又卻自定。程子曰：以主宰謂之帝，以性情謂之乾，他這名義自定，心便是他箇主宰處，所以謂天地以生物為心。中間欽夫以為某不合如此說，某謂天地別無勾當，只是以生物為心。」（朱子語類　卷一）

朱熹引程伊川的話，說明自己的主張，他自己主張天地無心又有心，無心是說天地不像一個人，在那裏思量，有心是說天地有主宰者，否則一切都會亂了。

「蒼蒼之謂天，運轉週流不已，便是那個；而今說天有箇人在那裏批判罪惡，固不可；說道全無主之者，又不可，這裏要人見得。」（朱子語類　卷一）

關於上天或上帝，在討論朱熹的宗教思想時，再作研究。在這裏我們便要知道朱熹承認天地有主宰者，不能以蒼蒼之天代表天地之心。

天地究竟是什麼呢？

「清剛者為天，重濁者為地。」（朱子語類　卷一）

天地由陰陽之氣而成，陰氣濁而結成地，居中央；陽氣清，發揚爲天，包在地之外。天既是陽，故稱清剛；地既是陰，故稱「重濁」，清剛和重濁的德能，以乾坤爲代表：乾代表天，坤代表地。「大哉乾乎，剛健中正」。（乾卦 文言）朱熹註說：「剛以體言，健兼用言。中者，其行無過不及，正者，其立不偏。四者，乾之德也。」乾之德就代表天之德。「坤，至柔而動也剛，至靜而德方，……坤道其順乎，承天而時行。」（坤卦 文言）從這種思想去看，天地不是單單指着蒼蒼之天和厚厚之地，而是特別注意有形天地所代表宇宙的兩種元素，即是陰陽。因爲陽和陰的有形代表，就是天和地。

有形之天地的運動，也就代表陽和陰的運動。天是健，是明，是主；地是柔，是暗，是從。

「天以氣而依地之形，地以形而附天之氣。天包乎地，地特天中之一物爾。天以氣而運乎外，故地搉在中間，隤然不動。使天之運有一息停，則地須陷下。」（朱子語類 卷一）

地實際祇是天氣的渣滓，塊然不動。地的四周靠着天。天無內外，地有盡處。

「地却是有空闕處，天却四方上下，都用匝無空闕，逼塞滿皆是天。地之四向底下，却靠着那天。天包地，其氣無不通。」（朱子語類 卷一）

「地有絕處。唐太宗收至骨利幹，置堅昆都督府。其地夜易曉，夜亦不甚暗。蓋當地絕處，日影所射也，其人髮皆赤。」（朱子語類 卷一）

這一些思想不屬於哲學，而屬於自然科學。當時的自然科學還不發達，不免有錯誤。朱熹也討論到天地是否有壞，將會毀滅。佛教的宇宙論以宇宙有刼數，邵康節也主張天地有壞，壞了重新再開始，天地便是無窮盡。朱熹對於天地的存在，主張不壞，但因人道能壞，重新有新天地。人道壞時，人物都盡，天地則不壞。

「問自開闢以來，至今未萬年，不知已前如何？曰：已前亦須如此一番明白來。又問天地會壞否？曰：不會壞。只是相將人無道極了，便一齊打合渾沌一番，人物都盡，又重新起。」（朱子語類 卷一）

這種思想，也不屬於哲學。至於說天地不壞可以從陰陽之氣去講，天地常運轉不息，故天地不會壞。

（乙）萬物化生

「某謂天地別無勾當，只是以生物為心。一元之氣，運轉流運，略無停間，只是生出許多萬物而已。」（朱子語類 卷一）

「問，生第一箇人時，如何？曰：以氣化二五之精，合而成形，釋家謂之化生。」（朱子語類 卷一）

「造化之運，如磨上面常轉而不止，萬物之生，似磨中撒出，有粗有細，自是不齊。又曰：天地之形，如人以兩盌相合，貯水於內，以手常常掉開，則水在內不出，稍住手，則水漏矣。」（同上）

「橫渠言，游氣紛擾，合而成質者，生人物之萬殊。其陰陽兩端，循環不者已，立天地之大義。說得似稍支離。只合云：陰陽五行，循環錯綜，升降往來，所以生人物之萬殊，立天地之大義。」（朱子語類 卷九十八）

易經以天地相合，化生萬物，天地不交，則萬物不通。在許多的卦裏，都表明這種思想。「彖曰：泰，小往大來，吉亨，則是天地交而萬物通也。」（泰卦）「彖曰：否，……大往小來，則是天地不交而萬物不通也。」（否卦）「彖曰：咸，感也。柔上而剛下，二氣感應以相與，止而說。……天地感而萬物化生。」（咸卦）易經的思想很明顯，天地爲兩氣，即剛柔，也就是陰陽，陰陽兩氣因感應而相結合，乃化生萬物。朱熹接受了這種思想，以萬物由天地之氣而生。張載曾主張游氣生物，游氣爲陰陽兩氣運轉所散出的氣，凝結成質，生人生物。朱熹批評這些話講得過於支離。所謂支離是指着人物的不同，來自游氣的不同。游氣之不同，是因爲噴出來時，有粗有細，這種粗細沒有理由，祇是偶然而成。朱熹認爲這種講法不合理，他自己則以氣的清濁，來解釋人和物的不相同。

天地生萬物的過程，是地處中央，天在外，天氣運轉不已，地則不動，如同磨麵的磨子一樣，磨麵時，麵粉從磨的四周流出；同樣天氣在地上運轉不息，在地的四周散出游氣，游氣結成人物。

「晝夜運而無息者，便是陰陽之兩端，其四邊散出紛擾者，便是游氣，以生人物之萬殊。某常言，正如麪磨相似，其四邊只管層層撒出。正如天地之

氣，運轉無已，只管層層生出故人，其中有粗有細，如一物有偏有正。」（朱子語類　卷九十八）

這段話本是爲解釋張載的話，朱熹自己不完全接受，祇要看他批評張載說得支離，便看出他的意思。然而他的思想也是天地之氣，「循環錯綜，升降往來，所以生人物之殊。」所謂升降往來，便是易經的思想。「萬物之生，似磨中撒出。」這種思想，便是張載的思想了。

人和物的出生，有什麼分別？

朱熹主張氣化和形化，氣化爲自然化生，先由氣化生男女二人，然後有化生萬物，他解釋周敦頤的太極圖說：

「天地之初，如何討個人種？自是氣蒸結成兩箇人，後方生許多萬物。……當初若無那兩箇人，如今如何有許多人。那兩箇人便如而今人身上虱，是自然變化出來。」（朱子語類　卷九十四）

形化則是已有一種物，這種物便由種而生生不窮。

「氣化是當初一箇人無種，後自生出來底；形生却是有此一箇人，後乃生生不窮底。」（朱子語類　卷九十四）

人和物出生的過程，同是一樣，在最初一個物種爲氣化自生，以後則形化而生。但人物所禀的氣不同，人和物便不相同。周敦頤的太極圖說「二五之精，妙合而凝，乾道成男，坤道成女，二氣交感，化生萬物。……惟人也，得其秀而最靈。」朱熹註解了太極圖說，自己也接受這種思想，而且這種思想在禮記的「禮運」篇和漢朝儒家的著作裏也已經有了。朱熹說「以氣化二五之精，」二是指着陰陽，五是指着五行，人便是禀受了陰陽五行之精，並且是精中之秀。

每一物的化生，由氣的運轉而成；氣爲何這樣運轉呢？即是說物的構成素，僅是氣呢？還有理呢？朱熹主張凡是物都是由理和氣兩者而成。因爲氣的運轉，是按理而運轉；理不是如同張載所說，包含在氣中；而是和氣並行，還更高於氣；因此，對於物的成素，朱熹主張理氣二元。

「及此氣之聚，則理亦在焉。蓋氣則凝結造作，理却無情意，無計度，無造作，只此氣凝聚處，理便在其中。且如天地間，人物草木禽獸，其生也莫不有種，定不會無種子白地生出一箇物事。這個都是氣；若理則只是個淨潔空濶底世界，無形跡，他却不會造作。氣則能醞釀凝聚生物也。但有此氣，則理便在其中。」（朱子語類 卷一）

朱熹創物的成素二元說，物由理氣而成，理成性，氣成形；每一物都有性和形。

這種思想，和西洋士林哲學的形質論很有點相似，「一件物體在本體上應該是『一』，若不是一，已經不是一件物體而是兩件物體。但在物體之一中，應該有兩部份，一部份是在本體變易時，並不變化；一部份則是新陳代謝。這不變的部份稱為理，或本形；新陳代謝的部份稱為質，或質料或氣。…因此在每一個物體裏有兩個成份：有理，有氣（質料），理是物體的性理，成物之本形（Forma），氣（質料 Materia）是物體的物質，使物理有所依所。」（註三）「中國理學以形為氣所成，形且在性之外。但是按道理說，形不能由氣而成。例如一張桌子的桌形，不是桌子的材料，或是木頭或是石鐵造成的。桌形雖是加在木頭或是石頭的上面，然而桌形則是長短之理所造的。同樣，物形也是加在質料以上，然而成形

者，乃是理。」(註四)

朱熹以氣成形，則是因爲理無形跡，屬於形而上，氣是質料，乃能成形。形之所以成此形則是理。理既和氣相結合，即是氣已成形，氣已成形便是物。士林哲學則以本形和本質相結合，成爲物性，物性要和存在相結合，纔實際上有物。朱子的二元論如下：

士林哲學的主張則如下：

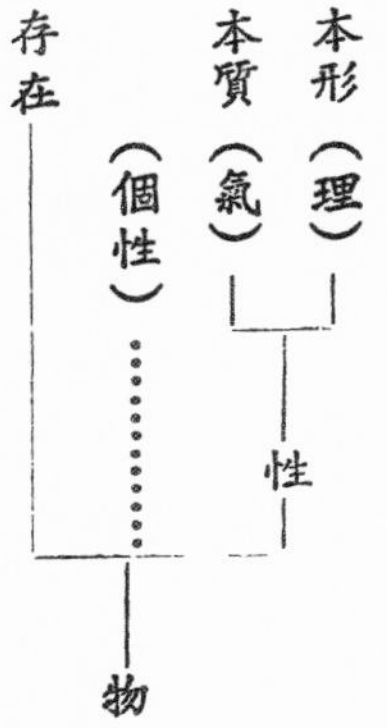

朱熹以一切物體都由理氣而成，和士林哲學以一切物體由本形和本質而成，兩者有相同之點；但是不同之點也很多，朱熹不分精神體和物質體，他以神和物都有理和氣，士林哲學以物有本形和本質，以精神體祇有本形，沒有本質，即是祇有理，沒有氣。再者，朱熹以理

為性，士林哲學以本形和本質合成物性，性有理有氣，不過，朱熹講氣質之性時，氣也在性以內了。至於『存在』的觀念，朱熹則沒有，他以氣包括了存在。

「先有箇天理了却有氣，氣積為質，而性具焉。」（朱子語類　卷一）

「天下未有無理之氣，亦未有無氣之理。」（朱子語類　卷一）

理為抽象之理，為能有（存在），應該賦於氣。氣為形質，形質須按理而成，氣便包含着「存在」。士林哲學把存在和性分開，存在不包含在本質（氣）以內，因為本質乃是潛能，存在則是現實，現實不能由潛能去包含，而是現實去包含潛能。

三、本體論

1. 天地以前的理和氣

「徐問：天地未判時，下面許多都已有否？曰：只是都有此理。天地生物千萬年，古今只不離許多物。」（朱子語類　卷一）

「問：昨謂未有天地之先，畢竟是先有理，如何？曰：未有天地之先，畢竟也只是理。有此理，便有此天地；若無此理，便亦無天地、無人、無物，都無該載了。有理，便有氣流行，發育萬物。曰：發育是理發育之否？曰：有此理，便有此氣，流行發育。理無形體。」（朱子語類　卷一）

易經曾說：「易有太極，是生兩儀，兩儀生四象，四象生八卦。」（繫辭上　第十一章）太極乃是天地萬物的根源，在天地以先。朱熹則以爲在天地之先祇有天地萬物之理，把太極解爲「理」，而理則和氣不能分，也不能有先後，祇在研究時以抽象的方法，把理和氣分開，勉強說理在氣先。這樣說來在天地以前，沒有任何實體嗎？張載曾以在天地以前，有太虛之氣，太虛分而爲陰陽，陰陽結合而成天地。朱熹解釋張載的太虛之氣爲：

「此張子所謂虛空卽氣也。蓋天在四畔地居其中，減得一尺地，遂有一尺氣，但人不見耳，此是未成形者。問虛實以陰陽言否？曰：以有無言。及至浮而上，降而下，則已成形者。」（朱子語類　卷九十八）

朱熹的解釋是按照自己的主張，他主張氣爲形而下，陰陽更是形而下了。太虛之氣，爲未分陰陽之氣；然而他又說太虛之氣爲太空之氣，凡地所未到之處所有之氣；因爲他說虛爲空。這種解釋和未分陰陽之氣，便不相同，地乃是濁氣，便是陰氣，地所不到之處所有之氣乃是天之清氣，卽是陽氣。太空之氣，不都是陽氣嗎？不過他又說這種氣爲未成形之氣，他便假定地以外的氣，爲不分陰陽之氣。

實際上，朱熹也承認在天地之前，有陰陽之氣，陰陽之氣運行不息，拶出渣滓，乃結成地。這種陰陽之氣和理同時存在。若說天地之先有理，那只是抽象的推理說法。理和氣是一切物的本體因素，同時也是天地的因素，在天地之先已經有了。

在天地以前的理和氣，和在物體內的理和氣有什麽關係和分別呢？

朱熹沒有明白地提出這種問題，但從他對於理和氣所講的理論，我們可以得到一個答覆。他主張天地以前的理，已經含有天地萬物之理，祇是沒有具體表現出來，他又主張萬物同一理，因爲他接受二程所主張的「理一而殊」。天地以前的理，乃是一個總理，每一物之理，則爲天地以前之理的具體化或個體化。對於氣，朱熹主張天地以前之氣運行不息，也運行在天地之中，這種氣稱爲一元之氣，可能就是程頤所講的元氣，萬物所有的氣，則是按照每物的性理所凝聚之氣，每一物之氣對於一元運行之氣，如同魚在海水中。易經、道德經和周敦頤的太極圖說，以及張載的太虛之氣，都主張有一個宇宙之源或爲太極，或爲太虛，或爲氣，乃一實體。道爲無，最高，無生有，有爲太極，爲太虛。朱熹因主張凡是實體都具有理和氣，氣爲形而下，因此不主張宇宙之源爲一實體，天地之先有理有氣，理爲萬物之理，氣爲天地之氣，或稱元氣，元氣已有陰陽。

2. 形上・形下

在中國的哲學史上，沒有「形上學」的名詞，祇有「形上」的名詞。歷代學者對於「形上」的解釋，各有不同。

形上和形下的名詞，來自易經。易經「繫辭」說：

「形而上者謂之道，形而下者謂之器。」（繫辭上 第十二章）

易經對於形上和形下沒有解釋和說明。兩漢經學家對於這兩句話，也沒有多加注意。韓康伯注易「繫辭上」第十一章「見乃謂之象，形乃謂之器」說：「成形曰器」（註五）

他以形上和形下爲未成形和成形。荀爽注易，對於周易「繫辭上」第十一章「見乃謂之象，形乃謂之器」注說：「謂日月星辰光見在天而成象也，萬物生長在地成形，可以爲器者也」（註六）荀氏的意見，爲韓康伯的先導。然而兩人對於易「繫辭上」第十二章的「形而上」和「形而下」，都沒有註解。

宋朝理學研究理和氣，遂注意形上和形下的問題。張載作「易說」，以形上和形下爲無形體和有形體，他說：

「形而上，是無形體者也，故形以上謂之道，形而下，是有形體者，故形以下者謂之器，無形跡者，卽道也，如大德敦化是也；有形跡者，卽器也，見於事實，如禮儀是也。凡不形以上者，皆謂之道。惟是有無相接，與形不形處，知之爲難，須知氣從此首。蓋爲氣一有無，無則氣自然生，是道也，是易也。」（張子全書　易說下）

二程的主張和張載的主張不同：

「子厚以清虛一大名天道，是以器言，非形而上者。」（濂洛關閩書 天地 第十二）

按照張載的思想，無形爲形而上，太虛之氣卽爲形而上。因爲他主張太虛之氣爲無形之氣：「氣本之虛，則湛本無形。感而生，則聚而有象。」（正蒙 太和）

二程不贊成以氣爲形而上；而且無形之道和有形之器不能同在一物體內。所以有形和無形，不能解釋形下和形上，氣卽使是太虛之氣，也是形而下。

朱熹追隨二程的主張，以形上爲形以上，形下爲形以下，形上形下可同在一物內。

「形而上者，指理而言，形而下者，指事物而言。」（朱子語類 卷七十五）

「問形而上下，如何以形言？曰：此言最的當。設若以有形無形言之，便是物與理相間斷了，所以謂截得分明者只是上下之間分別得一個界止分明。器亦道，道亦器，有分別而不相離也。」（朱子語類 卷七十五）

他和張載不同之點，在於張載以太虛之氣爲無形，他則以凡是氣都是形而下。

「天地之間，有理有氣。理也者，形而上之道也，生物之本也。氣也者，形而下之氣也，生物之具也。是以人物之生，必稟此理，然後有性；必稟此氣，然後有形。」（朱文公文集 卷五十八，答黃道夫書）

「形而上形而下，只就形處離合分別，此正是界至處。若只說在上在下，便成兩截矣。」（朱子語類 卷九十四）

清初王夫之對於形上形下，有自己的主張，他以形上形下爲隱和顯。

「道之隱者，非無在也。如何遙空索去？形而上者隱也，形而下者顯也。纔說個形而上，早已有一形字為可按之跡，可指求之主名。」（讀四書大全說 卷二，中庸第十一章 頁二十二）

「無形，則人不得而見之幽也。無形非無形也，人之目力窮於微，遂見為微也。心量窮於大，耳目之力窮於小也。」（張子正蒙注 卷一，太和 頁八）

王夫之以太極爲太和之氣，太和之氣已有陰陽，祇未顯明，因爲本來沒有陰陽以上之氣，有氣就有陰陽，太和之氣乃陰陽未顯明之氣，人目不得見陰陽，故稱爲無形，陰陽兩氣顯明時，乃稱爲有形。

清朝戴震又有另一主張，他認爲有形和無形，應該是成形以前和成形以後。

> 「形謂已成形質。形而上，猶曰形以前；形而下，猶曰形以後。陰陽之未成形質，是謂形而上者，非形而下，明矣。」（孟子字義疏證　天道）

理學家對於形上和形下的解釋，所謂有形，成形，顯形，都就氣而說。氣若是宇宙萬物的唯一元素，形上形下都就氣而分，則是成形或未成形，成形是陰陽，爲形而下；未成陰陽之氣，稱爲形而上。王夫之以氣本體就分陰陽，沒有不分陰陽之氣，他便從顯與不顯而分形下和形上。朱熹主張理氣二元論，他以理爲形而上，氣爲形而下。看來，朱熹的解釋更合於易經「繫辭」所說的形而上形而下。「繫辭」以道爲形而上，器爲形而下。道可以說等於理，但不能說等於太虛之氣。理爲形而上，就是「形而上者謂之道」。

中國哲學界，以形而上學翻譯亞里斯多德的第一哲學，則不能以形上作爲第一哲學所研究的對象。亞里斯多德的第一哲學，研究萬物的最高理由或最後理由；萬物的最高理由，也就是萬物的第一理由。因此，西洋形上學研究「有」，「有」爲萬物的本體，形上學便是論本體。

3. 論本體（Substance）

西洋本體論講「有」，就「有」的觀念而論「有」。「有」爲一個最簡單的觀念，內涵最少，不能解說，不能分析。祇就「有」的特性和關係，予以說明。眞、美、善爲「有」的特性；同一律、矛盾律、因果律爲「有」的本體關係。

中國易經的本體論，就「有」的化生而論「有」，即是就具體的「存有」而論「有」。具體的存有爲「成」或「行」（actus）。「成」或「行」是「化」，「化」在易經稱爲「易」，「易」爲變易，變易即是「生化」或「生生」。由化生而成之物，即是「成」或「行」，也就是「存有」。易經的「生生」，由太極而生陰陽，由陰陽而生四象，或由陰陽而生五行，由四象或五行而生物，物即是「存有」。易經的本體論，乃是動的本體論，講「行」（actus），爲「行的哲學」。

朱熹的本體論雖也講生化，然更注意物的結構，就「物」而論「物」。是把物加以分析，主張物含有理氣二元。西洋哲學論物，在於宇宙論。亞里斯多德和聖多瑪斯主張物含有

元形 (Forma) 和元質 (Materia) 二元。本體論的「有」，當然是形而上，沒有形；「物」則是形而下，含有物質。西洋哲學的本體論講「有」，確實是形而上之學，西洋的宇宙論講「物」，確實是形而下之學。但是朱熹的本體論，和易經的本體論既有「氣」，則不免爲形而下。然就物之本體而論，則屬於形上學；易經和朱熹的本體論，則可視爲形上學。

體用兩字，在宋以前雖已有用於哲學思想，然不普遍，在佛教的經和論多講體用以後，宋明清理學者便在佛學的影響下，普遍採用。

朱熹論體用之處很多，論物之本體則很少。他論體用多就事物而論。

「人只是合當做底便是體，人做處便是用。譬如此扇子，有骨，有柄，用紙糊，此則體也。人搖之，則用也。如尺與秤相似，上有分寸星銖，則體也。將去秤量物事，則用也。」（朱子語類　卷六）

這處所說體用，體是主體，用是用處。主體包含成素頗多，有的屬於本體，有的屬於附加體。

「只就那骨處便是體。如水之或流或止，或激成波浪，是用。卽這水骨，可流可止，可激成波浪處便是體。如這身是體，目視耳聽手足運動處便是用。如這手是體，指之運動提掇處便是用。」（朱子語類 卷六）

這個體字，就是「主體」(Subjectum)，主體的附屬物，便是用，然而朱熹在講物的本體時，則以「道」或「理」爲體。他說：

「體是這個道理，用是他用處。如耳聽目視，自然如此，是理也。開眼看物，着耳聽聲，便是用。」（朱子語類 卷六）

「問：體用皆異。曰。如這片板，只是一個道理。這一路子恁地去，那一路子恁地去。如一所屋，只是一個道理，有廳有堂。……如這衆人，只是一個道理，有張三，有李四，李四不可為張三，張三不可為李四。如陰陽，西銘言理一分殊，亦是如此。又曰：分得愈見不同，愈見得理大。」（朱子語類 卷六）

朱熹以理爲體，因爲有這理，纔有這用，用是合於理的。然而在本體方面，不是體和用的關係，而是「理」和「在」的關係。這件物的存在，是以什麼爲本體呢？物存在的本體問題和物存在的理由問題不相同。物存在的理由，必定在於物的性。這件物所以是這件物，是因爲牠的物性。一件物存在，應該有自己的本體，因爲存在，是物本體的存在，本體是存在的主體，當然存在的主體除本體外，還可以包括許多附屬體。朱熹討論本體說：

「蓋如吾儒之言，則性之本體，便只是仁義禮智之實。……不是本體中原來有此，如何用處發得此物出來。但本體無著摸處，故只可於用處看，便省力耳。」（朱文公文集　卷六十一，答林德久）

在此處，朱熹以仁義禮智爲性的本體，這處的本體和心未發時之本體，意義相同。

「問：未發之前心性之別？曰：心有體用。未發之前是心之體，已發之際乃心之用。」（朱子語類　卷五）

朱熹主張心兼性和情，性的本體，便是心的本體。性的本體為仁義禮智的理；同樣，心的本體也是仁義禮智的理。

「以心之德而專言之，則未發是體，已發是用。以愛之理而偏言之，則仁便是體，惻隱是用。」(朱子語類 卷二十)

以理或道為本體，祇是對用而言，並不是對存在而言。一物之所以存在，按朱熹所說，有理有氣，物的本體便是由理和氣而結成。這個本體乃是物的根本，其他一切的體用，都附屬於這個根本的本體。

朱熹以理氣為物的本體，這個物相當於西洋宇宙論的「物」，不是本體論的「有」。但是，由中國哲學去看，朱熹的理氣之物，即是易經所講的「成」或「行」。易經的「成」或「行」，指着宇宙的萬有，宇宙的萬有，由變易而成。宇宙萬有的「成」或「行」，不是絕對的「行」。絕對的「行」沒有變，沒有化生的元素。宇宙萬有的行則是由元素相合所化生而成。易經以宇宙萬有由陰陽之氣而成，氣中自有結合之理。朱熹則以理不包藏在氣內，而是和氣相對待為二，萬有的化生，有化生之理，有化生之氣。有這理，乃有這氣，理氣相合而成萬有。易經以氣爲物的本體，氣中有理；朱熹以理和氣爲物的本體，理與氣爲二，然不相離。

因此，朱熹的形上學，不從形上形下去講，而從本體去講。氣雖爲形下，然乃物之本體的一元，便屬於形上學的本體論。西洋宇宙論的物，具有二元：元形、元質，元質屬於物質，故屬於宇宙。中國哲學的氣並不代表物質，故可屬於形上學。

4. 理

(甲) 理的意義

『理』字的應用，始於程頤。朱熹承接程頤的思想。

「伊川言在物為理，凡物皆有理，蓋理不外乎事物之間。處物為義，義，宜也；是非可否，處之得宜，義也。」
「在物為理，處物為義，理是在此物上，便有此理，義是於此物上，自家處置合如此，便是義，義便有個區處。」(朱子語類　卷九十五)

理的應用，用在物上，不用於外事，處事則用義，義是處事合於理。一物有一物之理，物之理是什麼？凡物都由原素合成，原素結合的次序，便是理。有次序，則不亂。

「理是文理。問如木理相似？曰：是。」（朱子語類 卷六）

「理是有條理。」（朱子語類 卷六）

「理如一把線相似，有條理。」（朱子語類 卷六）

一件物體，爲什麼是這個物體而不是他件物體？一條牛爲什麼是牛而不是馬或羊呢？因爲有這個理。理是物所以成爲這件物體的理由。理是道理，然而道和理有分別：

「道是統名，理是細目。」（朱子語類 卷六）

「道字包得大，理是道字裏面許多理脈。」（朱子語類 卷六）

易經有天地之道，有乾道坤道；理字在易經很少見到。朱熹以理爲道的細節，因爲道是指天地之道，理則指着物理。然而道和理的分別，並不如此一定。王船山便以理爲道理，不變；道爲應付一事一事之道，如孝道名道，有事纔有道。實際上，道是宇宙變易和人生活動之道，道是關於動；理則是事物所以成爲事物之理，是關於靜。兩者在根本上相同，在應用的意義上則有分別。

理由生而有，和「存在」同時，故稱天理，也稱天，朱熹對於天字的解釋，傾向二程的思想，以天爲天然或自然，又解爲天生。理稱爲天理，因爲是人生來就有，是自然而有的。但是天理的本來意義，乃是指着天地之理。整個宇宙視爲一個整體，整體有理有氣，宇宙整體的理稱爲天理，宇宙整體的氣稱爲一元之氣。

「先有個天理了却有氣。」（朱子語類　卷一）

「天以陰陽五行化生萬物，天卽理也。」（中庸章句）

在人以內，天理和人欲相對稱，然不相對待，有天理，便有人欲，天理爲人的本然需要，人欲則從天理上面加以欲望。

「有個天理，便有個人欲。」（朱子語類 卷十三）

「日用之間莫非天理。」（朱子語類 卷四十）

「飲食者，天理也；要求美味，人欲也。」（朱子語類 卷十三）

天理人欲和道心人心相配，天理爲人生來有的生命之理，人欲則是生後加上去的。人欲可挌去，天理則常存。

天理在理學家的思想中，常常指着人的生活之最高規律，即是生活之道。天理爲倫理道德的原則，因此和人欲相對。

(乙) 理成物性

物之所以成爲一物有自己的理，理使這物成爲這物。物成物的道理，便是性。理爲物的本體之成素，理的成素就是性。

「問：性者生之質？曰：不然，性者生之理。氣者生之質，已有形狀。」

（朱子語類 卷一三七）

生之理，決定人物所禀之氣。一元之氣運轉不息，化生人物。人物之生因禀氣不同，乃有分別。然氣禀之不同，由理去決定。有這理，而後有這氣。

「或問，必有是理，然後有是氣，如何？曰：此本無先後之可言，然必欲推其所從來，則須說先有是理。」（朱子語類　卷一）

「有是理，後生是氣。」（朱子語類　卷一）

從理論方面說，應是理爲重要。在士林哲學，原形或本體之形，限定原質，原質爲一混沌的質料，在原質上加上原形，一件物纔能成這物。例如一座大樓，要有建築圖形，纔能把質料合成這座樓。建築圖形爲原形意本體之形，也就是理。

「有此理，便有此氣流行發育。理無形體。」（朱子語類　卷一）

「理無形體」，理爲抽象之理。理無動作，屬於抽象界，不是一實體，但是實理。

「理卻無情意，無計度，無造作，只此氣凝聚處，理便在其中。……若理，則只是個淨潔空濶底世界，無形迹。他却不會造作，氣則能醞釀凝聚生物。」(朱子語類 卷一)

理無形體，乃是形而上，氣則屬於形而下。形上和形下的分別，不可以看作物的兩半，好似以形爲界，把在上在下分作兩截。

「形上形下，只就形處離合分別，此正是界至處。若只說在上在下，便成兩截矣。」(朱子語類 卷九十四)

形上形下的區分，在於和形相合或相離，但不是有形或無形，而是形而上或形而下。因爲若說有形無形，則是說有個無形的實理，理和物相分了。形而上形而下，卻是同在一物裏，彼此相聯。朱熹在解釋「易傳」說：

「問形而上下，如何以形言？曰：此言最的當。設若以有形無形言之，便是物與理相間斷了，所以謂截得分明者，只是上下之間，分別得一個界止分明。器亦道，道亦器，有分別而不相離也。」（朱子語類 卷七十五）「形而上者，指理而言，形而下者，指事物而言。事事物物皆有其理，事物可見而其理難知。卽事卽物，便要見得此理。」（朱子語類 卷七十五）

這種分法，來自二程，朱熹很贊成這種分法。理和形，道和器有分別但不脫離。張載在正蒙的「太和」篇說「太虛無形，氣之本體。……客感客形，與無感無形，惟盡性者能一之。」張載以太虛之氣屬於形而上，「無感無形」。太虛之氣結成陰陽之氣而爲物之形，乃是太虛之氣以外之形，稱爲「客感客形」，張載注意在無形和有形，朱熹乃注解說：「客感客形，與無感無形，未免分截作兩段事，聖人不如此說，只說形而上，形而下而已。」（張子全書 卷之二）

物理和事理，從形上本體論去看，兩者不同。物理爲物的本體之理，乃是物之性。物爲一實體，理便也是實。事不是實體，祇或是一項行動，或是一種現象；事之理便是抽象之理。理學家常把事物之理作爲同一之理，不加分別，所以常連着說事物之理。易經所說「形而上者謂之道，形而下者謂之器。」器指物體，有形，「形乃謂之器」（繫辭上 第十一章）不是指着事。理學家則常把物理和事理聯合在一起，那是因爲理學家把理和道相合，理也常指人生之道，事理本是行事之道，不是指着一事所以成爲這事之理。例如子女對於父母的事，按孝道而行，孝道便是兒子的事之理。又如朱熹所說仁是愛之理，愛是仁之用。愛，這件事以仁爲理。

（丙）理一而殊

朱熹常講「理一而殊」，然而這種思想不是創自朱熹，程頤已經明白地提出了這種主張，張載雖沒有明白提出，但也含有這種思想。朱熹自己說：

「西銘要句句見理一而分殊。」

「西銘一篇，始末皆是理一分殊。以乾為父坤為母，便是理一而分殊；予茲藐焉混然中處，便是分殊而理一；天地之塞吾其體，天地之帥吾其性，分殊而理一；民吾同胞物吾與也，理一而分殊。逐句推之，莫不皆然。」

（朱子語類 卷九十八）

楊時曾解釋「西銘」的一理爲仁，分殊爲義。朱熹不喜歡這種解釋，他認爲仁是人心流出來的，義是流出來得很適當。（朱子語類　卷九十八）「理一而殊」的意義應當更深。

二程也都主張萬物的理爲一，程頤講窮理，「但於一事上窮盡，其他可以類推。……所以能窮者，只爲萬物皆是一理。至如一物一事，雖小，皆有是理。」（二程全書二，遺書十五，伊川語錄，頁十一）

朱熹接受了這種主張，再加以發揮，張載和二程都沒有說明其中的原因，也沒有講解其中的意義。爲什麼萬物之理是同一呢？爲什麼同一的理而又在萬物中有分別呢？這種理一而殊的理究竟是什麼理呢？

「問理與氣？曰：伊川說得好，曰理一而殊。合天地萬物而言，只是一個理，及在人，則又各自有一個箇理。」（朱子語類　卷一）

「曰：太極祇是天地萬物之理，在天地言，則天地中有太極，在萬物言，則萬物中各有太極。」（朱子語類　卷一）

講「理一而殊」，朱熹是從太極方面去講。太極，按照朱熹的思想乃是理，也是「理之極至」，即是一個完全之理。從本體論方面去講，「理之極至」，爲一物之理，是完滿無缺的。士林哲學也說凡是「有」，都是完滿的，因爲「有」在自己的本體，都是完全的，否則不能是「有」，例如人，有人的「理之極至」，人就是人，該有人之所以爲人之理，並且該有全部的人之爲人之理，不然便不是人。從這一點說，天地有自己的「理之極至」，每一物有自己的「理之極至」。

「『萬一各正，小大有定。』言萬個是一個，一個是萬個。蓋統體是一太極，然又一物各具一太極。」（朱子語類　卷九十四）

這種講法，很像佛教華嚴宗和天臺宗的講法，「言萬個是一個，一個是萬個。」佛教以「萬法皆空，惟有眞如。」因此一切平等，一卽一切，一切卽一。朱熹以天地一太極，每物一太極，太極是一個，萬物是一個，一個是萬個。但是這個太極究竟是什麼理呢？朱熹說：

「太極只是個極好至善的道理，人人有一太極，物物有一太極。」（朱子語

類　卷九十四）

「祇是一個極好至善的道理」，這是個什麼理？馮友蘭說「由此而言，則一切事物中，除其自己之所以然之理外，且具有太極，卽一切之全理。」（註七）這種解釋不對。朱熹不是把太極和理分成兩種理，理祇是一個，太極代表「理之極至」，卽是『理之全』。

「自外面推入去，到此極處，更沒去處，所以謂之太極。」（朱子語類　卷九十八）

一物不能具有兩個理，否則不成一物，而成了兩物。一物之理，卽是天地之全理，祇是所表現的程度不同。朱熹講一個比喻：天上有一個月亮，地上的江湖河川中，每處都反映一個月亮，月亮只是一個，江湖河川所反映天上的月亮，反映的情形則不相同。

「問：理性命章註云：『自其本而之末，則一理之實而萬物分之以為體，故萬物各有一太極。』如此，則是太極有分裂乎？曰：本祇是一太極，而

萬物各有稟受，又自各全具一太極爾。如月在天，祇一而已。及散在江湖，則隨處而見，不可謂月已分也。」（朱子語類 卷九十四）

太極代表理之極至，每物都有自己的全理，這個全理卽是天地的全理。從本體論方面去看，這個全理不是空空洞洞的抽象之理，乃是一物之所以存在之理。士林哲學也說一物的存在，須有自己的本形，卽是自己的性理；但不承認萬物的性理相同，否則萬物祇有一類，而不是多類了。朱熹所說的萬物所以存在之理，乃是說物的存在，不從靜的方面去看，物已經存在後加以分析研究，而是從物之所以成的方面去看，卽是物之所以成之理，物能成爲物，物就存在。這種物成的存在之理，物物相同，且是都來自天地所以成爲存在之理。天地爲什麼有呢？天地以生物爲心，「天地別無勾當，祇是以生物爲心。」（朱子語類 卷一）天地所以成爲存在之理，在於生物，天地存在之理便是生生之理。萬物所以成爲存在之理，也是生生之理。

存在之理爲生生之理，萬物因天地的生生之理而化生，因此能够存在，每一物的存在卽是爲能生存，生存卽是存在。萬物乃得天地之理爲理，每一物的生存，因着所稟受的氣不同，存在乃不相同。不僅是存在不同，而且存在的發育也不相同；這就是同一生生之理，在每一物內各不相同，就是所謂「理一而殊」。

理為一公共普遍的理，即一切萬物都為生生而存在；然而因所禀的氣不同，乃有多種種類的生存，又在同一種類的生存中，又有許多個別的物。「一」是理；「多」由氣而來。「同一」是理；「分殊」來自氣。「普遍的物性」是理；「個體」來自氣。

生生之理，在天地萬物中為同一之理；但每個物體都具有理和氣，理雖相同，氣則有異。氣的分別，在於清濁。氣清，則所有之理，正正當當都表現出來；即是生生之理，都能表現出來；也就是具有圓滿的生命，這就是人。氣濁，則所有之理，祇能表現一部份，便是偏而不全，生命的意義很淺，或者沒有生命；這就是人以外的物體。

「問：或問氣之正且通者為人，氣之偏且塞者為物，如何？曰：物之生，必因氣之聚而後有形。得其清者為人，得其濁者為物。……又問：氣則有清濁，而理則一同，如何？曰：固是如此。理者，如一寶珠，在聖賢則如置在清水中，其輝光自然發見。在愚不肖者，如置在濁水中，須是澄去泥沙，則光方可見。」（朱子語類　卷十七）

錢穆教授說：「萬物有生成之理，又有保持永久之理，復有發展光明之理。如朝菌蟪蛄，僅得生成，未得保持恆久。如麟鳳龜鶴，能保持恆久，未能發揚光昌。惟人得理最備，故能兼此三者。……謂性卽理，又謂物之無生者亦具性，此皆言物各有理，乃指生成存在之理言。自生成存在以至保持恆久，而又能發展光昌，皆理也。理，有分指，有兼指，亦學者所當辨。」（註八）

生生之理，不分三種理，生生之理包含化成、發育、光明各種程度，因物體的氣有清濁，生生之理在物體所表現之程度不同：有僅此存在，有初級生命，有高級生命，人則有整個的生命。理是一，表現則有分別。

同一的理，爲生生之理。生生之理，不僅是物的存在之理，也是物的生命發育之理。動植各物，祇有生理的生命，卽是物體的生命。人則有精神的生命，卽是心思的生命。精神的生命爲道德的生命，這種生命之理，也是人所有的生生之理。人的生生之理，由身體的生命進而爲精神的生命；因此，天理是人生活之理。這種生活之理，稱爲仁。仁爲生。朱熹講仁，以仁爲不僅是抽象之理，而是活動的生命，卽是生生之理由氣而表現，稱爲春之生氣。

「人之所以為人，其理則天地之理，其氣則天地之氣。理無迹，不可見，

故於氣觀之。要識仁之意思，是一個渾然溫和之氣，其氣則天地陽春之氣，其理則天地生物之心。」（朱子語類 卷六）

仁，代表人所有之理。仁和心相連，心不但知道自己的性理爲生生，而且能夠發揚生生之理，使自己的生存和萬物的生存都能發育。因此祇有人之理稱爲仁，萬物之理，祇稱爲理，不稱爲仁。

這樣我們解釋了上面所擧出的三個問題：「理一而殊」之理是什麼呢？是生生之理。爲什麼萬物之理是同一呢？因爲萬物都由天地生生之理而化成，每物都有自己的生存，便都有生生之理。爲什麼同一之理在萬物中有分別呢？原因來自氣，氣有清濁，萬物因各自所禀的氣，清濁不同，理的表現程度便不相同。

生生之理，是不是太極呢？朱熹以天地有一太極，萬物各有一太極，又以太極爲理之極至。因此，便可以說在朱熹的思想裏，太極即是生生之理。

5. 太極

太極的名詞，出自易經；但是易經沒有解釋太極的意義。漢朝易經學者有人以太極爲太一，有人以太極爲元氣，有人以太極爲太乙，有人以太極爲春秋所謂之元和老子所謂之道。解釋雖各不同，然都以太極爲一實體，在天地之先而有，且爲天地萬物的根源。老子以有生於無，道爲無，太極爲有，道在太極之上。

宋朝的理學家周敦頤著太極圖說解釋所作的太極圖，「無極而太極。太極動而生陽，動極而靜，靜而生陰。」朱熹加以註解：「上天之載，無聲無臭，而實造化之樞紐，品彙之根柢也。故曰無極而太極，非太極之外復有一無極也。」

「問太極不是未有天地之先，有個渾成之物，是天地萬物之理總名否？曰：太極衹是天地萬物之理。在天地言，則天地中有太極，在萬物言，則萬物中各有太極。未有天地之先，畢竟是先有此理。動而生陽，亦衹是理；靜而生陰，亦衹是理。」（朱子語類 卷一）

朱熹的解釋，有三點值得注意：一，太極不是一個實體，祇是抽象之理；二，太極不是在天地之先；三，無極和太極，同是指着理，無極爲太極的解釋。對於這三點，朱熹和陸象山大起爭論。

陸象山以周敦頤的無極在太極之先，來自道家，予以攻擊，又以太極在天地之先，爲一實體。朱熹則認爲周敦頤的無極和太極同指一理：

「故語道之至極，則謂之太極。語太極之流行，則謂之道。雖有二名，初無兩體。周子所以謂之無極，正以其無方所，無形狀。以其在無物之前，而未嘗不立於有物之後。以為在陰陽之外，而未嘗不行乎陰陽之中，以為通貫全體，無所不在，則又初無聲臭影響之可言也。」（朱文公文集　卷三十六答陸子靜書）

朱熹以自己的思想註解周敦頤的太極圖說，如同他常以自己的思想註解易經和四書。他主張理和氣爲物體的兩種成素，便堅持這種主張註解一切。實際上周敦頤的太極圖傳自道家的陳摶，則無極的名詞，必來自道家，太極則來自「易傳」，「易傳」不以太極爲理，周敦頤也沒有講到理，則不能以理去解釋太極圖的太極。太極圖明明繼承「易傳」和漢朝易學者的宇宙萬物源起論，以太極生陰陽，陰陽生五行，五行生萬物，周敦頤在五行和萬物中加入男女一項，如此則不可能解釋太極僅爲萬物以內之理。

但是，朱熹本人對於太極有自己的思想，他的太極思想也和理氣兩元思想，互相干繫，很合乎邏輯。太極在朱熹的思想裏，本來沒有重要的地位，而且是一種贅疣，因爲他的理氣二元論，自行圓滿，用不着加上一個太極。然而因爲周敦頤講太極，「易傳」又有太極，他便不能不講太極。在他自己的思想系統裏，本來沒有太極的位置，他便以太極去解釋理，以太極爲理的一種特性；因而太極的意義，完全按照理的性質而定。

太極爲理，且爲指着完圓之理。每一物之理，在自己一方面說，常是完圓；因爲若理有所缺，物便不成爲物。

「太極祇是天地萬物之理。」（朱子語類 卷一）

「太極祇是一個理字。」（朱子語類 卷一）

「原極之所以得名，蓋取樞極之義。聖人謂之太極者，所以指夫天地萬物之根也。周子因之而又謂之無極者，所以大無聲無臭之妙也。」（朱子語類 卷九十四）

「太極者，如屋之有極，天之有極，到這裏更沒去處，理之極至者也。」（朱子語類 卷九十四）

「太極之義，正謂理之極至耳。」（朱文公文集　卷三十七　答程可久書）

「太極乃理之極至，不是在天地之先有一實體之太極，爲萬物的根源。雖然「聖人謂之太極，所以指天地萬物之根也。」朱熹則解爲理，理和氣相比較，勉強可以說理在氣先；因此在天地之先，有天地萬物之理；然而這種理乃抽象之理，實在之理須和氣同在。太極便是在天地之先的抽象之理。

「問昨謂未有天地之先，畢竟是先有理，如何？曰：未有天地之先，畢竟也祇是理。有此理，便有此天地。若無此理，便亦無天地，無人無物，都無該載了。有理，便有氣流行，發育萬物。」（朱子語類　卷一）

太極既是理，便是無形無狀，稱爲無極。朱熹當然不承認道家以有生於無的思想，不以無極在太極以上，而以無極爲太極的註解。在西洋哲學裏，有唯理論，如黑格爾以絕對精神爲萬有根由。有觀念論，如費希特以絕對我爲萬有之源。又如古代新柏拉圖派，以精神理性爲萬物的根由。這些學派都是以精神爲實有體。又如聖奧斯定以天主聖言爲創造宇宙的根由，聖言也是超然的實體。朱熹以天地之先，勉強說有個太極之理，這理則是抽象中之理。太極旣是理，便是在陰陽動靜之理，便是在陰陽以內，不是在陰陽以外。陰陽是氣，理須要和氣同在。

「太極卽在陰陽裏。自見在事物而觀之，則陰陽涵太極。推其本，則太極生陰陽。」（朱子語類 卷七十五）

「太極生陰陽」，因太極是動靜之理，動而生陽，靜而生陰。太極不是動靜，然而是動靜之理。

「問：動而生陽，靜而生陰，注，太極者，本然之妙，動靜者所乘之機。太極衹是理，理不可以動靜言。惟動而生陽，靜而生陰，理寓於氣，不能無動靜。……曰：然！」（朱子語類 卷九十四）

「無極而太極，而今人都想像着有個光明閃爍底物事在那裏。不知本是說

無這物事，祇是有個理，解如此動靜而已。及至一動一靜，便是陰陽。」（朱子語類 卷一百一十六）

在朱熹的思想中，動靜爲氣之動靜，然其中有動靜之理。這個理就是天地之理，不必稱爲太極。然因註解太極圖說，便以動靜之理爲太極，否則周敦頤所說太極生陰陽就不好講了。實際上，按照朱熹所說，在天地之先，爲陰陽之氣；在陰陽之氣以先，應該有未分陰陽之氣。張載稱這種未分陰陽之氣，爲太虛。朱熹卻把太虛也解釋爲太極。

「由太虛有天之名，這全說理。由氣化有道之名，這說着事物上。」（朱子語類 卷六十）

「虛祇是說理。」（朱子語類 卷六十）

然而張載自己明明說：「太虛無形，氣之本體。」（正蒙 太和）朱熹註同篇所謂「氣，坱然太虛」一段說：「坱然太虛，此張子所謂虛空卽氣也。……要之皆是示人以理」朱熹承認太虛所指爲氣，他卻勉強又說「皆是示人以理。」（朱子語類 卷九十八）

因此，朱熹除解釋「易傳」和周敦頤的太極圖說外，很少講太極。他所注重的觀念爲理和氣，太極祇配着理的觀念。「總天地萬物之理，便是太極。太極本無此名，只是個表德。」（朱子語類　卷九十四）太極的觀念，在朱熹的思想中，也有一種價值，就在於把理的觀念解釋更明白。太極既是理，理便可成爲宇宙的根由。

6. 動靜之理

在中國的哲學裏，有幾個觀念非常難講，從古到今中國學者祇講這些名詞，卻不講所涵的意義：在這些觀念中，以「氣」、「動靜」的觀念最難。

周敦頤的太極圖說謂「太極動而生陽，動極而靜，靜而生陰。」動靜的觀念便是一個很重要的觀念，因爲陰陽爲中國哲學思想的骨幹，陰陽則來自動靜。朱熹說：「天地之間，無往而非陰陽，一動一靜。」（朱子語類　卷六十五）在易經裡以陰陽配剛柔，剛柔配動靜，「動靜有常，剛柔斷矣。」（繫辭上　第一章）我解釋易經的動靜爲陰陽的消長，靜爲消，動爲長。「陽和陰的動靜，在於陽和陰的消長。」（註九）

現在我們來研究朱熹對動靜的思想。朱熹以動靜爲氣的動靜，氣的動靜有動靜之理。普通所說動靜，即是說動靜之理。

（甲）動靜爲理和氣之動靜

「太極者……理之極至者也。陽動陰靜，非太極動靜，祇是理有動靜。理不可見，由陰陽而後知。」（朱子語類 卷九十四）

「問動靜是太極動靜，是陰陽動靜？曰：是理動靜。問：如此，則太極有模樣？曰：無。問：南軒云，太極之體至靜，如何？曰：不是。問：又云所謂至靜者貫乎已發未發而言，如何？曰：如此，則却成一不正當尖斜太極。」（朱子語類 卷九十四）

周敦頤的太極圖說明明肯定：「太極動而生陽，動極而靜，靜而生陰。」動靜爲太極的動靜。朱熹卻否定動靜爲太極的動靜，他是很邏輯的。周敦頤以太極爲天地以先的實體，這種實體有動靜，因着動靜乃生陽和陰。朱熹不承認太極爲一實體，而祇是理的表德，代表理之極至，當然動靜不是太極的動靜了，乃是理的動靜。

然而動祇是動靜之理，纔說動靜，已是有形，動靜乃是氣的動靜。動靜之理不可見，因氣而見。

「問動靜者所乘之機？曰：太極，理也；動靜氣也。氣行，則理亦行，二者常相依而未嘗相離也。」（朱子語類 卷九十四）

朱熹所講的動靜，是未分陰陽之一氣的動靜。因動靜而分陰陽，陰陽繼續循環不已。即是動靜循環不已，則動靜也在陰陽之氣中，陽代表動，陰代表靜。然而陽不是動，陰不是靜，祇是動在陽中，靜在陰中。

（乙）動爲誠之通・靜爲誠之復

「太極之有動靜，是天命之流行也，所謂一陰一陽之謂道。誠者，聖人之本，物之終始，而命之道也。其動也，誠之通也，繼之者善，萬物之所資以始也。其靜也，誠之復也。」（朱子太極圖說解）

動靜爲理氣的動靜，動靜究竟有什麼意義？動靜之理，何者爲動，何者爲靜？朱熹在太極圖說解中給了第一個答覆，在語類中還有別的答覆。

在太極圖說解的答覆中，有幾個觀念應該講清楚。

「太極之有動靜，是天命之流行也。」太極是理，理有動靜，乃是自然之道，動靜之理，來自天命，有如中庸所說：「天命之謂性。」在中庸注，朱熹說：「命，猶令也。性卽理也。天以陰陽五行，化生萬物。氣以成形，而理亦賦焉，猶命令也。」天爲化生萬物之主，以陰陽五行之理，化生萬物，物之生乃有理，理由天而來。太極爲天地萬物之理的總稱，天地萬物之理，有動靜之理，因着動靜乃能生陰陽以化生萬物，動靜之理來自天，好似天的命令。天命不是空虛的，一定要實行，天命的實行，屬於自然，因此，太極有動靜，卽是動靜之理，見諸實行，便是天命之流行。這種流行，在易經上稱爲「一陰一陽之謂道」，爲陰陽之生成之理，也就是天地的變易。

由易經朱熹轉到了中庸。天命流行，乃是理的實際執行，不落空虛，乃稱爲誠。「誠」朱熹稱爲實理。理不落空，理不僅屬抽象，理必有行，因此是實。理的實行，卽是誠。

「誠者，自成也，而道自道也；上一句是孤立懸空說，這一句四傍都無所依靠。蓋有是實理，則有是天，有是實理，則有是地。如無是實理，則便沒這天，也沒這地。」（朱子語類 卷九十四）

「蓋誠者物之終始，却是事物之實理，始終沒有間斷。自開闢以來，以至人物消盡，只是如此。」（朱子語類 卷九十四）

朱熹以誠爲實理，理稱爲實，不是以理爲實體，而是以體爲實行之理，而不是抽象的空理。動靜乃理的實行，因此稱爲誠的動靜，即是實理的動靜。實理的動靜，是理憑氣而動靜。則動靜之理是根據氣的動靜而言，氣的動靜爲通和復。「其動也，誠之通也。……其靜也，誠之復也。」

誠是理憑藉氣而實行，實行時有通，有復。通復爲氣的通復：氣通，是氣的流行；氣復，是氣的往復再起。氣爲一種活動的元素，爲生命的根由，常常繼續流動，乃有流行和往復。

這種觀念在易經裏非常多，六十四卦代表陰陽的流行和往復的現象。

「問一陽復於下，是前日既退之陽已消盡，而今別生否？曰：前日既退之陽已消盡，此又是別生。伊川謂陽無可盡之理，剝於上，則生於下，無間可容息，說得甚精。」（朱子語類 卷七十一、復卦）

在這段將復卦的解釋，有退和消，及生和長的觀念。這幾個觀念也是動靜的解釋。

(丙) 動靜之理爲氣的消長和進退之理

「陰陽雖是兩個字，然却衹是一氣之消長，一進一退，一消一長。進處便是陽，退處便是陰。長處便是陽，消處便是陰。衹是這一氣的消長，做出古今天地間無限事來。」(朱子語類 卷七十四)

周敦頤說動而生陽，靜而生陰。朱熹說長爲陽，消爲陰；進爲陽，退爲陰。那麼，陽便是氣的長和進，陰便是氣的消和退；陰陽便是一氣的動靜。因此，朱熹主張陰陽是一氣，而不是兩氣。然而氣的動靜，進退，消長，都不是在日常語言中所說的動靜，進退和消長。氣常是流行，而且往復也是流行，照普通的話說，氣乃常是動，沒有靜。至於說進退，在氣的流行時，常取圓周循環式，在圓周循環式裏無所謂進退，祇有消長，可以說明氣的流行。消長爲盛衰，在易卦裏，以陽爻陰爻象徵陽陰的消長盛衰，陽的爻多或少卽陽的盛衰，陰的爻多或少卽陰的盛衰。所以陽爲盛，爲長，陰爲衰爲消。動也就是長和盛，靜也就是消和衰。

在萬物的生命裏，生命通暢便活動卽是長，卽是盛，生命回復便靜止卽是消，卽是衰，如同在春夏，草木生長茂盛，有一片生動的氣象，在秋冬，草木衰落，生氣消沉，有一片生命靜止的氣象。動靜之理，便是消長之理。

（丁）動靜互涵

在動靜中，動靜之理爲消長；消長的實現則有許多方式。在這些方式中，朱熹舉出三點，這三點也是二程和其他理學家所講的：動靜的先後，動靜互爲其根，動中有靜和靜中有動。

第一點，爲動靜的先後問題。周敦頤在太極圖說中以先動而後靜，靜而後動，朱熹不贊成這種先後的主張，他否定動靜有時間的先後，而接受程頤的主張，「動靜無端」。

「太極動而生陽，靜而生陰，非是動而後有陽，靜而後有陰，截然爲兩段，先有此而後有彼也。祇太極之動便是陽，靜便是陰。方其動時則不見靜，方其靜時則不見動，然動而生陽，亦祇是且從此說起。陽動以上更有在。程子所謂：動靜無端，陰陽無始，於此可見。」（朱子語類 卷九十四）

動靜相繼續爲一圓周的循環，在圓周裏的周遊，不能有先後。若談先後，是在圓周上取一點，由所出的一點開始，則見先後。太極圖說的先動後靜，祇是從動說起，實際上在動之先又有靜，靜之先又有動。圓周的周遊沒有開端起點，因此說動靜無端。

但是在理論方面去講，應該有個先後：先有長，然後有消；先有進，然後有退；先有動，然後有靜。

「陰陽本無始，但以陽動陰靜相對言，則陽為先，陰為後；陽為始，陰為終。猶一歲以正月為更端，其實姑始於此耳。歲首以前，非截然別為一段事。則是其循環錯綜，不可以先後始終言，亦可見矣」(朱子語類 卷九十四)

動靜既無先後，但動靜彼此間的關係，則是互相繼續，動之後有靜，靜之後有動。這種互相繼續，出乎自然。但是問題則是在於動靜互相排除呢？或是一個由另一個而生呢？周敦頤說動靜互爲其根，卽動生靜，靜生動，這種繼續不僅是前後的繼續，而是有因果的繼續，互爲其根，便是互爲因果。這是動靜循環方式的第二點。

「太極未動之前，便是陰，陰靜之中，自有陽動之根。陽動之中，又有陰靜之根。動之所以必靜者，根乎陰故也，靜之所以必動者，根乎陽者故也。」（朱子語類　卷九十四）

從本體論去看，兩物互爲因果，繼續循環，在佛教有行爲和種子，惡行爲生惡種子，惡種子生惡行爲。然而那種因果不是在同一的意義上，因此稱爲異熟因。又如現在的錄音帶，帶由聲音而生，聲音又由帶而生，然而兩者也不在同一的意義上。究其實，從本體的存在上看，因須大於果，則互爲因果便不可能。不過，若是互爲因果的兩物不是同一的兩物，陽生陰，陰再生陽，第二次的陽，已不是第一次之陽；同樣第二次之陰，也不是第一次之陰。朱子語類說：「問一陽復於下，是前日既退陽已消盡，而今別生否？曰：前日既退之陽已消盡，此又是別生。」（卷七十一）這樣可以有互爲因果的現象，然而所謂互爲因果，已經祇是抽象的原則，而不是實際的事物；如父生子，子又生子，父子的關係繼續不斷，但不是同一的人。動靜互爲其根，在原則上可以成立，但陰陽互爲其根，就不是實際的事了。

至於說在理論方面，動的理是不是靜的理之根由，靜的理是不是動的理之根由，從本體論方面去看，借用士林哲學的潛能觀念，可以講得通。在動中含有靜的潛能，在靜中含有動的潛能。潛能成爲現實，便動極而靜，靜極而動，互爲其根了。

動靜循環方式的第三點，則是靜中有動。動中有靜。這一點較比前一點更難。前一點，說是在動中有靜的潛能，在靜中有動的潛能；這第三點，則是動中有了靜，靜中有了動，不祇是潛能，而已是現實。然而兩種互相矛盾的現實，同時存在一實體上，怎麼可能呢？

朱熹繼承周敦頤以及二程的思想，以形而下之物，是動而無靜，靜而無動；形而上之神，則動而無動，靜而無靜。

「動而無靜，靜而無動者，物也，此言形而下之器也。形而下者故不能通，故方其動時，則無了那靜，方其靜時，則無了那動。……動而無動，靜而無靜，非不動不靜，此言形而上之理也。理則神而莫測。方其動時，未嘗不靜，故曰無動；方其靜時，未嘗不動，故曰無靜。靜中有動，動中有靜，靜而能動，動而能靜，陽中有陰，陰中有陽，錯綜無窮，是也。」

（朱子語類　卷九十四）

形而下之物，爲有物質之物，動則不靜，靜則不動，這是大家都懂的事。再說精神性之神，沒有動靜，因爲動靜含有空間性和時間性，精神體則越出時空以外。這也是容易懂的事。但是說形上之理，動中有靜，靜中有動，又曰無動無靜，又曰陰陽錯綜，則就不容易解釋了。理爲形上抽象之理，沒有動靜；而今說是有動有靜，又是無動無靜，祇能就精神體說，精神體是生活的，生活是動，然而精神體的動爲行，不含時間性和空間性，便可以說是無動，爲靜。而這種靜，實則是動，而且是神秘莫測之行，故稱而又是動。不過，朱熹又說：「陽中有陰，陰中有陽，錯綜無窮。」則是就形而下之器而言，陰陽爲形而下，陰陽在變易時，常互相並行而相合，祇有互相消長的程度不同。所以在這第三點，分成四項：一，物是動而無靜，靜而無動；二，神則動中有靜，靜中有動，有動有靜，無動無靜；三，理無動靜，祇是動靜之理；四，陰陽變易時，常並行相合。朱熹卻以理爲神，又以陰陽混於神中，便不容易講明了。

7. 生生之理爲仁

前面講理一而殊，所謂同一之理，乃是生生之理。現在我們對於生生之理，再加以詳細的研究；因爲生生之理，即是仁。仁道在二程的思想裏已很重要，在朱熹的思想裏，則是從天道到人道的樞紐。

理，或天理，在理學家的思想裏，有兩層意義：第一層意義，是本體論的意義，即是天地萬物所以成爲天地萬物之理，乃是物性；第二層意義，是倫理學的意義，即是天地運行之道，也卽是人生之道。這兩層意義是相連的，天地運行和人生之道，以本體方面的理爲根據，因此中庸說：「天命之謂性，率性之謂道。」所謂性爲本體構成之因素，按照這種因素去行事，就是人生之道。

(甲) 理爲生生之仁

天地有一太極，萬物又各有一太極，太極爲理，這種同一而殊之理，乃是天地萬物所以存在之理，稱之爲生生之理，稱之爲仁。錢穆教授說：「綜上所述，可見朱子論理氣，必以其所以論仁者爲之畫龍點睛。至是而知此理乃是一生生之理，此氣乃是一生生之氣。此宇宙理氣之統體，乃是一生生之體。朱子又謂天卽理，亦當由此參之，乃見其語意之深至。當知理非是一死物，乃是一活物也。」(註一〇)理雖不是一物，然朱熹所說之理，不僅是一抽象之理，乃是天地萬物繼續存在，生生不息之理。朱熹因此稱理爲天地生物之心，又稱理爲仁者之心。理應賦於氣，理和氣相結合便是天地間的生氣，周遊不息，萬物乃能化生。

佛教禪宗處處講心，「佛佛祖祖，覺悟生民，惟此一事，餘二非眞。此事云何？直指人心。此心云何？有幻有眞，幻亦非幻，眞亦非眞。心卽是佛，佛卽是心。」（註一二）理學家也講心法，二程的門生和朱熹以心爲仁，以仁通天心。理學家以心理便是使人心之仁，沛然流露，和天地的生物之心相連，天人相合。

天地的理，稱爲太極。太極卽是整個之理，整個之理，卽生生之仁。天地萬物整個之理，爲存在之理，天地萬物的存在，不是呆板死靜的存在，而是繼續不息的生死相代謝，而且繼續發揚增多。這種存在之理，便是生生之理。生命之根由稱爲仁，因此生生之理，便稱爲生生之仁。

「生底意思是仁。」（朱子語類　卷六）

「只從生意上說仁。」（朱子語類　卷六）

「仁是箇生底意思，如四時之有春。繼其長於夏，遂於秋，成於冬，雖各具氣候，然春生之氣皆通貫於其中。仁便有箇動而善之意。」（朱子語類　卷二十）

「仁是箇生底物事，既是生底物，便是生之理。」（朱子語類　卷二十一）

天地之理，爲生生之理，生生之理稱爲仁，仁便是理。因此二程也以仁爲愛之理。然而仁不是呆靜的抽象之理，而是萬物生生不息之理，則是活的具體之理。活的具體之理，應該賦在氣上，和氣相結合；仁便包括理和氣，也稱爲生氣，春氣，一元之氣。

「仁是天地的生氣。」（朱子語類　卷六）

「要識仁之意思，是一個渾然溫和之氣，其氣則天地陽春之氣，其理則天地生物之心。」（朱子語類　卷六）

「天只是一元之氣，春生時全見是生，到夏長時也只是這底，到秋來成就，也只是這底。到冬天藏斂，也只是這底。仁義禮智割做四段，一箇便是一箇。渾淪看，只是一箇。」（朱子語類　卷六）

天地只有一理，一年四季都是一箇生生之理和氣在周遊。每箇物體都有存在，具有存在之理；萬物的存在生滅相繼續，存在之理便是生生不息之仁。「易傳」說：「一陰一陽之謂道，繼之者善也，成之者性也。」（繫辭上　第五章）朱熹註解說：「繼，言其發也。善，謂化育之功，陽之事也。」仁爲萬物繼續發育之理和氣，稱爲化育之功。

朱熹又解釋「易傳」所說：「顯諸仁，藏諸用。」（繫辭上 第五章）

「顯諸仁，是可見底，便是繼之者善也。藏諸用，是不可見底，便是成之者性也。藏諸用，是顯諸仁底骨子。……譬如一樹，一根生許多枝葉花實，此是顯諸仁處。及至結實，一核成一箇種子，此是藏諸用處。生生不已。所謂日新也。萬物無不具此理，所謂富有也。」（朱子語類 卷七十四）

這種繼續生發之理，受在物體內則成爲性。於是性便也不是抽象的空理，而是活潑的化育之理。性便也不是一成絕對不變，而是須要發育。故中庸講盡性，孟子講養性。性理在基本的本體上不變，然因是生生之理，便須隨生命以發育。儒家所講的生命，不是耳目感官的生命，乃是心思之官的精神生命。這種生命，以仁爲根基，發而爲仁義禮智，而在生生之理的發育，則是元亨利貞。理學家所講修身，卽是爲發揚仁之理。仁之理不發育，則被摧殘。

西洋形上學從靜的存在講性，性一成爲有，便是完全的，一成不變，性不能有加減。存有的性，在生命上所加的加減，都是在本體以外的附加體之變易。因此，西洋形上學乃形成一種完全抽象的性理，和實際的存在相脫離。中國理學家以生生之仁爲理，理乃爲實理，乃有發育；然而發育不是改變性理，而是發揚性理。王船山後來講「性日生，命日受，」就是發揮這種思想。西洋當代的存在論所講的自我，則有自我日須加以完成的思想，和理學家的思想，頗有相接近之點。

(乙) 仁爲天心與人心

天地之理爲仁，仁乃爲活潑的發育之理；但是天地和物體都是沒有知覺之物，仁則有知覺，便不能以沒有知覺之物體爲本體，於是朱熹以仁爲天地之心又爲人心。

仁應該有知覺，因爲生生之理不是冷靜的抽象物，而是活潑的化育。活潑的化育，是一種愛的表現，愛要有知覺纔成爲愛。雖然朱熹不贊成謝上蔡所講以覺爲仁，但仁須包有覺。

「仁固有知覺，喚知覺做仁，却不得。」（朱子語類 卷六）

仁既然需包含知覺，知覺卽是自知自己有生意。這種自知自覺絕不能爲塊然無靈所能有。若以爲仁爲理，在天地之生生之理，自然運行，似若有心，實則無心。朱熹卻說天地似若無心，實則有心，遂以仁爲天地之心。天地化生萬物雖屬於自然的運行，然而這種運行，表示一種愛之理，超出乎自然運行之上，而由於有知覺之心而發，遂稱天地之心爲仁。

「仁者，天地生物之心。」（朱子語類 卷五十三）

「天地以生物為心，天包着地，別無所作為，只是生物而已。亘古亘今，生生不窮，人物則得此生物之心以為心。」（朱子語類 卷五十三）

「問，復見天地之心？曰：一元之氣，亨通發散，品物流行，天地之心盡見在品物上，但叢雜難看。及到利貞時，萬物俱已收斂，那時只有箇天地之心，丹青著見。故云利貞者，性情也。正與復見天地之心相似。」（朱子語類 卷七十一）

萬物生生不息，表現天地之仁，仁爲愛之理，天地有仁便有愛。有愛則有心，天地乃有心。而天地之心，就是生生不息之仁。在復卦上，能見天地之心；因爲復卦代表一陽初生，冬天之象萬物的生氣都已收斂，可是天地的生生之理則存在萬物之中，因此，在復卦所代表的天地之象，不見萬物的生意，祇見天地化育萬物之心。朱熹沒有講天地之心代表皇天上帝之心；然而天地由皇天上帝所造，「有物有則」，而且由上帝主宰；則天地之心，乃是上天之心。

人物由天地化育，「一陰一陽之謂道，繼之者善也，成之者性也。」人物由天地化育，陰陽結合而成，在成時受有陰陽之道以爲性。所謂陰陽之道，就是生生之理，天地生生之理成在人物中，人物也就有生生之理以爲性。

「天之生物之心，無停無息。……乾道變化，各正性命，是那一草一木各得其理。」（朱子語類　卷二十七）

人之性理由心而顯，理學家常以心代表仁，故稱人心爲仁。人之心由天地之心而來，人得天地之心而爲心：

「天地以此心普及萬物，人得之遂為人之心，物得之遂為物之心。草木禽獸接着，遂為草木禽獸之心；只是一箇天地之心爾。今須要知得他有心

處，又要見得他無心處。」（朱子語類 卷一）

人物都得天地之理以爲性，也得天地之心以爲心。性是生生之理，心則是理的活活表現。從理和心的關係而言，萬物既有性便有心，因爲心是性的表現。但是這種自然的表現，則應稱爲無心。如草木禽獸之心，則雖是稱爲有心，實則爲無心。人則有心，人心靈明而有知，有知之心乃能稱爲仁。

「天地以生物為心者也，而人物之生，又各得夫天地之心以為心者也。故語心之德，雖其總攝貫通，無所不備，然一言以蔽之，則曰仁而已矣。」（朱文公文集 卷六十七 仁說）

「發明心字，曰：一言以蔽之曰生而已矣。天地之大德曰生，人受天地之氣以生，故此心必仁，仁則生矣。」（朱子語類 卷五）

人得天地之心爲心，天地之心爲生生之仁，人心也便是仁。仁是心之理，也是心之德，也是人之全體。

「當來得於天者只是箇仁，所以為心之全體。」（朱子語類　卷六）

「心卽仁也，不是心外別有仁。」（朱子語類　卷六十一）

人所得於天地之理，爲仁。所得於天地之仁，由心而顯，心卽是仁。人心之仁，卽人的生生之理，此種理常該繼續發揚，仁在人心便應該發揚。天地之仁的發揚，爲元亨利貞；人之仁的發揚爲仁義禮智。元亨利貞爲生生之仁的周遊不息，成爲春夏秋冬。仁義禮智爲人心之周遊不息，成爲倫理的四德。朱熹在「仁說」一篇裏說：

「蓋天地之心，其德有四：曰元亨利貞，而元無不統，其運行則為春夏秋冬之序，而春生之氣，無所不通。故人之為心，其德亦有四：曰仁義禮智，而仁無不包。其發用焉，則為愛恭宜別之情，而惻隱之心，無所不貫。」（朱文公文集　卷六十七、仁說）

天地之心的生生之理，繼續化育萬物，人心之理，盡予發揚，則能盡人性，而盡物性，進而參天地的化育，人心之仁和天地之仁相通。

因此，天地之理卽天地變易之道。人受天地之理以爲性，天地之道乃爲人之道。

朱熹對於「仁」的意義，曾和友人多方辯論，大約在他四十三、四十四歲時，和張栻及其他湖湘學者如胡廣仲、胡伯逢、吳晦叔，信札往來，反覆辯駁，攻擊湘學淵源的上蔡仁爲知覺之說，建立自己的「仁說」。文集卷三十三「答呂伯恭」說：「仁說近再改定，比舊說分明詳密。」（註一二）

8. 氣

（甲）氣的意義

氣字在中國思想裏，佔一個中心的位置，從莊子孟子開始，一直到清代，中國人常常講氣，無論哲學、醫學、政治學、教育學都和氣字相關連。中國哲學以萬物都由氣而成，萬物的生長死滅是氣的流行，人的生命也是氣的化育，擧凡醫理，修身，治國，都和氣有關係。道家老子少談氣，莊子則以爲養生的要素，後來道教的長生之術，都以氣爲根基。漢朝易學的卦氣說，以氣作經緯；因而後代的相術和風水日期的選擇，都建築在氣字上。然而在中國的思想裏，氣字的意義也是最難解釋的。朱熹在這一方面，有他的一分貢獻，把氣字在哲學本體論上的意義有所說明；雖然還是有不清楚的地方，但他自己用氣字時，常能保持所給與的意義。

朱熹以氣爲構成物之本體的一種元素，這種元素構成物之形，屬於形而下。

氣在中國古書的最初意義，當爲雲氣，爲气，係象形字。理學家的宇宙論常以天地未分以前，爲一氣體，運轉不息。天地和萬物都由氣而成。氣便是天地萬物構成的元素。

在張載的思想裏，以氣的本體爲太虛之氣，由太虛之氣而分陰陽之氣。程頤則講元氣，以天地之氣爲元氣，元氣凝聚而成萬物之氣。朱熹不贊成張載的太虛之氣，他不承認無形之氣。但是他也主張在天地未分以前，氣未成形，即是沒有一定的物體之形。

「問：氣块然太虛，升降飛揚，未嘗止息？曰：此張子所謂虛空卽氣也，蓋天在四畔，地居其中。減得一尺地，遂有一尺氣，但人不見耳；此是未成形者。問：虛實以陰陽言否？曰：以有無言。及至浮而上，降而下，則已成形者。」（朱子語類 卷九十八）

朱熹認爲張載所說的虛空卽氣，爲未成形之氣，殆氣能飛揚升降時，則已爲成形之氣。所謂成形之氣，卽是陰陽之氣。這一點似乎朱熹自相矛盾，因爲他主張氣爲形而下者，言氣必有事物，故有形。

「問陰陽氣也，何以謂形而下者？曰：既曰氣，便有箇物事，此謂形而下者。」（朱子語類 卷九十四）

從這一段語錄看，朱熹所謂形而下之氣，乃陰陽之氣。至於陰陽未分以前，氣尙未成形，這種氣則不宜置於形而下。但是，朱熹批評張載以太虛之氣爲形而上，則是他以未成形之氣也居於形而下。所謂未形成之氣，乃是沒有一實體物的定形，並不是絕對沒有形，既有形便屬於形而下。元氣在天地之先，爲本然之氣，具有氣的本形，這種本形爲能變的未定之形。

朱熹以天空都是氣，地則爲氣的糟粕。「減得一尺地，遂有一尺氣。」這種氣有似於普通所說的空氣，空氣通常沒有形狀，但一經凝聚，便結成雲雨冰塊而有形。朱熹所以常講氣的凝聚。天空之氣，程頤稱爲元氣，元氣結成陰陽，陰陽之氣在物體內消耗，但從元氣中常有新的陰陽之氣產生，天地間的物乃常生生不窮。

氣爲物的成素，構成物形。形在古代爲模型，混土作磚，用一模型，土有磚型。現代許多金屬製品，用同一模型，製品的形狀相同。製磚和製品的材料，原先沒有磚和製品的形狀，按照模型去做，材料乃取得磚和製品的形式。

形便是限制了材料，給牠一定的物形，因着物形，物品纔是這種物或那種物。但是物之所以成爲一種物乃是由於理，理成物性，物性使一物成爲一物。西洋士林哲學便以物理稱爲性形，質料因着性形而受限制，成爲一定之物。朱熹和理學家所講的物形，乃是物的外形，而不是性形，外形爲附加之形，然也出於物性，人有人的外形，馬有馬的外形，牛有牛的外形，外形和性理相合。因外形而實際存在，外形乃是具體存在的要素，附在物的具體成素上。物的具體成素爲氣，所以說氣成物形。

氣和理結成一物，理成物性，氣成物形。所謂形，即是實際的存在，在實際的存在中，人除物性外，有心，有情，有才，有感官。心有性理，也有氣；其餘情、才、感官都來自氣。

氣是物質性或是精神性呢？士林哲學以精神和物質的分別，爲本體的區分，互相排擠，中國的哲學則沒有這種明晰的區分。朱熹和理學家都以氣分淸濁，濁氣爲物質，淸氣爲精神。然而清濁之分乃是程度之分，氣由重濁到清秀，中間有無窮的清濁程度。人的氣雖是清秀，但是人彼此間又各有清的不同程度。程度的區分，是附加的區分，不是本體的區分。因此，氣的本體可以說是中性，是具體存在的成素，凡是具體存在都是氣。氣本來不是精神又不是物質，但可以是精神又可以是物質。這一點在哲學本體論很不容易講通。

(乙) 理氣先後・理氣互相限制

朱熹的宇宙論，不是先有太極，後有陰陽；他是主張太極爲理，而理又不是先天地而存在之理。他因而主張理和氣同在，沒有先後的可言。關於這一點，朱熹說得很清楚。

「或問理在先，氣在後？曰：理與氣本無先後之可言。但推上去時，卻如理在先，氣在後相似。」（朱子語類　卷一）

「或問先有理，後有氣之說。曰：不消如此說，而今知得他合下是先有理後有氣邪？後有理先有氣邪？皆不可得推究。然以意度之，則疑此氣是依傍這理行，及此氣之聚，則理亦在焉。」（朱子語類　卷一）

理氣的存在，是存在實物中，首先是陰陽，其次為五行，然後為萬物。在這些實際物中，物存在時，理和氣同時存在，沒有先後的分別。朱熹不主張有一先天獨立存在之理。理的存在，是寓在氣內。

從理論方面說，理和氣是物的構成要素；兩要素同樣重要，缺一則不能成物。所以從物的理論方面說，理和氣也不能有先後。

但是朱熹說：「然必欲推其所從來，則須說先有是理，然理又非別為一物，卽存乎是氣之中。無是氣，則是理亦然掛搭處。」（朱子語類　卷一）「推其所從來」，則是就理和氣的本體上說。氣不能是抽象之物，乃是具體之物，卽是人講哲學時把氣作一抽象共名，氣也是這類氣或那類氣，因此氣的存在必須有理，因「必有是理，然後有是氣。」（朱子語類　卷一）理則可以成一抽象共名，不是這箇理，不是那箇理，不必有氣；因此，氣由理而來，理則不由氣而來，因此「則須說先有是理」，但不能說氣由理而生。

這種理先氣後的看法，乃是理論方面的看法，是由推理而成，也可以說是邏輯的先後，而不是時間的先後。雖說邏輯先後，然不僅是人腦中的主觀思索，實是在客觀的理論上有根據。

唐君毅教授曾就這問題寫了一篇很長的文章，他說：「卽在宇宙根本眞實之意義上，理爲超乎形以上之更根本之眞實，而氣則根據理之眞實性而有其形以內之眞實性者。」（註一三）由理的眞實性又談到當然之理與存在之理。但是朱熹所講的理先氣後，不是從實際存在上說，在實際存在上，理和氣沒有先後的可言。所論先後，祇是理論上的先後，故不涉及理和氣的眞實性，更不涉及所謂當然之理和存在之理的分別。

理和氣的關係，在於彼此互相限制，互予以決定。「理一而殊」，天地萬物之理爲一，然而萬物又各有自己所有而非他物所有之理，則是公共之理受有限制，成爲這物之理；理的這種限制，來自氣。所以人性之理相同，每個人的氣質之性則不相同。從氣的方面說，氣之所以成爲這物的氣，則是因爲有這物之理。

「有是理，便有是氣。」（朱子語類　卷一）

氣由理加以限制，加以決定；否則，氣祇是茫茫的氣，便不能是實際之理。

所以理爲什麼是這物之理而不是他物之理，是因爲氣；氣爲什麼是這物之氣而不是他物之氣，是因爲理。換句話說：理爲什麼這樣？因爲氣是這樣；氣爲什麼是這樣，因爲理是這樣；兩者彼此互相限制，互相決定。人之理爲什麼是正而不是偏？是因爲人之氣淸。爲什麼人之氣是淸而不是濁？是因爲人之理正。這樣看來，似乎兩者互相抵賴，都不負責，而不給一種答覆。究其實，朱熹也不知道怎樣答覆。他乃說：推其所從來，理在氣先。然而他所說的理，乃是一種理論的理，不是實際存在之理，實際存在之理應和氣一同存在。假使若以在氣以先之理實際存在，便要如同柏拉圖承認有一先天的觀念世界，或者如同黑格爾以理爲絕對的精神體。這兩者都不是朱熹所承認的在氣之先之理。他也沒有像聖奧斯定的主張，以萬物之理，先在造物主的心目中，猶如建造房屋的圖形，先存在於工程師的心目中。又如普通所說心有成竹，竹形先存於畫家的心中。朱熹既沒有這些主張，因此他對於理和氣的互相限制，不能給一個徹底的答覆。

(丙) 陰陽

陰陽在詩經中，指着太陽陽光的向背，到了易經則指着卦的構成素。易經說易有太極，太極生兩儀，兩儀便是陰陽。戰國末年，陰陽五行說盛行，漢朝易學便以陰陽爲主要思想，以天地萬物由陰陽而成，天地的變易也由陰陽的更替而行。魏晉道教的修鍊術，以陰陽爲中心。宋朝周敦頤的太極圖說，以太極動而生陽，靜而生陰。張載和二程也都以陰陽爲氣的分類，陰陽之氣互相結合，乃生萬物。朱熹繼承這種思想，然加有自己的意見。他不主張陰陽是兩氣，而祇是一氣的兩面，由氣的動靜而成。

「陰陽只是一氣，陽之退便是陰之生，不是陽退生又別有箇陰生。」（朱子語類 卷六十五）

「陰陽雖是兩箇字，然却只是一氣之消息，一進一退，一消一長。進處便是陽，退處便是陰；長處便是陽，消氣便是陰。只是這一氣之消長，做出古今天地間無限事來，所以陰陽做一箇說亦得，做兩箇說亦得。」（朱子語類 卷七十四）

陰陽爲一氣之分，歷代儒家都是這樣說；但若以氣分陰陽，而不是兩種氣，則在本體論或宇宙論都不能講。陰陽或是氣的兩種，或者不是兩種；若是兩種氣，則不能說是一氣。若是一種氣，則陰陽之分不是本體上的區分，而祇是附加性的區分。附加性的區分，如同長短大小的區分，不能成爲物體的構成素。朱熹以一氣的進退消長爲陰陽的成因，則陰陽不能同時存在，退處爲陰，進處爲陽，一氣不能同時是進又是退，也不能同時是消又是長。那麼一卦內同時有陰陽兩爻，一物之成由陰陽相合而成，便不能成立了。朱熹說：

「方其有陽，那裏知道有陰。有乾卦，那裏知道有坤卦。天地間只是一箇氣，自今年冬至到明年冬至，是他地氣周匝。把來折做兩截時，前面底便是陽，後面底便是陰。又折做四截也如此，便是四時。天地間只有六層，陽氣到地面上時，地下便冷了。只是這六位陽，長到第六位時，極了，便無去處，上面只是漸次消了。上面消了些箇時，下面便生了些箇，那便是陰。……喚做一氣。……若說流行處，却只是一氣。」（朱子語類　卷六十五）

天地間一氣流行，消長進退；然而消長進退成爲陰陽時，陰陽若不是氣的兩種，而祇是氣的正面和背面，決不能化生天地萬物。但是朱熹卻堅決地說陰陽是一氣，以陰陽爲物的兩面，「方見得無一物無陰陽。如至微之物，也有箇背面。」（朱子語類　卷六十五）實際上他是以陰陽爲氣的兩類，彼此性質不相同，氣長時有陽的特性，氣消時有陰的特性，是陽就不是陰，是陰就不是陽。

「陽也，剛也，仁也，物之始也。陰也，柔也，義也，物之終也。能原其始，而知所以生，則反其終而知所以死矣。此天地之間，紀綱造化，流行古今，不言之妙。聖人作易，其大意蓋不出此。」（太極圖說解）

周敦頤的太極圖說明明以陰陽爲氣的兩種，朱熹接受他的思想。他曾說：「論陰陽五行，康節說得法密，橫渠說得理透。」（朱子語類 卷一）邵雍和張載都和周敦頤的意見相同。一氣因動靜而分陰陽，動在先，靜在後。老子以靜爲根，程頤的門生中也有人以靜在先，動在後。朱熹則以陽動爲主，在陰靜之先。

「問理與氣？曰：有是理，便有是氣，但理是本，今且從理上說氣。如云：太極動而生陽，動極而靜，靜而生陰，不成動已前便無陰。程子曰動靜無端，亦是自那動處說起。」（朱子語類 卷一）

「繼善成性，分屬陰陽，乃通書首章之義，但熟讀之自可見矣。蓋天地變化，不為無陰，然物之未形則屬乎陽。物正其性，不謂無陽，然形器已定則屬乎陰。嘗讀張忠定公語云：公事未著字以前屬陽，著字以後屬陰，似亦窺見此意。」（朱文公文集 卷四十五 答廖子晦書）

太極動而生陽，太極在周敦頤的思想裏爲一實體，張載以爲太虛之氣。氣在動靜以前，氣之本體是動是靜？程頤主張動靜無端，朱熹主張氣的本體自始就有動靜，所以不能在動靜以外再求氣的本體。但是，朱熹卻也承認有未分陰陽以前之氣；這種氣是動是靜？氣旣尚未分陰陽，則就不能談動靜，一有動靜便有陰陽，若以不分陰陽之氣爲靜根，便要承認不分陰陽之氣爲陰，那不是不分陰陽而已有陰陽了嗎？不免要自相矛盾。朱熹的答覆說祇能就有形無形一方面去說，氣未分陰陽，爲尚未著形，應屬於陽，「物之未形則屬陽」。這一點也很難講，因爲朱熹對於氣的第一原則在於「氣成形」，凡物必有形，物不能有未形，也不能由未形和定形去分陰陽。實際上，「公事未著字以前」應屬理，「著字以後」屬氣。朱熹又有另一種講法，他分天道和人道，在天道是陰陽無始，在人道則陽爲始。他說：

「動靜無端，陰陽無始，天道也。始於陽，成於陰，本於靜，流於動，人道也。」（朱子語類　卷九十八）

但這種解釋，對於陰陽的先後，並沒有多加說明。人道以男先女後，又以女在家爲本，這本來都是仿效天道。

由另一方面去看未形和定形可以用未見和已見來解釋。未形卽物之形未見，定形卽物之形已見，未見屬於陽，已見屬於陰；這一點是來自氣的淸濁，淸氣屬陽，濁氣屬陰。

氣分淸濁，爲一最重要的區分，其他許多氣的特性的區分，都來自淸濁的區分。把淸濁的區分和陰陽的區分相配合，乃是儒家的傳統，朱熹接受這種思想。例如淸氣爲天，濁氣爲地，天爲陽，地爲陰。魂爲淸爲陽，魄爲濁爲陰。淸爲神，神爲陽，爲心靈；濁爲物（質），物（質）爲陰，爲軀體。

在易經裏乾坤並立，乾爲首，坤爲從。乾坤卽是陽陰，乾爲陽，坤爲陰。易經所講乾坤的特性，也就是陽陰的特性：乾剛強，坤柔順；乾資始，坤資生；乾爲天，爲君，爲父，坤爲地，爲母；其他還有許多別的特性。因着這些對立的特性，陰陽在天地萬物和社會人事裏能够引起各種變易。理學家常以單一不能起變化，需要有對立之二，變化纔可以成。因此，陰陽不能祇是一氣的兩面，應是氣的兩類。

一氣分爲陰陽，陰陽相結合而成物，萬物都各有陰陽。在六十四卦裏，乾爲純陽，坤爲純陰，純陽爲天，純陰爲地，其餘各卦代表萬物都各有陰爻陽爻。六十四卦的變換，在於陰陽兩爻的加減，減爲消，加爲長。陽消則陰長，陽長則陰消。陽爻自乾卦到剝卦，逐漸消滅然後又自復卦開始，逐漸增長，循環不息。天地間的變化，一年四季，二十四節候，都係陰陽的消長。在乾卦坤卦所代表的氣節，也不是純陽無陰，或純陰無陽，因陽不盡，陰也不盡。

「剝上九一畫分為三十分，一日剝一分，至九月盡方盡。然剝於上則生於下，無間可息。至十月初一日，便生一分。積三十分而成一畫，但其始未著耳。至十一月已成，此所謂陽未嘗盡也。」（朱子語類 卷七十一）

陰陽消長，繼續循環，一年四季，五穀生長收成。人類的社會裏所有變易，也由陰陽相結而成，家庭男女，即是陰陽；君子小人，又是陰陽；人事吉凶，完全是陰陽，仁義禮智，也是陰陽。陰陽之道，從天地到人事，貫通一切。

(丁) 五 行

一氣而分陰陽，陰陽結而成五行，五行而合成萬物，這是周敦頤太極圖說的思想，朱熹也接受這種思想而加以發揮。

五行的思想發生於戰國末期，在經書裏五行指着五種行業，也代表經營五種行業的人。戰國末期鄒衍倡陰陽五行的學說，以五行代表五種氣，週遊於天地間，影響社會人事。漢朝儒學發揚這種思想，造出五行相生相剋的程序，進而滲入易學和醫學以及輿地學，使中國古代的一切學術。都成爲五行的學術了。周敦頤繼承漢朝的五行思想，在太極圖加以說明，朱熹雖也接受這種五行的思想，然不太重視，祇在講論五常五德時，配用五行。

五行爲陰陽兩氣所結合而成，陰陽的變易在於消長，而陰陽則常相合，天地間沒有純陽純陰，五行便是陰陽消長時相合的形式。陽長陰消爲木，陽盛陰衰爲火，陽消陰長爲金，陰盛陽衰爲水，陰陽在中和時爲土。在易經裏本有四象代表陰陽的結合：老陽老陰少陽少陰；漢朝學者以五行代替四象，然而五行的意氣，和四象相同。

「數只是算氣之節候。大率只是一箇氣，陰陽播而為五行，五行中各有陰陽。甲乙木，丙丁火，春屬木，夏屬火。年月日時，無有非五行之氣。甲乙丙丁，又屬陰屬陽，只是二五之氣。人之生，適遇其氣，有得清者，有得濁者，貴富壽夭皆然，故有參錯不齊。如此，聖賢在上，則其氣中和，不然則其氣偏行。故有得其氣清，聰明而無福祿者，亦有得其氣濁，有福

祿而無知者，皆其氣數使然。」（朱子語類 卷一）

陰陽在五行的每一行裏，每一行裏有陰陽，不是在陰陽以外別有五行。五行結成物體，五行便是質料。

「陰陽是氣，五行是質。有這質，所以做得物事出來。五行雖是質，他又有五行之氣，做這物事方得，然却是陰陽二氣截做這五箇，不是陰陽外別有五行。」（朱子語類 卷一）

五行是事物之質，然五行也是氣，五行之氣爲陰陽結合之氣，陽變陰合，乃有五行。

「陽變陰合，而生水火木金土。陰陽氣也，生此五行之質。天地生物，五行獨先。地卽是土，土便包含許多金木之類。天地之間，何事而非五行。五行陰陽七者衮合，便是生物底材料。五行順布，四時行焉。」（朱子語類 卷九十四）

這段話是朱熹解釋周敦頤太極圖說的話，也可以代表他自己的思想。「天地生物，五行最先，」天地爲陰陽，陰陽結合而成五行，五行便在萬物以先。陰陽生五行，五行生萬物：然而理學家多講陰陽而少講五行，因爲五行本是代表陰陽，在五行內卽是陰陽。但若五行沒有自己的意氣，則祇講陰陽又何必講五行？五行各自有本身的意義，因此稱爲五氣，每一氣有自己的特性；五氣便是成物的質料。在每一物中，雖有五行，然祇有五行之一或二三，人則具有五行，但每人可有五行之一氣較盛。所以朱熹說每物具有五行之理，不說每物具有五行之氣。

五行相生的次序，輕者先生，重者後生，水火在先，木金在後。但五行既成，又錯綜變化，互相生發，循環不息。

「又問以質而語其生之序，不是相生否？只是陽變而助陰，故生水。陰合而陽盛，故生火。木金各從其類，故在左右。曰：水陰根陽，火陽根陰，錯綜而生。其端是天一生水，地二生火，天三生木，地四生金，到得運行處，便是水生木，木生火，火生土，土生金，金又生水，水又生木，循環

相生。」(朱子語類　卷九十四)

五行循環相生的次序，爲漢朝學者所倡；朱熹則另創天地水火之說。他以天地生物的次序，初生水火，次生木金，最後爲土。這其中的道理在於形，水火的形未定，故在先；木金已有定形，故在後；土則固定不移，乃在末。

「陽變陰合，初生水火，水火氣也，流動閃鑠，其體尚虛，其成形猶未定。次生木金，則確然有定形矣。水火初是自生，木金則資於土，五金之屬皆從土中旋生出來。」(朱子語類　卷九十四)

五行雖代表陰陽的五種結合，但又兼有通常所指五種物體的意義，相生相剋的次序，是按五種物體去推究，按照普通的常識，看五種物體相生相剋的次序，便成五行生剋的次序。這種次序，在哲學的本體論沒有任何的根據和價值。

五行在人的本體上，爲人本體的構成質料。人由理和氣而成，氣便是五行之氣。人性爲理，軀體爲氣。

「或問太極圖之說？曰：以人身言之，呼吸之氣便是陰陽，軀體血肉便是五行，其性便是理。又曰：其氣便是春夏秋冬，其物便是金木水火土，其理便是仁義理禮信。又曰：氣自是氣，質自是質，不可衮說。」（朱子語類 卷九十四）

五行在朱熹的思想裏，重在配合仁義禮智信。人具有五行之氣，五行之氣在人心乃有仁義禮智信的善端，善端不僅是理，也是才，才則由於氣。仁義禮智信配五行，不來自易經的元亨利貞。

「五行是：元是木，亨是火，利是金，貞是水。」（朱子語類 卷一）

仁配元，配木；義配亨，配火；禮配利，配金；智配貞，配水。五行爲人本體的構成素，乃是五氣，五氣進入人的氣質之性，而人性又是理，五行之氣有五行之理。五行之理和氣在人心發而爲仁義理智信，猶如乾坤有元亨利貞的特性，五行和五德便不僅是相配，乃是根之於人性。

(戊) 鬼神

五行代表陰陽兩氣的最先結合，另一種代表陰陽特性的實體，則是鬼神。鬼神爲中國民間的信仰，在戰國時已經有學者從哲學方面去解釋，理學家則純從陰陽兩氣去講，把有關宗教的意義，漸漸淡化，甚至除去。朱熹接受易經對於神字的意義，也接受張載和二程對於神字的解釋；又發揮二程關於鬼神的思想，以鬼神代表陰陽兩氣。

(A) 神

易經對於神的意義，從「繫辭」中可以推論出來。「繫辭上」第三章說：「故神無方而易無體。」第四章說：「陰陽不測之謂神。」第九章說：「顯道神德行，是故可與酬酢，可與祐神矣。子曰：知變化之道者，其知神之所爲乎。」第十章說：「唯神也，故不疾而速，不行而至。」第十一章說：「是故天生神物，聖人則之。」第十二章說：「神而明之存乎其人。」「繫辭下」第二章說：「於是始作八卦，以通神明之德。」說卦第六章說：「神也者，妙萬物而爲言者也。」

易經「傳」所講的神，有兩種意義：第一，指一種不是物的實體，「可與祐神矣」，這個神字的意義和書經的神字相同，如無形實體。第二，指一種特性，這種特性在於變化迅速，不可測摸，「陰陽不測之謂神」，「妙萬物而爲言」。通常稱呼神的實體，稱爲神明或神靈。但是理學家有時也以神明或神靈作爲形容特性的形容詞，以人的心靈爲神明或神靈。

朱熹承認神字有這兩種意義。

「神之為物，自超然於形器之表，貫動靜而言，其體常如是而已。」（朱子語類　卷六十三）

所謂物，不是物質，乃是實體的意義。「神之爲物」神爲一實體，這種實體，超於形器。但是朱熹自己不信有神，然也不明說沒有，他以神的有無，歸之於心的誠與不誠，如誠心信，則可以有。

「神之有無，皆在於此心之誠與不誠，不必求之恍惚之間。」（朱子語類　卷二十五）

古書中常講天神地祇，朱熹以神祇都是氣，氣流動不息，故稱爲神。

「周禮言，天曰神，地曰祇，人曰鬼。三者皆有神，而天猶曰神者，以其常流動不息，故專以神言之。」（朱子語類 卷八十七）

朱熹承認有神，可是他所承認的神，不是宗教信仰的神靈，而是哲學上的一種氣，即氣的精爽者爲神。

「氣之精英爲神，金木水火非神，所以爲金木水火者是神。」（朱子語類 卷三）

精英或精爽之氣爲神，神又有爲神之理；既然有理有氣，便有實體，神爲一種實體。朱熹始終不願保留宗教上對於神的傳統意義，但是既有神的實體，雖祇認爲氣的一種，也不能阻止別人相信這種精英的氣體爲宗教的神靈。

「問堯薦舜於天，曰：只是要付他事，看天命如何。又問百神享之，曰：只陰陽和，風雨時，便是百神享之。」（朱子語類 卷五十八）

以天爲天命，再以天命爲理，爲哲學上的解釋，然並不能否認天命是上天之命。又以陰陽風雨代表百神，也是哲學上的解釋，也並不能否認陰陽風雨的調協，代表百神的意旨。朱熹對於神的存在，和對於鬼神的存在，以及對於人死後的魂是否存在，都不能也不敢明白否認，都勉強以氣去解釋。

神爲精神體的特性，朱熹特用於人的心。人心稱爲神，在張載和二程的思想裏已經很明顯，朱熹說：

「看來，心有動靜，其體則謂之易，其理則謂之道，其用則謂之神。」（朱子語類 卷三）

「心者，人之神明，所以具衆理而應萬事。」（朱子、孟子盡心註）

心稱爲神明，因心爲虛。心爲虛，因心之氣清。虛則靈，靈乃神妙莫測，而且能明衆理。

易經又以天地的變化不可測，也稱爲神。朱熹以天地的變化，解爲陰陽的變化；以變化的神妙莫測，在於變化之理。弟子曾記朱熹的思想說：

「神化者，天地之妙用也。天地間非陰陽不化，非太極不神，然遂以太極為神，以陰陽為化則不可。蓋化乃陰陽之所為，神乃太極之所為。」（羅整庵、困知記）

太極陰陽造出宇宙的神化，然神化祇是形容太極陰陽變異之理，而不能以太極爲神。太極在朱熹的思想裏乃是理之極至，「神乃太極之所爲」，神便是屬於理。理居於形而上，爲抽象的觀念；神本是精神實體，也屬於形而上。朱熹卻祇注意形而上的特性，把「神」剝落實體的意義而成爲抽象的觀念。理本來不可稱爲神，神是屬於氣，朱熹自己也說：「氣之精英爲神。」不過他自己又糾正自己：

「神是理之發用而乘氣以出入者，故易曰：神也者，妙萬物而為言者也。」

將神字全作氣看則誤。」（朱文公文集　卷六十二，答杜仁中）

有氣必有理，有理也必有氣；若氣爲神，必有神之理；若理爲神，必有神之氣。神不能單獨說是理，也不能單獨說是氣。

神字用爲形容詞，則應屬於一個主詞，主詞該是實體。心爲神，心是實體，心之實體是精神。若說宇宙之變化爲神，神屬於變化，變化屬於宇宙。然則宇宙是若何的實體呢？宇宙不能是一個精神體，不是精神體怎麼能有神的變化呢？易經沒有答覆這個問題，朱熹也沒有答覆。若不以宇宙變化神妙莫測，則不是因爲宇宙變化不留形跡，如同人心的變化一樣，祇是因爲宇宙廣大無垠，人的有限理智力不能探測。故「易傳」說惟有聖人能够探測「天地之賾。」

(B) 鬼　神

中國古代民間的宗教信仰除了信天神地祇以外，還信有鬼神。這種信仰是信人死後能成鬼成神。詩經的「頌」，常稱已故前王的魂爲神，左傳多講鬼。朱熹以哲學的觀念解釋鬼神的意義，神爲陽，爲伸；鬼爲陰，爲屈，爲歸。

「神，伸也。鬼，屈也。如風雨雷電初發時，神也。及至風止雨過，雷住電息，則鬼也。」(朱子語類　卷三)

這種解釋，祇是字面的解釋，把鬼神兩字解成形容詞，而不是實體了。在最初的字義裏，鬼神可以是屈伸。但是不能用這種解釋，就可以推翻民間的信仰。朱熹乃進一步，追隨張載和程頤的思想，以鬼神爲陰陽兩氣的良能：

「問鬼者，陰之靈，神者，陽之靈，司命中霤竈與門行，人之所用者，有動有靜，有作有止，故亦有陰陽鬼神之理，古人所以祀之，然否？曰：有此物便有此鬼神，蓋莫非陰陽之所為也。五祀之神，若細分之，前戶竈屬陽，門行屬陰，中霤兼統陰陽，就一事之中，又自有陰陽也。」(朱子語類　卷三)

鬼爲陰氣，神爲陽氣，朱熹說明了鬼神的性質，鬼神都由氣而成。然而這種鬼神究竟有不有？漢朝王充否認有神靈和鬼神；宋朝程頤雖以鬼神爲陰陽二氣，然相信有鬼神的存在。

朱熹不信有鬼神，常以陰陽屈伸去解釋：

「鬼神只是氣，屈伸往來者，氣也。天地間無非氣。人之氣與天地之氣常相接，無間斷，人自不見。人心才動，必達於氣，便與這屈伸往來相感通。如卜筮之類，皆是心自有此物，只說你心上事，才動必應也。」（朱子語類　卷三）

在這一段語錄裏，朱熹說明了他對鬼神的中心思想。他不相信有鬼神，若說民間由古代就信鬼神，這種鬼神乃是人心的感應。人心的氣和天地之氣相接相通，人心誠切相信有鬼神，這種誠心使人的氣和天地之氣相通，天地之氣乃起一種感應，答應人心的信仰。

「問祭祀之理，還是有其誠則有其神，無其誠則無其神否？曰：鬼神之理，卽是此心之理。」（朱子語類　卷三）

「祭祀之感格，或求之陰，或求之陽，各從其類。來則俱來，然非一物積於空虛之中，以待子孫之求也。但主祭祀者，旣是他一氣之流傳，則盡其

誠敬感格之時，此氣固寓此也。」（朱子語類　卷三）

朱熹不信人死後魂能長存；心靈之氣，散於天地間，肉軀之氣，消化在塵土裏。散於天地間之氣，週遊宇宙內。子孫的氣和先人的氣同類；因此在祭祀時，子孫誠心祭禱，先人在天地間之氣，因同類而起感應，和子孫之氣相接。這就是祭祀祖先的意義。

當然，弟子們不以這種意義能夠解釋中國古代祭祖的意義；中國古人相信祭祖時，祖先的魂常在，歆享子孫的祭祀，而不是相信祇是同類氣的感應。

「問：先生解文王陟降，在帝左右。文王既沒，精神上與天合，看來聖人稟得清明純粹之氣，其生也，既有以異於人，則其散也，其死與天為一。則其聚也，其精神上與天合，一陟一降，在帝左右，此又別是一理，與衆人不同。曰：理是如此。若道真有個文王上上下下則不可，若道詩人只胡亂恁地說，也不可。」（朱子語類　卷八十一）

對於人死爲鬼，子產曾有解釋，說是有的人死後，氣不立刻消散，成爲鬼。時間久了，或是寃枉已經申明了，氣便要散，鬼就沒有了。朱熹也有這種主張：

「問有人死而氣不散者，何也？曰：他是不伏死，如自刑自害者，皆是未伏死，又更聚得這精神。安於死者，便自無；何曾見堯舜做鬼來。」（朱子語類 卷三）

人死後，氣散乃是常理；然有時因着寃死，或是求仙求輪迴，自私自養，死後，氣不立刻散失，到頭仍是要散。

「死而氣散，泯然無跡者，是其常道理。恁地有托生者，是偶然聚得氣不散，又怎生去湊着那生氣便再生，然非其常也。伊川云：左傳伯有之為厲，又別是一理，這非死生之常理也。」（朱子語類 卷三）

朱熹不否認有鬼有輪迴，祇認爲不是死生的常理。死生的常理，在於生時，人有魂魄，死時，魄葬於地，便卽腐化，魂則升於天，散於天地的氣中。

「人生初間，是先有氣，旣成形是魄在先，形旣生矣，神發知矣。旣有形後，方有精神知覺。子產曰：人生始化曰魄，旣生魄，陽曰魂數句，說得好。」（朱子語類 卷三）

人由氣而生，氣成形，稱爲魄，魄卽是身體。身體內有心靈，心靈爲神，稱爲魂，屬於陽。魄則常屬於陰。在人生活方面，魄主精力，主精幹。普通說有魄力；魂則主思慮，主計劃。

「魄屬鬼，氣屬神。人之語言動作是氣。精血是魄，屬鬼。發用處皆屬陽，是氣。氣定處皆屬陰，是魄。知識處是神，記事處是魄。人初生時，氣多魄少，後來魄漸盛，到老魄又少。」（朱子語類 卷六十三）

神爲魂，屬陽，是氣；魄屬陰，爲氣之定。在這一段語錄中，朱熹把氣屬於神，似乎說魄不屬於氣；但又說「氣定處皆是陰，是魄。」這種說法很不清楚。他在上面我們所引的語錄中所說氣的形爲魄，形中有神，明明是以魄爲氣。他又說：

「動者，魂也；靜者，魄也。動靜二字，括盡魂魄。」（朱子語類 卷三）

朱熹以動靜爲陽陰，又以陽陰爲一氣；因此魂魄都該屬於氣。氣定成形爲陰，爲魄；氣動爲陽，爲魂。但是，這樣魂魄祇是人的兩種現象了，而不是實有物。然而不能因此就肯定不信宗教，陳榮捷教授曾作一專文，論「朱子之宗教實踐」，他說：「吾人苟從朱子行狀、朱子文集、朱子語類等處，探視其日常宗教實施，不難窺見朱子實一最虔誠而富有宗教熱誠之人，而非止討論宗教思想而已也，」（註一四）他爲官時，到任或秩滿，必告先聖。遭遇天旱必求雨；若遇蝗蟲或其他天災，必虔誠祈禱。他尤其注意家中祭禮。每天未明卽起，深衣幅巾方履祥於家廟。朔望必薦。對於上天信仰更誠。

四、人

儒家的傳統，自易經開始，先講宇宙的變易，然後講人的生活，宇宙的本體，爲人的本體的根源；宇宙變易的規律，爲人生活的模範。漢朝儒者更進而以人爲一小宇宙，人的一切都和宇宙相配，以至於把人的眼目配日月，人的四肢配四時，人的骨節配十二月和三百六十日。宋朝理學家邵雍繼承漢儒的思想，使人完全宇宙化。朱熹採取中庸之道，不接受漢儒偏狹的物質配合論，但遵循易經的途徑，由宇宙而到人。

孔孟的思想，注重人的精神生活，以人爲全部思想的中心；雖說這種中心的基礎在於宇宙，然以人爲獨立體。孔孟對於人，專講精神生活；中庸則進到形上的思想，由人性又談人。儒家的人不是抽象空洞的認識對象，而是生活的具體自我。但是孔孟和中庸、大學講論人，雖以精神生活爲主，講論精神生活時也以心的感受爲重，然而儒家論人仍舊以理性爲工具，適當地運用推理的方法，和莊子專憑直覺的體驗法不同，也和西方哲學存在論的情素不合。朱熹對於人所有的觀念，乃是理性的哲學思想。

儒家思想的人，是一個自作主宰而又在宇宙整體的和諧中生活的個體，有自己的人格，有自己的精神。孟子曾以自己精神生活的浩然之氣，和天地相接；中庸曾以至誠能參天地的化育；張載乃認天地爲大父母，「民吾同胞，物吾與也。」(西銘)朱熹接受這種傳統的思想；但他較偏於理性，以理爲主，以氣爲輔。因此他缺乏孟子和張載的神秘色彩，常趨於理性，以理爲人之天，由理以認識人，不由存在之氣去體驗人，他便也反對陸象山由人的存在去直觀人心。

「天卽人，人卽天。人之始生，得於天也。旣生此人，則天在人矣。凡語言動作視聽，皆天也。只今說話，天便在這裏。」（朱子語類　卷十七）

朱熹所說的天卽人，天在人，不和張載王陽明的天人一體論相同。朱熹所說之天乃是理，天卽理，天也卽性，人性就是天。這種天是理性之天，是抽象之天，不是活情洋溢的上天，也不是宇宙變易的活力，更不是週遊天地的元氣。朱熹所說天卽人，乃是冷冷的理性。雖然朱熹也以氣出於天，然祇是以氣由天而得成形器。

「天之所以為天者理而已！天非有此道理，不能為天，故蒼蒼者卽此道理之天。」（朱子語類　卷二十五）

朱熹常用理性去解釋神秘不能知的對象，鬼神解釋爲氣的陰陽，天則解釋爲理。不過，他也不完全否認主宰的上天。

「或問：以主宰謂之天，孰為主宰？曰：自有主宰。蓋天是個至剛至陽之物，自物如此，運轉不息。所以如此，必有為之主宰者。這樣處，要自見得，非言語所能盡也。」（朱子語類　卷六十八）

朱熹偏於理性，在天地變易上，他偏於自然，以物理自然如此。但他又不願流入老莊的自然論，雖以自然爲理，卻也往上追求，爲什麼自然如此？乃因上面有主宰之天。在他看來，主宰之天按理而主宰，主宰之天的表現即是理，宇宙一切都按理而行。主宰之天爲理，乃一超越之理，朱熹可能稱之爲太極。然而朱熹並不主張一個獨立存在的超越之理，他不以理爲實有體，理要附在氣上而存在。因此主宰天爲理，祇是以理代表主宰天的特性。

人的理氣，都由天而來。這一點，可以解決理和氣互相限制的難題。人得氣之清，因爲人有人性之理，人性之理所以成人之理，是因着人之氣清。但是爲什麼人有氣之清呢？答覆只能說來自主宰之天。

人有理有氣，人所得之氣，較比萬物之氣更清，人乃能成爲萬物中最靈的實體。

「人是萬物中最靈之物。天能覆而不能載，地能載而不能覆，恁地大事，聖人猶能載成輔相之。」（朱子語類 卷一百一十）

人既爲萬物之靈，便和禽獸不同，禽獸雖也有理有氣，但是人所得之理，是全理。

「敬之問：人之所以異於禽獸者幾希？曰：人與萬物都一般者理也，所以不同者心也。人心虛靈，包得許多道理，過無有不通。」（朱子語類 卷五十七）

人心乃是天地之心，因人得天地之心爲心，人心具有生命一切之理，即是有陰陽五行所成的。

「問：健順仁義禮智之性，曰：此承上文陰陽五行而言，健陽也，順陰也，四者五行也。分而言之，仁禮屬陽，義智屬陰。」（朱子語類 卷十七）

人心備具陰陽五行之理，人心乃合於天心。同時，天心由人心而顯，人便成了天地之心。天地不言，祇以遵行而顯天地之心；人能言能行，人便能代表天地而表白天地之心。

「人者，天地之心。沒這人時，天地便沒人管。」（朱文公文集　卷四十五）

人管天地，並不是主宰天地，也不能管理天地的運行；祇是天地之心，若沒有人，便誰也不知道，誰也不會去贊襄天地的化育。因爲人能體天地之仁。體天地之仁，卻不是如同錢穆教授所說：「乃須人來作爲天地之主宰。」（註一五）

1. 人性

（甲）問題的意義

人性在西洋傳統的形上學裏，沒有地位，祇在倫理學和心理學內，詳細講論。西洋哲學所討論的人性，爲行爲善惡標準，稱爲 Nature；這和中國儒家所討論的人性在意義上相同。但是理學家所討論的人性，又有另外一種意義，即是人之所以爲人之理，這種意義則和西洋傳統形上學所討論的性相同。西洋傳統形上學論有，討論性，即是論物之所以成物之理。物之理，是在靜態下分析物之成素時出現，性和存在相對待，先有性，後有存在。性爲抽象之理，性和存在相結合，乃有一實體之物。性和存在相結合時，加上許多特性；具體的實有體除性以外，還有個性，還有物形。西洋傳統宇宙論討論物，討論物性，以物性由元形(Forma)和元質(Materia)合成。物的個性由元質而生，同一的性因着所含元質，乃在和存在相結合時，產生多數的同性而個性不相同的實體，例如人的性爲同一的性，人則有多數的人，個性都不相同，這就是一與多的問題。一和多祇能在含有元質的物體裏產生，沒有元質和祇有元形的實體則沒有多，祇有一。西洋哲學形上學以及宇宙論所討論的性，和心理學以及倫理學所討論的性，彼此相連，後者以前者爲根據，但兩者的意義不完全相同。前者對於存在而言，後者對於行爲而言；前者爲形而上，後者爲形而下。當代西洋形上學的存在論，則以存在爲先爲主，性則是附於存有，祇討論存有，而不討論性。

倫理學的人性既然屬於形而下，由人的行爲而表現。人對於自己行爲的認識，可以隨時代的學識而長進，因着對人性的認識有長進，倫理學的人性可以變。因此近代西洋哲學的倫理學常有相對的善惡論，主張人性的性律不是常久不變的規律。但是倫理學的人性以形上學的性作根據，形上的性則不變，倫理學的人性在基本的觀念上不能變，倫理的基本道德律也不能變。

在西洋的形上學沒有善惡的問題，祇有「存有」成全或不成全的問題。凡是存有都應該在本體的意義上是成全的，否則便不能是存有。一個人存有的意義上應是成全的，不然便不是人。因此，西洋形上學以每一個存有都是成全的，這種成全是存有的性之成全，而不是存在時的實體之成全。一個人可以是白癡，可以是殘廢，然而人之所以爲人之性必定是成全的。在西洋文，成全的也說是好的，是善的；於是就說一切存有都是好的，都是善的。

西洋形上學的這一句成語：一切存有都是善的。乃是形上的理論，和中國儒家人性善的問題不相同。中國儒家的人性善惡問題，本來是倫理方面的善惡問題；但是理學家，特別是朱熹，則進入了形上的界限，以倫理的善惡，根之於人性的善惡。儒家討論人性，目的就是追究人性是善是惡，以解釋善惡的來源。

因此朱熹討論人性，以人性爲存有之理，又爲行爲的善惡標準，把西洋哲學的兩方面人性混在一起。同時朱熹討論人性，爲追求倫理善惡的標準，卻又進入形上本體論，追究人性本體的善惡，把西洋的本體之善惡和倫理的善惡又混合一起。結果，以性善惡問題不能有完滿的解答。

（乙）性爲理

朱熹主張物由理氣而成。理氣爲物的兩個成素，雖然不相分離，但卻有分別，兩者相對待；乃是理氣二元，和張載所說不同。張載主張萬物由氣而成，氣中有理，理祇是氣的特性。朱熹以理氣相合而成物，理爲最重要。

理氣結合而成人，理成人性，氣成人形。形爲形而下之器，人之器爲體。體有大小，大體爲心思之官，小體爲感官。然而人之體還包含人的個性，人之所以成人在於理，這一個人之成爲這一個人則在於氣。朱熹的性和西洋士林哲學之性，所攝內涵不全相同，士林哲學之性，包含元形元質，元形相當於理，元質相當於氣。朱熹的性則祇包含理。朱熹所講的氣和士林哲學的元質，在所攝內涵也不完全相同，士林哲學所講的元質，祇是質料因素，朱熹所講的氣則包含質素、個性和存在；因爲理因氣而爲具體之物性，有氣卽有存在，有存在當然有個性，因此朱熹乃講氣質之性。

性卽理，爲程頤所提出，朱熹滿懷接受這種主張：

「伊川性卽理也，自孔孟後無人見得到此，亦是從古無人敢如此道。」

（朱子語類　卷五十九）

孔子沒有討論人性的問題，孟子講性善，荀子講性惡，孟荀論性都是由心的生來傾向去論性。程頤開始分理和氣，乃以性爲理，爲天，爲心。朱熹贊成性卽理的主張。

「性者，人所受之天理。」（朱子語類　卷五）

「性只是理，萬理之總名。此理亦只是天地間公共之理，稟得來便為我所有。天之所命，如朝廷指揮差除人去做官。性如官職，官便有職事。」（朱子語類　卷一一七）

中庸說「天命之謂性」。朱熹說人性來自天命，天命由主宰之天下命，如同朝廷下命指派官吏；但有時朱熹以天命爲自然的天理，人按天理生而有這人性。天命人有性，乃是以天地公共之理賦於人，在天地間稱爲理，人所禀受的理稱爲性。

朱熹隨從程頤的主張，以理一而殊，在理說，天地間祇有一公共之理，在人說則各人有不同之性。從理方面去看人性，則稱爲天地之性，或稱爲本然之性，從性方面去看性，則稱爲氣質之性。理一而殊，理所以分殊，原因在於氣。

「氣質之性，只是此性墮在氣質之中，故隨氣質而自為一性，正周子所謂各一其性者。向使原無本然之性，則此氣質之性又從何處來？」（朱文公文集 卷五十八。答徐子融書）

「非氣無形，無形則性善無所賦。故凡言性者，皆因氣質而言，但其中自有所賦之理爾！」（朱文公文集 卷六十一、答林德久書）

理是抽象之理，理與氣相合乃有人。凡是人都有氣，因此人性在每個人都已是氣質之性，即是理與氣相合之性。若從抽象方面講人性，則人性祇是理。朱熹說：「故凡言性者，皆因氣質而言。」

但是氣質之性和本然之性，同是一個天理，祇是理的表現有全與偏的程度。人之性較比萬物之性，已稱爲得理之全，萬物則得理之偏。然而人性之理在每個人心中的表現，又因氣的清濁而不完全相同，在氣清的人心中，性之理表現得完全，在氣不很清的人心中，性理的表現則偏於一部份的表現。

「氣質是陰陽五行所為，性則太極之全體。但論氣質之性，則此全體墮在氣質之中耳，非別有一性也。」（朱文公文集 卷六十一、答嚴時亨書）

朱熹有時以氣質之性不是純淨之性，不稱爲性；因性爲全部之理，理和氣結合時，理被限制，不能全部表現。

「須是箇氣質，方說得箇性字。若人生而靜以上，只是說得箇天道，下性字不得。……所謂天命之謂性者，是就人身中指出這箇是天命之性，不雜氣稟而言爾。若才說性時，則便是夾氣稟而言。所以說性時便已不是性也。」（朱子語類 卷九十五）

性是自人所禀受之理而言，理則是全部天理，全部天理和人所禀受之理，不完全相等；因爲人所禀受之理，已雜有氣。

從形上學去看，理與氣的關係影響到人性。在理論方面，朱熹着重理，以理在先。

「未有此氣，已有此性，雖其方在氣中，然氣自氣，性自性，亦自不相夾雜。」（朱文公文集 卷四十六、答劉叔文書）

但是在實際上，朱熹已着重在氣；雖說「亦自不相夾雜」，理卻被氣所限制，成爲氣質之性。

人性之理，爲天地的公共之理，乃是生生之理。西洋哲學的性爲物存在之理，存在屬於靜。儒家哲學的存在爲生，生不僅是生成，而也是生存，生存乃是動。理學家所講的公共之理，即是萬物的生存之理。西洋形上學講「存有」或「有」；中國形上學講「生生」或「生」。

生存之理若沒有氣，祇是一個抽象的理，不能存在，而且本身的意義也不能完全。不像士林哲學的性，雖沒有存在，也可以具有自己的意義。

生存是活的，所以須有氣。人之氣使人有血氣有知覺，有生命。生命由氣而顯。每個人的生命，雖同爲人的生命，但每個人的生命都有不同，一個人的生理生命很高，心理生命可以低弱；一個人的生理和心理生命健全，可是他的理智生活則低。儒家所注意的生命，乃是精神生命。朱熹說性之理，爲仁義禮智之理。仁義禮智之理隨着氣而實現，人乃有善不善的分別。善不善即是人的生命。

「性之爲體，正以仁義禮智之未發而言，不但爲視聽作用之本而已矣。」（朱文公文集 卷七十四、孟子綱領）

性之體，爲仁義禮智之理，同時也是視聽作用的根本。因此，性之體乃是人的生理、心理、理智、倫理生命的根本，而其中最重要的，是倫理生命。

性既然是生命之理，人的生命以精神生命爲主，性之理，便是倫理生命的根本。根據這一點，倫理的善惡，就以性爲根本，乃有性善性惡的問題。

性既是生命之理，生命有許多種：生理、感覺、心理、情感、理智、倫理。這一切生命都以性爲根本，這一切生命的活動都可稱爲性，孟子曾以食色爲性，又以口味、聲色、鼻臭、四體安逸爲性，更以仁義禮智爲性。朱熹且以草木有知覺，所以有性。

「合虛與氣，有性之名，有這氣，道理便隨在裏面。無此氣，則道理無安頓處。如水中月，須是有此水，方映得那天上月。若無此水，終無此月也。……又問：人與鳥獸固有知覺，但知覺有通塞，草木亦有知覺否？曰：亦有。如一盆花，得些水澆灌，便敷榮。若摧折他便枯悴，謂之無知覺可乎！周茂叔窗前草不除去，云與自家意思一般，便是有知覺。祇是鳥獸知覺不如人底，草木底知覺又不如鳥獸底。又大黃吃着便會瀉，附子吃着便會熱，只是他知覺便從這一路去。又問：腐敗之物亦有否？曰：亦有。如火燒成灰，將來泡湯喫，也嶮苦。因笑曰：頃者信州諸公正說草木無性，今夜又說草木無心矣。」（朱子語類 卷六十）

朱熹以草未有知覺，有心，有性，然而草木的知覺，祇是生理生命的反應，更不能說有心。草木的生理反應，有如鳥獸的生理反應成爲知覺，便可以說草木有知覺。所謂知覺，乃是生命的活動；不僅有生物的生理反應稱爲知覺，就是無生物的礦物，也能有天性的反應。這一切反應都來自物的存在，物的存在都認爲是生存，生存有生存之理，稱爲性。萬物都有性，萬物之性在生存上彼此相通，因爲同是一公共的生存之理。後來王陽明主張一體之仁。朱熹對於萬物相通或萬物一體的神秘情況，不大講，他所講的，是萬物公共之理。理相同，性不相同，氣所成的形更不相同。信州諸公爲陸象山等一派人，因主張心卽理，以草木無心，也就無性。朱熹則主張萬物都有理，因此他所講的格物致知，在於研究事物之理。萬物既有理，便有性。萬物所有之性，也因氣而各不同；萬物之氣濁，理不能顯。萬物所得之理偏而不全，人則得理之全而正。然而人性之理所有的全和正，也有高下的程度，這就是人性的善惡問題。

(丙) 性善性惡

從孟子以來，性善性惡的問題在儒家學者中成了爭而未決的懸案。告子以人性可善可惡，孟子主張性善，荀子主張性惡，漢唐儒者以人性分三品，上品爲善，下品爲惡，中品可善可惡。這些儒者所討論的性，都是人心生來的傾向，孟子以人心生來傾於善，人性便是善；荀子以人心生來傾於惡，人性便是惡；告子以人心生來有傾於善有傾於惡，人性便可善可惡。告子孟子荀子以及漢唐儒者都是追究一個人爲什麼做善事，成善人？一個人爲什麼做惡事，成惡人？這就是惡的來源問題，在西方的哲學和宗教裏，惡的來源問題引起許多學說。儒家認爲人的行爲以人性爲根基，人的行爲或善或惡，應來自人性。先期儒家祇說到人性或善或惡或不善不惡；然並沒說出人性爲什麼是善或是惡。理學家便進而追究人性善惡的原由。程頤乃講天地之性和氣質之性，程頤的弟子們講未發和已發，以未發爲善，已發有善有惡。然而這種思想祇是發揮中庸的思想，還沒有進到問題的深處。朱熹承繼程頤的思想，更進而根據理氣二元論說明性善性惡的原因，原因在於氣。朱熹主張天然之性爲善，氣質之性可善可惡。因爲人的氣雖較萬物之氣較清，然而有清濁之程度，氣清則性之理可以顯出，故善；氣濁，則性之理被障蔽，故惡。這種善惡，乃是本體的善惡。

(A)理為善，天地之性為善

理爲天地的公共之理，爲天地萬物的物性。這種理，乃是抽象之理，爲物之所以成爲物的原由。理居於形而上，爲本體論所談的性。這種理，只是全不全，沒有善不善，和倫理不發生關係。西洋士林哲學說一切「有」都是「全」的，「全」在本體方面也可稱爲善，所以稱一切有爲善。這種善乃是本體方面的善，而不是倫理方面的善；否則，便會得到很荒謬的結論，即一切人物在倫理方面都是善的，世界便沒有惡了。不過，若從倫理方面去看，草木鳥獸不可以說是惡，因爲他們對自己的生活不負責任；而從本體方面上說，應該說他們是好。

朱熹以人性爲理，從理一方面說，人性爲天地之性，或本然之性。本然之性既祇是理，便應該是全，既是全便是善。

「理無有不善。」(朱子語類 卷八十七)

「萬物稟受，莫非至善者性。率性而行，各得其分者道。」(朱子語類 卷六十二)

「胡季隨主其家學，說性不可以善言。本然之性善本自無對，才說善時，便與那惡對矣。才說善惡，便非本然之性矣。……某嘗辯之云：本然之性，固渾然至善不與惡對，此天之賦於我者然也。然行之在人，則有善有惡。做得是者為善，做得不是者為惡。豈可謂善者非本然之性，只是行於人者有二者之異？然行得善者，便是那本然之性也。若如其言，有本然之善，又有善惡相對之善，則是有二性矣。方其得於天者此性也，及其行得善者亦此性也。只是才有個善底，便有箇不善底，所以善惡須著對說。不是元有箇惡在那裏，等着他來與之為對。只是行得錯底，便流入於惡矣。此文定說，故其子孫皆主其說，而致堂五峯以來，其說益差，遂成有兩性。本然者是一性，善惡相對者又是一性。他只說本然者性，善惡相對者不是性，豈有此理！然文定又得於龜山，龜山得之於東林常摠。……二蘇論性，

亦是如此。」（朱子語類 卷一〇一）

在這一段語錄裏，有幾點應特爲說明。善與惡在於人的行爲，「做得是者爲善，做得不是者爲惡。」這種善惡爲倫理的善惡，孔子以非禮勿視勿言勿聽勿動，否則爲惡。中庸以喜怒哀樂發而中節爲和，和是善，不中節便是惡。這都是以倫理的標準，規定善惡。惡不是一個獨立體，惡是不善，「只是有箇善底；便有箇不善底。……不是元有箇惡在那裏，等他來與之相對。」善惡爲對待的名字，「所以善惡須對着說」。但是有一絕對之善，不和惡相對待，卽是本然之性。程頤曾說善惡俱出於性，朱熹以善出於性，人行善，是因性善，惡則來自氣。至於人之性祇有一個，不是「本然者是一性，善惡相對者又是一性。」然而本然之性在每個人裏，同氣相結合，成爲氣質之性。文定爲胡安國，安國三子爲胡寅、胡寧、胡宏。胡宏爲季子，號稱五峯先生。胡氏三子都從楊時龜山遊，胡宏隨主家學，文定以性不可以善言，「致堂（胡寅）五峯（胡宏）以來，其說益差。」胡氏家學和蘇氏兩兄弟（軾轍）主張性無善惡。胡宏在知言書中以「好惡性也，小人好惡以己，君子好惡以道，察乎此，則天理人欲可知。」朱熹批評說：「案此章卽性無善惡之意，若果如是，則性但有好惡而無善惡之別矣。」朱熹主張性有善惡，理爲善。理乃天地萬物之理，人物所得同一理，祇是氣能予以蔽塞。

「問氣質有昏濁不同，則天命之性有偏全否？曰：非有偏全。謂如日月之光，若在露地，則盡見之。若在蔀屋之下，有所蔽塞，有見有不見。昏濁者，是氣昏濁了。」（朱子語類　卷四）

本然之性既是理，在人物常是全，祇因氣的濁，乃至所受之理有全不全。本然之性在本體上說絕對是善，卽是全，不與惡相對。

「論天地之性，則專指理言。論氣質之性，則以理與氣雜而言之。未有此氣，已有此性。氣有不存，而性却常在。」（朱子語類　卷四）

「性卽理也，當然之理無有不善。故孟子之言性，指性之本而言，然必有所依而立，故氣質之稟，不能無淺深厚薄之別。孔子曰性相近也，兼氣質而言。」（朱子語類　卷四）

孟子言性善，若由仁義禮智之理而言，可以說是指性之本。但是孟子言性，乃是就人心的天然傾向，就心的善端，是從心的方面談性，而不是從性的本體去講。

(B) 氣質之性，可善可惡

人由理與氣相合而成，人的性常和氣相合；然而性是性，氣是氣，也不相雜。

「雖其方在氣中，氣自是氣，性自是性，亦不相夾雜。至論其徧體於物，無處不在，則又不論氣之精粗，莫不有是理。」（朱子語類 卷四）

每人都有氣，每人的性便是氣質之性。氣質之性不是和天地之性或本然之性，分爲兩種性，而是同一的性。氣質之性來自本然之性，也就是理；祇是理在氣中，隨着氣的清濁，理的顯明程度有高有低。氣清則性理顯明，氣濁則性理被掩蔽。性理顯明，則氣質之性善；性理被掩蔽，則氣質之性惡。

「性只是理，然無那天氣地質，則此理無安頓處。但得氣之清明，則不蔽固，此理順發出來。蔽固少者，發出來天理勝；蔽固多者，則私欲勝。

> 便見得本原之性無有不善。孟子所謂性善，周子所謂純粹至善，程子所謂性之本，與夫反本窮源之性，是也。只被氣質有昏濁則隔了。故氣質之性，君子有弗性者焉。學以反之，則天地之性存矣，故說性須兼氣質說方備。」（朱子語類　卷四）

朱熹用本然之性善和氣質之性可善可惡，想把孟子荀子的性論，包括在一系統內。祇是對於秦漢以來儒者分性爲三品，朱熹很不贊成。「秦漢以來，傳記所載，只是說夢，韓退之略近似。千有餘年得程先生兄弟出來，此理益明。」（朱子語類　卷四）氣質之性由張載發起，二程加以發揮，朱熹作爲論性的定論。性的善惡，以理和氣去解說：理爲善，氣可善可惡。在具體上，朱熹以情代表氣；因此，以性爲善，以情可善可惡，因爲情是氣的具體表現。他對於以往的性論，除上面所引的一段語錄外，他還說：「孟子性善，是論性不論氣。荀揚異說，是論氣則昧了性。」（朱子語類　卷五十九）然而他自己卻說：「論性不論氣不備，論氣不論性不明。蓋本然之性只是至善，然不以氣質而論之，則莫知其有昏明開塞，剛柔強弱，故有所不備。」（朱子語類　卷五十九）孟子的性論祇是講到理，荀子的性惡祇是講到氣，都可以說是「故有所不備。」實際上，孟子所說的性善，不是講抽象的理之善，而是講具體的人心之善，所以和朱熹所說的本然之性至善不完全相同。荀子講性惡，不僅是情慾向惡，也是人心有好爭一己私利之理，和朱熹所講氣質之性惡也不完全相同。孟荀等儒者講性的善惡，是從人的行爲善惡去求原因，原因在於人性善惡；但沒有向上追求性爲什麼有善惡。朱熹則追求性爲什麼有善惡，以性的善惡來自性的本體，性的本體爲理，本來是至善，可是性在各個人內，同氣相結合，一個人的性，在本體上含有理和氣，稱爲氣質之性，氣質之性因着氣的清濁，乃有善惡。朱熹講性的善惡，是由本體上去講善惡。這是把倫理界的善惡牽入了本體界。當然爲能解決善惡問題，算是一個根本辦法；可是連帶產生的問題也很多，元明清的儒者也多有反對的意見。一切的物體都率性而動，日月雨露按自己的規律而運動，草木鳥獸也按照自己的本性而生長，沒有善惡問題。若要講善惡，祇能說是善。宇宙間的萬物互相聯繫，所有運動生長的規律互相調協，成爲自然律。自然律是善，萬物又都依照自然律而運動生長。惟獨人卻不一樣。人本來和萬物一樣也有自己的性律，性律稱爲理，理是至善。可是人卻不常依照性律而行。「率性之謂道」（中庸 第一章），人卻不常守這種生活之道，雖然有「修道之謂敎」，人還是不常「率性」而行。不率性而行，就是惡。善惡的問題在於人爲什麼不常「率性」，這是因爲人有自由，自由在於人有心靈，心靈能知能自作主宰。自作主宰應當向善；人能認識天理，更該遵從天理；爲什麼卻因心靈有知自作主宰，反而不率性而作出惡來呢？問題便在於心靈。孟子以人的心靈爲善，作惡乃是人喪失了自己的心靈。荀子以人的心靈爲惡，須矯正人的心靈以行善。朱熹以心統性情，性爲理，爲善，情爲氣，可善可惡。

若是把情和性分開，情不進入性的本體，則善惡也不進入性的本體。但是朱熹以情由氣所生，氣爲氣質之性的本體之一元素，則善惡進入了人的本體。一個人的本體若是善，則常是善，一個人的本體是惡，則常是惡，不可以改變，因爲主體不能改。這一點和實事不合，也不是朱熹的思想。朱熹認爲氣所使人的氣質之性善或惡，在於氣的淸或濁，淸則性理顯明，濁則性理昏蔽，顯明爲善，昏蔽爲惡。這種主張有兩點不合理：第一，淸者常淸，濁者常濁，善惡由天生，不能改變。第二明顯是知，昏蔽是愚昧，以知理則常行善，愚昧則常行惡，乃是反乎人之常情。而且同是一個人，一時行善，一時行惡；同是一樣的行爲，有時是善，有時是惡。因此，可見，善惡問題由本體界去解決，牽出許多矛盾的結論。

不過，朱熹以氣質之性去解決善惡問題，也有許多優點。朱熹以氣濁則使性理昏蔽，人乃行惡，不從本體方面去講，祇從人的自由去講，很合於理。人運用自由，一定要認識在運用自由時的道理，若看不清這種道理，就會做事不合理而行惡。再者，人在運用自由時，若是心內的情慾，強烈地衝動人心傾向一面，人就會選擇這一面的事，便能做事不合理。朱熹以這兩種情形來自氣，士林哲學說來自人的個性，個性來自人的元質（Materia）。兩種學說的思想頗相近；但不應該說人性本體有惡。所以不宜說性善或性惡，祇說性是善惡的根源。朱熹說：「人生氣稟理，有善惡，理只作合字看。」（朱子語類 卷九十五）又說：「人生氣稟理，有善惡，此理字，不是說實理，猶云理當如此。」（同上）

(C) 未發已發

宋朝理學家自程頤以後，常討論未發和已發問題，為說明性的善惡。這個問題的來源，來自中庸所說：「喜怒哀樂之未發謂之中，動而皆中節謂之和。」程頤的門生常討論中，楊時和李侗則以未發解釋中。朱熹當然也討論了這個問題。他對於這個問題，先討論易經所說「繼之者善也，成之者性也。」然後進入未發和已發。

「繼之者善也，成之者性也。」（繫辭上 第五章）張載和二程都有解釋，朱熹的解釋說：

「問：一陰一陽之謂道？曰：一陰一陽，此是天地之理。如大哉乾元，萬物資始，乃繼之者善也。乾道變化，各正性命，此成之者性也。這一段說天地生成萬物之意，不是說人性上事。」（朱子語類 卷七十四）

易經講宇宙的變化，變化由陰陽相合而成。陰陽相合乃是宇宙變化之道。這種變化繼續循環，萬物化生；萬物能够化生，乃是善。陰陽結合化生一物時，結成這物之性，一物之成必有性。

「繼之者善，方是天理流行之初，人物所資以始。成之者性，則此理各自有箇安頓處，故爲人爲物，或昏或明，方是定。若是未有形質，則此性是天地之理，如何把做人物之性得？」（朱子語類　卷七十四）

從宇宙變化，萬物化生的方面去解釋「易傳」的話，合乎易經的思想。然而因爲有個善字，當然牽涉到性善惡問題。朱熹說：

「繼之者善，成之者性，性便是善。」（朱子語類　卷七十四）

性爲陰陽之道，流行不息所成。陰陽流行不息，卽是造化流行，是善，善所成之性，也該是善。陰陽運行是道理，所成之性便也是理；理是善。人性之理卽陰陽之道，陰陽之道，即造化流行發育萬物之道，也即是生生之理。

程門學者，常以理爲靜，楊時和李侗都以靜坐觀心中未發的氣象，以未發爲中爲性，以動爲心。程頤原不贊成這種主張，曾向呂大中有所指示；然而門生們卻忽略了師教。朱熹對於已發未發問題，在文集中有卷七十五的「中和舊說序」，有卷三十和卷三十二答張敬夫的四封信。有卷六十四，「與湖南諸公論中和第一書」，有卷六十七「已發未發者」。朱熹在受教於李侗（延平）時，心中不贊成他的主張，後來到長沙訪張栻（南軒、敬夫）又書信往還，終而決定了自己的主張。他所謂中和舊說，見於「舊說序」中：

「一日喟然嘆曰：人自嬰兒以至老死，雖語默動靜之不同，然其大體，莫非已發，特其未發者為未嘗發耳。自此不復有疑，以為中庸之旨，果不外乎此矣。」（朱文公文集　卷七十五）

楊時和李侗嘗以未發爲中爲性，已發爲心，性心分體用。胡宏也有這種主張。朱熹和張栻都就胡宏的知言，予以批評。朱子說：「心性體用之說，恐自上蔡謝氏失之。此云性不能不動，動則心矣，語尤未安。凡此心字，皆欲情字如何？」張栻說：「心性分體用，誠爲有病。此若改作性不能不動，動則情矣一語，亦未安。」

朱熹後來的主張，見於文集卷三十二「致張敬夫書」：

「蓋通天下只是一箇天機活物，流行發用，無間容息。據其已發者自指其未發者，則已發者人心，而未發者皆其性也；亦無一物不備矣。夫豈別有一物，物於一時、限於一處，而名之哉！」

朱熹反對未發之時的時字，未發和已發常連續不斷，未發爲性，已發爲心，性心相通。但在文集卷六十四，與「湖南諸公論中和第一書」，則又改正自己的主張，而有中和新說：

「中庸未發已發之義，前此認得此心流行之體，又因程子凡言心者皆指已發而言，遂目心為已發，性為未發。然觀程子之書，多所不合。因復思之，乃知前日之說，非惟心性之名命之不當，而日用功夫全無本領，蓋所失者不但文義之間而已。按文集遺書諸說，似皆以思慮未萌，事物未致之時，為喜怒哀樂之未發。當此之時，卽是此心寂然不動之本體。而天命之性，當體具焉。以其無過不及，不偏不倚，故謂之中，及其感而遂通天下之故，則喜怒哀樂之情發焉，而心之中可見。以其無不中節，無所乖戾，故謂之和。」

在這一封信裏，朱熹不以未發爲性已發爲心，而以未發爲心之體，體具性理；已發爲情，情爲心之用。因此他接受張載心統性情的主張。

中爲本體之善，和爲倫理之善，程門學者都以中卽是性，程頤以中爲一實詞，不是實體，祇說性是中，卽是善。朱熹以未發爲心之體，具有性理，中是指着心之體。實則心之體卽是性。已發中節爲和，程門以已發爲心之動，朱熹以爲情。情出於氣，情可以中節可以不中節，有善有惡。程門弟子和朱熹講未發已發，目標在於修養，楊時李侗講靜，朱熹從程頤之敎主敬。（註一六）

2. 心

（甲）心之體

心和性不能分，且常同指一體，二程以理、性、心爲一實的異名，祇是觀察點不相同。朱熹則以性和心有分別；他接受張載的思想，以心統性情，卽是心包括性和情，也就是心除性以外，還有情。從本體論說，性爲理，情爲氣，心包括理和氣。

「問：先生盡心說。曰：心者，天理在人之全體；又曰：性者，天理之全體；此何以別？曰：分說時，且恁地。若將心與性合作一處說，須有別。」（朱子語類　卷六十）

「心統性情，二程卻無一句似此切。」（朱子語類　卷九十八）

性是理，心包括理和氣，性和心有分別。另外還有別的區分；因爲性理乃是抽象之理，心則是活的實體。

「問靈處是心抑是性？曰：靈處只是心，不是性，性只是理。」（朱子語類　卷五）

人由理和氣而成，人的本體便是理氣的結合體；心既包括理和氣，心是人的本體否？朱熹沒有討論這一問題。西洋士林哲學常以靈魂爲人本體的原素之一，即是元形，元形結合元質的身體，乃有人的本體。人本體的元形，乃是生命的根源和基礎，人以靈魂而生活。心在朱熹的學說裏也有生命根源和基礎的意義。

「發明心字，曰：一言以蔽之，曰生而已。天地之大德曰生，人受天地之氣而生，故此心必仁，仁則生矣。」（朱子語類 卷五）

人心來自天地之心，天地之心爲生命的根源，人心就爲人的生命的根源。

「問形體之動與心相關否？曰：豈不相關，自是心使他動。」（朱子語類 卷五）

「問：惻隱羞惡喜怒哀樂，固是心之發，曉然易見處。如未惻隱羞惡喜怒哀樂之前，便是寂然而靜時，然豈得塊然槁木？其耳目亦必有自然之聞見，其手足亦必有自然之擧動，不審此時，喚作如何？曰：喜怒哀樂未

發，只是這心未發耳。其手足運動，自是形體如此。」（朱子語類 卷五）

形體的生命以心爲根源，卽使心不在，雖有感覺，也等於沒有感覺。知識和情感的生命爲靈性的生命，當然以心爲根源和基礎。

「心者，人之神明，所以具衆理而應萬事。」（孟子盡心注）

「心是神明之舍，為一身之主宰。性便是許多道理，得之於天而具於心者，發於知識念慮處皆是情，故曰心統性情也。」（朱子語類 卷九十八）

心的主要活動，爲以衆理應付萬事。這種應付須有知識，須能主宰。孟子曾經說明心爲心思之官，荀子曾主張心有徵知，能知「道」，爲身的主宰。朱熹繼承荀子對心的主張，以心有知，爲神明之舍，爲一身主宰。

「神明之舍」，心有神明，神明爲一種精神能力，也可以說是心的體，充滿身體的各部份，使身體有生命有活動。西洋士林哲學以靈魂全體在身體內，又全體在身體的各部份內。朱熹以心的神明充滿全身，思想頗相似。

「問：先生嘗言心不是這一塊，某竊謂滿體皆心也，此特其樞紐耳。曰：不然，非此心也，乃心之神明升降之舍。人有病心者，乃其舍不寧也。凡五臟皆然。心豈無運用，須常在軀殼之內。」（朱子語類 卷五）

「問：人心形而上下如何？曰如肺肝五臟之心，却是實有一物。若今學者所論操舍存亡之心，則自是神明不測。故五臟之心受病，則可用藥補之。這箇心，則非菖蒲茯苓所可補也。問：如此，則心之理，乃是形而上否？曰：心比性，則微有迹，比氣，則自然又靈。」（朱子語類 卷五）

心有兩種意義：一種意義指着形器的五臟之心，一種意義則是神明之心。理學家所講的心，爲神明之心。朱熹似以五臟之心爲神明之舍，神明之心寓於五臟之心，「心豈無運用，須常在軀殼之內」。所謂軀殼，也可以指着整個身體。

「心比性，則微有迹」，性爲理，乃抽象的觀念，無具體形迹可言。心爲具體之實體，然心的實體爲虛靈，也沒有形迹，但既是實體，比之於抽象之理，可以說微有形迹。「比氣，則自然又靈。」心爲氣所成，然較之於一般的氣，則虛靈。

「心者，氣之精爽。」（朱子語類 卷五）

心的體，由氣而成。心之氣，爲氣之精爽。精爽兩字來自易經，「易傳」曾說：「精氣爲物，遊魂爲變。」（繫辭上 第四章）精爽之氣，卽是純氣，純氣也稱秀氣，乃是淸氣。淸和濁相對，濁氣爲雜氣，不純。人心之氣爲純淸之氣。

「氣之精爽」，乃是淸氣，淸氣沒有物質，沒有量，便爲虛。虛不是空間之虛空，而是說沒有物質，乃是精神。

「虛靈不昧，以具衆理而應萬事。」（大學、明德注）

「來示又謂心無時不虛，熹以為心之本體固無時不虛，然而人欲己私汩沒久矣，安得一旦遽見此境界乎！」（朱文公文集 卷三十、答張敬夫書）

「虛靈自是心之本體，非我所能虛也。耳目之視聽，所以視聽者，卽此心也，豈有形象。然有耳目以視聽之，則猶有形象也。若心之虛靈，何嘗有物。」（朱子語類 卷五）

心之體，虛靈不昧。虛，沒有物質，爲精神體，可以稱爲神。神的行動，神奇莫測，易經以天地的變易，神妙莫測：「易，無思也，無爲也，寂然不動，感而遂通天下之故，非天下之至神，其孰能與於此？」(繫辭上 第十章)心的行動，也是「寂然不動」，沒有行跡，可以「通天下之故」，因爲心具衆理以應天下之事。故心稱爲靈。

靈則不昧，不昧則知。知不僅是求學而知，且有天生良知。陸象山和王陽明講良知，朱熹雖不講良知，然贊成大學的明德。

「天之賦於人物者謂之命，人與物受之者謂之性，主於一身者謂之心，有得於天而光明正大者謂之明德。」

「或問明德便是仁義禮智之性否？曰：便是。」

「明德是指全體之妙，下面許多節目，皆是靠明德做去。」(朱子語類 卷十六)

「蓋所謂明德者，只是一個光明底物事，如人與我一把火，照物則無不燭。自家若熄息着，便是暗了。」(朱子語類 卷十六)

心之體爲虛明，使性理能顯明；心之性理稱爲明德。明德爲仁，爲心之德，乃心所得於天而光明正大者。仁爲人心之德，含有仁義禮智，如乾坤含有元亨利貞。心之體本來光明，好似一把火，能照見人對每一事所有之理。

「心官至靈，藏往知來。」（朱子語類　卷五）

心之體虛明，理能顯出，同時也積有對外面的知識。這些知識藏在心中。由已往的知識可以推知將來的事，「藏往知來」。

「或問心有善惡否？曰：心是動底物事，自然有善惡。……然心之本體，未嘗不善，又却不可說惡全不是心。若不是心，是什麼做出來。」（朱子語類　卷五）

「心有善惡，性無善惡，若論氣質之性，亦有不善。」（朱子語類　卷五）

心的本體是善，因爲本體是性理。然心兼有氣，氣動，則可以中節或不中節，中節爲善，不中節爲惡；善惡便都是心之動，都來自心。所以說「心是動底物事，自然有善惡。」善，是性之本體，這種善爲本體的形上之善，不和惡相對待。倫理的善惡，是心之動，善出於心，惡雖分於物欲，「固非心之本體，然亦是出於心。」（朱子語類　卷五）

(乙) 心與理

心和理的關係，應該由性去看，性爲理，理爲心本體的一元素，另一元素爲氣。因此，理在心的本體之內，不是外來的，而是與生俱來的。

「心之全體，湛然虛明，萬理具足。」（朱子語類　卷五）

「一心具萬理，能存心而後可以窮理。」（朱子語類　卷九）

朱熹很明顯地承認理在心以內，心具有衆理，心和理的關係，即是理在實體以內。一個物體由性而成，「易傳」說「成之者性也。」物成有性，性在物內，因氣而養成具體之理。朱熹說：

「性便是心之所有之理，心便是理之所會之地。」（朱子語類 卷五）

理在心內，有如明德，自然光明。朱熹卻不主張反觀自心，以見天理，而主張格求外面事物之理，以求知天理，和陸象山的主張不同。看來，天理顯於人心，人爲知理，反心自觀就够了，這正是陸象山和王陽明的主張，程顥也有這樣的主張。程頤不贊成這種看法，格求外面事理，朱熹接受他的主張，這是因爲程頤和朱熹都認爲人心有物慾，物慾掩蔽天理。人追求外面事物之理，便能啓發人心的天理。

「大凡理只在人心，此心一定，則萬理畢見；亦非能自見。心是矣，則是是非非，自然別得。且如惻隱羞惡辭讓是非，固是良心；苟不存養，則發不中節，顚倒是非，便是私心。」（朱子語類 卷八十七）

儒家常講人心道心，這種分別，就是心和理的關係。道心爲心的本體，乃是理；人心爲心帶有物慾，物慾使心變成私心。人心和道心，不是兩個心，同是一心，如同本然之性和氣質之性。道心爲理，人心有氣。道心固是善，人心也不是惡，祇是容易趨於惡，僞古文尚書「大禹謨」：「人心惟危，道心惟微。」

「因鄭子上書來問人心道心，先生曰：此心之靈，其覺於理者，道心也。其覺於欲者，人心也。……前輩多云：道心是天性之心，人心是人欲之心，今如此交互取之，當否？曰：既是人心如此不好，則須絶滅此身而後道心始明。且舜何不先説道心後説人心。……人心是此身有知覺有嗜欲者，如……性之欲也，感於物而動，此豈能無，但為物誘而至於陷溺，則為害耳。故聖人以為此人心有知覺嗜欲，然無所主宰，則流而忘反，不可據以為安，故曰危。道心則是義理之心，可以為人心之主宰，而人心據以為準者也。……然此又非有兩心也，只是義理與人欲之辨耳。」

(朱子語類　卷六十二)

心和理的關係，理爲心的本體之一份，自然昭明，爲心的明德；然而心的本體也有氣，氣則能掩蔽理，必須根據理去主宰氣，卽是主宰由氣而成的情，使情之動能中節。朱熹雖主張心是理，但不承認心等於理，因爲心的本體有理有氣。他和陸象山的主張不同，陸氏主張心卽理，心等於理，而且理等於心，主張心外無理。朱熹既不以心等於理，也不以理等於心；因爲人雖得理之全，但不是理在每人的心中可以全部顯明。道心可等於理，人心則不等於理，理也不等於人心。

「這道理，只為人不見得全體，所以都自狹小了。最患如此。聖人如何得恁地大。人多不見道理，形骸之隔，而物我判為二。」（朱子語類 卷二十九）

人心雖得理之全，是爲本然之性，然性在人常是氣質之性；人心之性，便是氣質之性。在氣質之性中，卻祇有聖人能顯明全部之理，其餘的人則多不識得的全體，常有所偏，常有自私。這個不來自心和理的關係，而是來自心和情的關係。

(丙) 心與情

心和情，本屬於心理學的範圍，心理學爲自然哲學，不屬於形上學。中國理學以心屬於形而上，因爲心的本體是理，由理而研究心的善惡。情在理學中也不屬於心理學，或更好說中國哲學沒有心理學，情便也在心的本體中。而且理學家多以情發自性，情便進入形上了。

情是什麼呢？

「心如水，情是動處，愛卽流向去處。」（朱子語類 卷五）

情是心之動，心動爲情，情由氣而成。然情之氣也有理，理是性，情的根基乃是性。人的情和鳥獸的情不同。喜怒哀樂好惡是情，爲心理學的情。理學家卻不講這些情，祇談惻隱羞惡是非辭讓之情，這些情則爲本體論之情。

「或問心情性？曰：孟子說惻隱之心，仁之端也。一段極分曉。惻隱羞惡是非辭遜是情之發，仁義禮智是性之體。性中祇有仁義禮智，發之為惻隱辭遜是非，乃性之情也。」（朱子語類 卷五）

「性是理之總名，仁義禮智皆性中一理之名，惻隱，羞惡，辭遜，是非，是情之所發之名，此情之出於性而善者也。其端所發甚微，皆從此心出，故曰心統性情者也。性不是別有一物在心裏，心具此性情。」（朱子語類 卷五）

情是情感，情感出於心，然而並不是心。喜怒哀樂好惡，以及惻隱羞惡是非辭讓，都是情感。情感的本身不在於心，乃在於感官，一切感情都由感官而表現，而且也是藉着感官，外物乃能激動情感。雖然也有心靈的感情，不表現於形色，然而心內也覺得這種感情的激動。朱熹則以情爲心之動，情都由心而發，而且是發自性。

「性是未動，情是已動，心包得已動未動。蓋心之未動則為性，已動則為情，所謂心統性情者也。欲，是情發出來底。心如水，性猶水之靜，情則水之流，欲則水之波瀾，但波瀾有好底，有不好底。」（朱子語類　卷五）

這一條語錄，對於心和性情的關係，說得頗清楚。水是本體，靜是水的本性，動是水受外力的反應，反應可以重可以輕。心是本體，性是心之理，情是心之動，欲是心動時的景況。

性之理爲公共之理，凡是人都有同一之性，凡是物都有生生之理。情則成於氣，氣成人的形器，情屬於人的形器則每人有每人的形器，情便屬人的私。性爲公，情爲私。情雖私，但受心的主宰，心能使情之動合於理。情屬於形器，便也屬於感官；這一點同西洋心理學所講情和感覺的關係頗相似。

情屬感官，故要受外物的刺激而動。

「性感物而動，便是情。」（朱子語類　卷五）

朱熹又以未發已發，或動和靜，或體和用解釋性和情的關係，未發爲性，已發爲情；靜爲性，動爲情；體爲性，情爲用：

「伯豐問性有已發之性有未發之性，曰：性纔發便是情。情有善惡，性則全善，心又是一個包總性情底。」（朱子語類　卷五）

「履之問未發之前，心性之別。曰：心有體用，未發之前，是心之體，已發之際，乃心之用。」（朱子語類　卷五）

「性是未動，情是已動，心包得已動未動。」（朱子語類　卷五）

從這些解釋中，我們不宜構成一個錯誤的觀念，以爲性心情是三個不同的物，實則乃是一個，即是心。心的體爲性，由靜和未發方面去看；心的動爲情，由動和已發方面去看。所以情是心的情，是心的氣對於外物的感應。心的知識，也是氣的表現；心的情則是氣對外物起感應時的表現。心用知識，主宰情感。

中國哲學常以情和慾相連或相混，以情慾爲惡，佛教主張絕慾。程顥卻以情慾不是惡，乃是天生所有的，來自性。祇要導慾爲善，不要節慾。朱熹以情和慾有所分別，情爲心之動，慾爲心動的感覺。感覺爲物，感覺的物質常能掩蔽心之理，使心不能按理主宰情之動，因此該節慾。

「人之生，不能不感物而動，性之欲也，言亦性之所有也。而其要係乎心君宰與不宰耳。心宰則情得其正，率乎性之常，而不可以欲言矣。心不宰則情流而陷溺其性，專為人欲矣。」（朱文公文集 卷六十四，答何倅書）

情既出於性，則不能滅情，「李翱滅情之論，乃釋氏之言。」（朱子語類 卷五十九）欲常傾於自私，心要予以主宰。

（丁）心・意・志

從本體方面去看，心和性和情同是一體，性是心之體，情是心之動，心包性情。心受外物而動便有情，情是氣，表現於人的感官。但是在本體方面，心動而有情時，同時有意。情既屬於氣，不講理，普通常說情感和理智相衝突。然而心要主宰情感，心對於情的主宰，稱爲意。

「問意是心之運用處，是發處？曰：運用是發了。問情亦是發處，何以別？曰：情是性之發，情是發出恁地，意是主張要恁地。如愛那物，是情，所以去愛那物，是意。情如舟車，意如人去使那舟車一般。」（朱子語類 卷五）

意屬於心，心用意去主宰，意是心之用。朱熹以情發自性，意發自心；實際上，情是發於氣，發於人性之氣，卽同理相合之氣。朱熹稱這種氣，爲氣質之性，故以情發自性。意則發自心之理，因心按照性之理去主宰情。意是理，情是氣。意乃理之用，理之用必由心而用。心中有氣，氣發爲情慾，氣若淸則情慾輕而理智力高，性之理便在心中很顯明，心便容易按照理去主宰情；氣若濁，則情慾重而理智力弱，性之理在心中被蒙蔽，心便很難按照理去主宰情。心之善惡，或情之善惡，都來自意，倫理上的善惡，在於意，意是善惡的樞紐。例如說：「愛那物，是情，所以去愛那物，是意。」善惡不在於愛，而在於所以去愛。愛得當，是善；愛得不當，是惡；愛則是同樣的愛情。「情如舟車，意如人去使那舟車一般」，善惡不在舟車，而在於使那舟車的人去怎樣使那舟車。

「問意是心之所發，又說有心而後有意，則是發處仍舊是心主之，到私意盛行時，心也隨去。曰：固然。」（朱子語類 卷五）

心情意互相聯繫，而且同一體，心發意以主宰情，情欲同時可以影響意。情慾強，私慾盛，心既不能明明看到天理，意也隨著不作主了。

在儒家的修身上，意最重要，善惡都繫在意，意若不能按照天理而發，則行爲便惡。

「或問：意者乃聽命於心者也，今日欲正其心，先誠其意，意乃在心之先矣？曰：心字卒難摸索。心譬如水，水之體本澄湛，却爲風濤不停，故水亦搖動。必須風濤旣息，然後水之體得靜。人之無狀汚穢，皆在意之不誠。

必須去此，然後能正其心。」（朱子語類 卷十五）

這一段語錄有些不清楚。在前面講論情時，曾引另一段語錄，以水之波濤爲情，這一段語錄卻以水之波濤爲意。意不是波濤，而是使波濤平息或不平息時，水不失水性。人在情動或不動時，常保持自己的性理；這是意。若情欲強，意不能作主而任情欲扯牽，意便失去了作用。誠意，不在於使情不動而心靜，而是在於情動時，意能本着性理而作主。朱熹免不了隨從二程思想的影響，以靜爲修身的重要綱目。正心，爲恢復心的本體之澄湛，誠意爲心之靜。實則這種思想和本體論的思想不相連繫。

意爲心的主宰作用，爲心的決斷工作。心用意而有所決斷時，決斷稱爲志。

「心之所之謂之志，日之所之謂之時。……如日在午時在寅時。……志是心之所之，所以一直去底。」（朱子語類 卷五）

心被外物所感而動，心被感時決定怎樣去動爲志。心有決定，便應按照決定去做，叫做立志。在修身上，立志爲做好人的基礎。

「或問十五志學章，……心有所之謂之志，志學則其心專一向這道理上去。曰：說文義，大略也只如此說，然更有意思在。……志是心之深處，故醫家謂志屬腎。如今學者誰不為學，只是不可謂之志於學。能志於學，則自住不得。」（朱子語類 卷二十三）

「如今人也須立箇志趣始得。還當自家要做甚麼人，是要做聖賢，是只苟簡做箇人。」（朱子語類 卷十五）

立志，把持心的決定，一直向前。若是今日做明日不做，就不是立志，便稱爲沒有志向。從這一方面說，志，不受時間和空間的影響，常保持一貫；意則可以改變，可以不守前所決定之志；意便可以受情慾的影響。

「問意志？曰：橫渠云，以意志兩字言，則志公而意私，志剛而意柔，志陽而意陰。」（朱子語類 卷五）

這一條語錄，從心理方面去談意志，不從本體談。在本體方面，意先於志，高於志，更無所謂公私。從心理方面言志，則有所謂志氣。志氣是心的決定，在把持時，以氣去表現。心之氣強，則志氣剛強；心之氣弱，則志氣衰弱。朱熹談志，以志在精神方面的價值爲重，志在精神方面的價值，在於心意，心意不受環境的影響，堅持所作的決定，一意向前。

「人之血氣固有強弱，然志氣則無時而衰。苟常持得此志，縱血氣衰極，也不由他。如某而今如此老病衰極，非不知每日且放晚起以養病。但自是心裏不穩，只交到五更初，自便睡不着了。雖欲勉強睡，然此心已自是箇起來底人，不肯就枕了。以此知人若能持得這箇志氣，定不會被血氣奪。凡為血氣所移者，皆是自棄自暴之人耳。」（朱子語類 卷一〇四）

血氣是人生理方面的質料，不受人心的統制，而且可以影響人的心意；祇有心意堅強的人，堅持所定之志，纔可以貫徹始終，不自暴自棄。

3. 才與命

在上面講理與氣的關係時，有一個很棘手的難題。理爲天下的公理，祇有一個，即是生生之理；然而每一個物體的理卻不相同，那是因爲每一物的氣有清濁的不同。爲什麼每一物的氣有清濁不同呢？那是因爲每一物的理不同，人有人的理，牛有牛的理。不過，這樣講來，不是在套龍頭嗎？理不同，在於氣不同；氣不同，在於理不同，究竟誰的不同在先呢？是理限制氣，還是氣限制理呢？而且人和人的理都是相同，因爲人性相同；爲什麼每個人的氣不相同呢？這一個人的氣清，理智力高，情慾輕，體格秀，壽命長；另一個人的氣濁，很笨，很暴，很粗俗，壽命短：這是什麼原因呢？可以說是氣質之性不相同；爲什麼人的氣質之性不相同呢？最後祇能說因爲命運不同。所以朱熹也逃不了「命」的問題。

「人性雖同，禀氣不能無偏重。有得木氣重者，則惻隱之心常多，而羞惡辭遜是非之心，為其所塞而不發。有得金氣重者，則羞惡之心常多，而惻隱辭遜是非之心為其所塞而不發。水火亦然；唯陰陽合德，五性全備，然後中正而為聖人也。」（朱子語類　卷四）

朱熹以人的情和才都歸於氣的陰陽五行，由本體方面去解釋人的個性。但是問題仍然存在：爲什麼這個人得木氣重，那個人得金氣重，另一個人卻五性全備呢？

「問先生說：命有兩種，一種是貧富貴賤死生壽夭，一種是清濁偏正愚智賢不肖。一種屬氣，一種屬理。以僩觀之，兩種皆似屬氣，蓋智愚賢不肖清濁偏正，亦氣之所為也。曰：固然，性則命之理而已。」（朱子語類 卷四）

當然，兩種命都屬於氣，貧富壽夭隨着人的氣而成；清濁更是氣，智愚賢不肖爲清濁的結果。這些稱爲命，卽是說一個人所以有這種氣，而至於或貧或富或愚或智，都是來自命。命，出自人的性或心，命的力量不是人所能抵抗，乃是天所命。

「問，子罕言命，若仁義禮智五常，皆是天所命。如貴賤死生壽夭之命，有不同，如何？曰：都是天所命。稟得精英之氣，便為聖為賢，便是得理之全，得理之正。稟得清明者，便英爽。稟得敦厚者，便溫和。稟得清高者，便貴。稟得豐厚者，便富。稟得久長者，便壽。稟得衰頹薄濁者，便為愚不肖，為貧為賤，為夭。天有那氣，生一箇人來，便有許多物隨他

來。」（朱子語類　卷四）

「天有那氣」，每一個所稟的那種氣，由天所定；天的命令，稱爲命。人所稟受的那種氣，由於天所定，也稱爲命。一個人的壽夭貴賤，都由於他所稟受的氣而定；這種氣便稱爲命。這種氣的來源，出自天命，最後的命，乃是天命。

「問：顏淵不幸短命，伯牛死，曰命矣夫！孔子得之不得曰有命。如此之命與天命之謂性之命，無分別否？曰：命之正者出於理，命之變者出於氣質，要之皆天所賦予。孟子曰莫之致而至者命也。但當自盡其道，則所值之命，皆正命也。因問之如今數家之學，如康節之說，謂皆一定而不可易，如何？曰：也只是陰陽盛衰消長之理，大數可見，然聖賢不曾主此說。如今人說康節之數，謂他說一事一物皆有成敗之時，都說得膚淺了。」（朱子語類　卷四）

若是人的貧富壽夭貴賤，都由所稟的氣而定，氣則成人的軀體，則由人軀體的氣數，便可以推測出來，術數家就是一門科學了。朱熹不否認這種智識，祇說：「大數可見」。那麼一切都是定命論嗎？人生的遭遇，不宜從本體方面去講。人事的變遷，由人的心去決定，人心可以支配物質。但是爲什麼人們這樣運用自由或那樣運用自由呢？這個不能純粹從人所稟的氣去解釋，乃是一種奧秘，奧秘的來源應自溯到天命。

朱熹主張有「天命之謂性」之命，爲自理而來之命，有氣稟之命，爲自氣而來之命；兩者則都出於天命。他只講氣稟的命，以人的富貴壽夭，都來自所稟的氣數，卻不講天命，更不講天命之天。朱熹的宗教信仰很淡薄，常說不信神靈，有時又信神靈。

「敬子問自然之數，曰：有人稟得氣厚者則福厚，氣薄者則福薄，稟得氣之華美者則富盛，衰颯者則卑賤，氣長者則壽，氣短者則夭折，此必然之理。問神仙之說有之乎？曰：誰人說無！誠有此理。只是他那工夫，大段難做，除非百事棄下，辦得那般工夫，方做得。」（朱子語類 卷四）

所謂「自然之數」和「必然之理」，都是指着氣稟之命，人既然得有這種氣，他的命運自然就是如此。祇有神仙能改變命運。這種主張可以說是人生的機械論，把人生的一切，都由氣所成的機械，自然轉變而成。人心的虛靈和人心的主宰，都不能有功用了。當然，朱熹沒有走到這樣極端，而且他承認聖賢沒有主張氣數的學說。

朱熹對於上天的信仰，從來沒有否認，上天不能和神靈混在一起。朱熹可以不信神靈，但他信皇天上帝或上天。命的最高來源爲上天，人所稟的氣，由於上天的命而定。但有時他說人的命運，祇是陰陽的偶然湊合，並不是有主宰者的規定。

「又問：雖是駁雜，然畢竟不過只是一陰一陽二氣而已，如何會恁地不齊？曰：便是如此，若只是兩箇單底陰陽，則無不齊，緣是他那物事錯揉萬變，所以不能得他恰好。又問：如此則天地生聖賢又只是偶然，不是有意矣？曰：天地那裏說我特地要生箇聖賢出來，也只是氣數到那裏，恰相湊着，所以生出聖賢，及至生出，則若天之有意焉耳。」（朱子語類 卷四）

若是人的氣，只是陰陽五行在轉變時，偶然湊合；湊合的結果，有厚薄，有華醜，有盛衰；那麼儒家和道家還有什麼分別呢？朱熹自己以天地有好生之德，天地以生物爲心，這些話便都沒有意義，都是一些虛套。道家以天地不仁，儒家以天心爲仁；則儒家應由詩經和書經作代表，主張有造物主，造物主的命令，乃是天命。

因天命而禀賦一箇氣，由氣而有才，才雖成自氣，然也來自性，人有人之才，牛有牛之才。才爲天賦的能力，可以是心靈方面的能力，可以是軀體感覺方面的才。

「性者心之理，情者心之動，才便是那情之會恁地者。情與才絕相近。但情是遇物而發，路陌曲折，恁地去底。才是那會如此底。要之，千頭萬緒皆是從上來。」（朱子語類 卷五）

才不僅是情的「會恁地者」，即情之才，也是智慧賢明等德的才。一個人的惻隱心強，或是非心強；稱爲才，一個人很聰明，很有觀察力，很有判斷力；一個人魄力大，有計劃；都是才。這些都由氣質而成。孟子曾說若人做惡，不是才的罪。才可以行善，也可以行惡，善惡不來自才，而是來自心的「意」。

「問：才出於氣，德出於性？曰：不可。才也是性中出，德也是有是氣而後有是德。人之有才者，出來做得事業，也是它性中有了便出來做得。但

溫厚篤實便是德，剛明果敢便是才，只為它氣之所禀者生到那裏多，故為才。」（朱子語類　卷五）

「才也是性中出」，因爲才之理是性，才所以成才則是氣。因着氣禀不同，才乃不同。普通以能力高才多，纔成材。

一個人由理氣而成，氣爲淸，人得理之全爲性；氣成形，人因氣而成一個具體的人。具體的人有氣質之性，由氣質之性而有心，再有情，又有才。心兼性和情。心因外物之刺激而動情，動情時以意爲主宰。意如有決定則爲志，志須才以貫徹。朱熹的人論，雖也包含心理學的成份，然常由本體論出發，使人論成爲形上學的一部份。

五、精神生活

人的生命以心靈的生命爲主，心靈的生命爲精神生活。儒家從孔子以來，常以修德成聖爲求學的目標，人所勉力的，在於發展人性之善。人性有仁義禮智之理，理在人心，人心因氣的淸濁程度不同，氣濁者則理被掩蔽，情慾便盛。人須節制情慾，以求知理，知理而力行，乃能達到聖賢的境界。

朱熹爲發展精神生活，繼承中庸大學的方法，以致知格物而求學，以立敬而誠意。他不喜歡二程門人求未發氣象的靜坐，他主張力行。

朱熹的精神生活和形上學相連，以形上學爲基礎。人的本體由理氣而成。理是生生之理，生生之理是「一」，在宇宙萬物中，因著氣的清濁，生生之理乃有層次的不同，萬物都只得生生之理的一部份，唯獨人所稟的氣很清，乃得有全部的生生之理，即是顯明全部的生命。人的生命以心靈的生命爲主，全部生命之理便是心靈的精神生命。所以精神生命乃人的本體生命，即是發揚人的「仁心」，贊天地的化育。然而人的氣雖很清，清中又有高下的程序，氣最清的人爲聖人，自然誠於人性；氣稍不清的人，氣的情慾便可使人不誠，人改變氣質，抑制情慾乃成爲修行的中心。

1. 求　學

（甲）學

孔子的論語的第一句話講學，孔子談自己一生的經驗時也以「十五而志於學」開始，學在儒家的傳統裏，爲修身發揚精神生活的基礎。

凡人求學，最要在於立志成聖賢。沒有這個志向，便沒有門徑，將來會被世物所牽，精神生活不能發揚。

「凡人須以聖賢爲己任。世人多以聖賢爲高，而自視爲卑，故不肯進。……然聖賢稟性與常人一同。旣與常人一同，又安得不以聖賢爲己任。自開闢以來，生多少人，求其盡己者，千萬人中無一二，只是衮同，枉過一世。詩曰：天生蒸民，有物有則。今世學者往往有物而不能有其則。中庸曰：尊德性而道問學，極高明而道中庸。此數句，乃是徹首徹尾。人性本善，只爲嗜欲所迷，利害所逐，一齊昏了，聖賢能盡其性。」（朱子語類 卷八）

每人的性理相同，性理在人心中，祇是人的氣質之性不同，人的情和才也就各異。稟氣清的人，情輕，才多，性理在人心顯明，容易盡性以成聖賢。稟氣稍濁的人，則情重才少，性理在人心容易受昏迷，人須努力以改變氣質，以求作聖賢。求作聖賢的途徑，先須「道學問」以「尊德性」，又須「道中庸」以「極高明」。朱熹引中庸這兩句話：第一句是修身方法，第二句是倫理的道德論。

「學須先理會那大底，理會得大底了，將來裏面小底自然通透。今人卻是理會那大底不得，只去搜尋裏面小小節目。」（朱子語類 卷八）

「識得道理原頭，便是地盤。如人要起屋，須是先築教基址堅牢，上面方可架屋。」（朱子語類 卷八）

求學問，先要識得大道理，或是道理源頭。二程的門人常在小節目上費心思，不識大道理。什麼是大道理？當然是天理；然而天理過於籠統，人不知從何下手。朱熹乃舉出中庸的話，作大道理，以示門人。

「問：先生云：一箇字包不盡，但大道茫茫，何處下手？先生乃舉中庸大哉聖人之道至敦厚以崇禮一章，曰：尊德性，道學問，致廣大，盡精微，極高明，道中庸，溫故，知新，敦厚，崇禮，只從此下功夫體會。居處恭，執事敬，言忠信，行篤敬之類，都是德性。至於問學，卻煞濶，條項

甚多。事事皆是問學，無窮無盡。」（朱子語類　卷一一八）

在這一條語錄裏，朱熹對於所引中庸的話，條條加以解釋，以做聖賢爲致廣大，以從灑掃應對做起爲盡精微。以身與天地相並之，發育萬物，爲極高明。以周旋於日常禮儀規矩之中爲道中庸。可見人爲求學，應有學有行；學知作聖賢之道，在於以仁去發育萬物，便從日常的事件中，盡力實行。一個人沒有作聖賢的志向，不能是眞正求學的人。

（乙）致知格物

大學的修身之道，開始的第一步在於致知格物。古來所傳大學本，沒有解釋致知格物的一章，朱熹作注時，補了一段：

「右傳之五章，蓋釋格物致知之義，而今亡矣。閒嘗竊取程子之意，以補之，曰：所謂致知在格物者，言欲致吾之知，在卽物而窮其理也。蓋人心之靈，莫不有知，而天下之物，莫不有理。惟於理有未窮，故其知有不盡也，是以大學始敎，必使學者卽凡天下之物，莫不因其已知之理而益窮之，以求至乎其極，至於用力之久，而一旦豁然貫通焉，則衆物之表裏精粗無不到，而吾心之全體大用無不明矣。此謂物格，此謂知之至也。」（大學章句）

朱熹注解四書，曾以繼承孔孟的道統爲己任。他以孔孟之道，在漢唐沒有繼承的人，到了宋朝纔有周敦頤，周子以後有張載和二程。他自己則以程頤的弟子自居。雖然他沒有從程頤受學，但是他私淑程頤，編輯二程遺書，自己講學常以程頤的思想爲宗。

「國初人便已崇禮義，尊德術，欲復二帝三代，已自勝如唐人，但未說透在。直至二程出，此理始說得透。」（朱子語類 卷一二九）

但是二程的思想，特別是程顥的思想，有好高騖遠的缺點，程頤雖力求拘謹，也免不了有這種弊病。因此二程的弟子們乃常有禪宗的氣味，一意求未發的氣象。

「只看論語一書，何嘗有懸空說底話。只為漢儒一向尋求訓詁，更不看聖人意思，所以二程先生不得不發明道理，開示學者，使激昂向上，求聖人用心處，故放得稍高。不期今日學者，乃捨近求遠，處下窺高，一向懸空說了，扛得兩脚都不着地。」（朱子語類 卷一一三）

朱熹一生不樂意說空理，也不喜歡神秘性的色彩。他對於格物致理，他取程頤的主張。

「問：濂溪明道俱高，不如伊川精切。曰：明道說話超邁，不如伊川說得的確。」（朱子語類 卷九十三）

「明道言語盡實平，伊川言語初難看，細讀有滋味。某說大處自與伊川合，少處自有意見不同。」（朱子語類 卷九十三）

在格物致知上，程顥以自見心的理，理則自然流露。程頤則主張研究外物的理，以知天理。

格物：格爲至，物爲事。格物，在於心到事物上，求知事物之理。格解釋爲至，要人在每樁事物上，逐事研究，以求貫通。

「聖人教人，不是理會一件，其餘自會好，須是逐一做工夫。」（朱子語類 卷四十六）

二程常說理爲一；若理是一，則貫通一件事的理，便可以貫通一切。朱熹最不贊成這種好高的濶論。

「聖人未嘗言理一，多只言分殊。能於分殊中事事物物頭頭頂頂理會得其當然，方知理本一貫。不知萬殊各有一理，而徒言理一，不知理一在何處。」（朱子語類 卷二十七）

朱熹自己也主張理一而殊，理一之理爲抽象的生生之理。在實際上則每一件事物有自己的理，這種實際的理，因着所附的氣而不相同。卽使不是實體物之理而是事事之理，每一樁實際事件的理也不相同。例如孝親爲一抽象之理，乃一。在實際對於父母的事件上，則所該表現的孝心，則因具體環境而異。若祇談孝，而不研究在具體事上的實行，便不免流於空談性理。

朱熹和陸象山兩人思想的衝突，這一點上就是很重要的一端。朱熹注重理一而殊，陸象山祇注重理爲一。陸氏便不主張就每樁事上又求知天理。朱熹則主張大小事都要研究。

「精粗大小都要格它。久後會通，粗底便是精，小底便是大，這便是理之一本處。」（朱子語類　卷十五）

格物的第二個字爲物，物的意義爲外面的事物；物是實體，卽宇宙間的物體；事爲事件，在日常生活裏所有活動和遭遇，都稱爲事。每一件事物，有自己的理；這種理對於人發生關係，這種關係有相應之理。一個人所以成爲父親有自己的理，在於生了兒女；一個生了兒女的人和所生的兒女發生關係，關係的兩端有相應之理，卽父慈子孝。所謂格物，卽是就每件事物而求相應之理，也就是倫常之道。

「凡天地之間，眼前所接之事，皆是物。」（朱子語類　卷五十七）

「問：隨會理會，恐精力短，如何？曰：也須用理會。不成精力短後，話

便信口開，行便信脚步，冥冥地去，都不管他。」（朱子語類 卷十八）

格物是要就每樁事物去研究，不是研究事物的物理，而是研究事物對人生的關係，使人在因事而動心時，都能中節得乎正。陸象山便反對這一點：

「問：陸先生不取伊川格物之說，若以為隨事討論，則精神易弊，不若但求之心，心明則無所不照，其說亦似省力。曰：不去隨事討論後，聽他胡做，話便信口說，脚便信步行，冥冥地去，都不管他。」（朱子語類 卷十八）

朱熹批評陸象山爲一主觀派倫理學者，行事若任聽自心所想，以自心作爲倫理的標準，便成爲胡做胡說。格物應當就客觀的事物去研究事理，看每樁事在做時，怎樣是合乎道理。事物之理乃一種超越之理，不能在事物之中，在事物中的理，乃是超越之理，若何運用到這樁事物上。孝之理，爲一種超越的形上原則：這個兒子在這樁事上要怎樣孝愛父母，則是孝之理的運用。所謂理一而殊，理爲超越的同一理，在每樁事或物上，同一超越的理在運用時就不相同。在本體方面，理因氣而殊；在行爲倫理方面，理因環境而殊。

朱熹主張就日常事加以注意，愼重思慮，以求知日常事的道理。在日常事習慣注意，常求知道理，將來養成了習慣，自然就遇事都知道注意，也知道處事之理。

「下手且須從近處做去。若幽奧紛拏，却留向下面做。」（朱子語類 卷十五）

「積習旣多，自當脫然有貫通處。乃是零零碎碎湊合將來，不知不覺自然醒悟。其始固須用力，及其得之也，又却不假用力。」（朱子語類 卷十八）

格物所以是就每椿事物，加以注意，求知處置這種事物之理。所謂理乃是一，然而理運用到每一事物上，常有不同。

就每椿事研究，須用致知。致知乃是就已知之理去推未知之理，以窮每事之理。即是說已知處置一項事物之理，去推知處置相類似事物之理。朱熹常說天地有一太極，每事有一太極，天地之太極爲公共的同一之理，每事的太極，爲每事的全部之理。

致知包括兩點：一是就已知者去推知未知者，一是窮理，推透事物的全理。

「致知工夫，亦只是且據所已知者玩索推廣將去，具於心者本無不足也。」

（朱子語類　卷十四）

「所謂格物者，常人於此理或能知一二分，卽其一二分之所知者推之，直要推到十分，窮得來無去處，方是格物。」（朱子語類　卷十八）

「致知格物，十事格得九事通透，一事未通透，不妨。一事只格得九分，一分不透。最不可。」（朱子語類　卷十五）

對於格物致知，應從兩方面去看：一方面從實行工夫方面去看，一方面從學理方面去看。從實行工夫方面去看，格物致知在於就每件事物去研究，研究的方法在於從已知者去推未知者，目的在於窮知每樁事物的全理。若一樁事物的全理，一時沒法研究出來，不必拘守在這件事上，可另研究一事；然也不可輕率，否則到頭一事的理都不能窮究。窮究的事物多了，將來便可貫通。

「於此處旣理會不得，若專一守在這裏，却轉昏了。須着別窮一事，又或可以因此而明彼也。」（朱子語類　卷十八）

李侗和程頤的主張稍有不同，程頤主張今日格一事，明日革一事，後來自會貫通。李侗卻主張一事不能窮究道理，則不可另格一事。朱熹贊成程頤的主張。

「問：延平言窮理工夫，先生以為不若伊川規模之大，條理之密。莫是延平敎人窮此一事，必待其融釋脫落，然後別窮一事。設若此未窮，遂為此事所拘。不若程子若窮此事未得，且別窮之言為大否？曰：程子之言誠善。窮此事一亦不得。彼謂有甚不通者，不得已而如此耳。不可便執此說容易改換，却致工夫不專一也。」（朱子語類　卷十八）

這些工夫的不同，不是難處，可以就各人的氣質而異。但是難處在於學理方面的問題：第一，事事求知事理，事理是什麼理？窮理又有什麼意義？第二，自然貫通，什麼是貫通？為什麼貫通？這些問題，朱熹沒有講解，祇在語錄裏提到。

「物格者，物理之極處無不到。知至者，吾心之所知無不盡。」（朱子語類　卷六十）

在這一條語錄裏，理爲「物理」，窮理爲「物理之極處無不到」，貫通則爲「吾心之所知無不盡」。

物理究竟是什麽？物理一定不是現在物理科學所說的物理，而是倫理之理。倫理之理是每一事在人的生活裏所應有的關係。每一樁事都是生命的活動，這樁活動一定發生具體的關係，或是對我本人，或是對於非我的他，所謂他可以是人，可以是組織，可以是宇宙事物，可以是上天和神靈。一發生具體的關係，這種關係便應有適當的標準；這就是事物之理。朱熹說：

「人誰無知，為子知孝，為父知慈，只是知不盡。須是要知得透。……物皆有理，人亦知其理，如當慈孝之類，只是格不盡，但物格於彼，則知盡於此矣。知得此理盡，則此箇意便實。若有知未透處，這裏面便黑了。」（朱子語類 卷十五）

「格物是窮得這事當如此，那事當如彼。如為人君便當止於仁，為人臣便當止於敬。又更上一着，便要窮究得為人君如何要止於仁，為人臣如何要

止於敬。」（朱子語類 卷十五）

事物之理，即「事當如此」，即倫理之理，父慈子孝君仁臣敬。這些理，人生來便知；這種知爲良知，「物皆有理，人亦知其理」。但良知所知，乃是大綱；至於每樁事的整個關係，如關係中的節目，良知便不知了，靠人自己去研究。「人誰無知，爲子知孝，爲父知慈，只是知不盡。」考慮每樁事在實際的環境裏究竟該當如何，便是格物窮理。「便要窮究得爲人君如何要止於仁」，「如何」兩字最重要，爲窮理的對象。一個兒子在每天的實事上，如何孝父母，應知道清楚；若知道不清楚，做事不免勉強，或不免有錯。因爲在行事時，人應當知道如何是好，如何是不好；否則，他的心便有所不知，便不辨別是非。窮理是知道一事的恰到好處之理，就是知道每事的「太極」。一事之理不過又無不及，便是理之極至，這事所有的理都完全了，都盡了。知道這個理便是窮理。

「格物二字最好。物謂事物也，須窮極事物之理到盡處，便有一箇是，一箇非。是底便行，非底便不行。凡自家身心上，皆須體驗得一箇是非。」

（朱子語類 卷十五）

事物之理，爲倫理的是非。倫理是非之理，卽是天理。天理只有一箇，卽生生之理，卽是仁。仁道在人心，人心生來知道仁；這種知就是良知。每一樁事物之理，也就是生生之仁在實事上的運用。一個人在每樁事上，追求仁的運用之道，從實際的複雜環境中，按照環境的條件，歸納出來一箇是，一箇非。所追求的事件既多，對於環境條件在是非中的影響，認識清楚了，後來遇着事便立刻可以知道是非；這就是所謂「貫通」。在另一方面，人心對於仁所有的天生之知，因着格物而愈見明顯，便能貫通到事物上。這也是貫通。所以朱熹說：「物格者，物理之極處無不到。知至者，吾心之知無不盡。」在做一事時，對於這樁事的實際環境在倫理方面的影響，都看到了，便知道適合這種環境之理，而應付的恰得其當。「物理之極處無不到」。久而久之，格物的習慣使人心對於事物的是非，一眼便看清楚，「吾心之知無不盡」，朱熹在格物致知所注意者，不是心所有之理，而是心之理運用到具體的事件上時，若何是是，若何是非。心對於自己生來所有之理，生來有知；但是理若何運用到具體事物上，則應加研究。陸象山和王陽明，卻以心爲鏡子，每樁事件來時，在良知的鏡子裏一照，便顯出是非，人心不要去研究。朱熹和陸象山王陽明的分別，不在於心之理，而在於實際事件上理的運用得當不得當，朱熹主張應研究若何運用爲得當，陸王主張只用心去照，不必研究。朱熹說：

「格物須真見得決定是如此。為子豈不知是要孝，為臣豈不知是要忠，人皆知得是如此。然須當其見得子決定是合當孝，臣決定是合當忠，決定如此做始得。」（朱子語類　卷十五）

就是每樁事要做得恰得其當，這也就是中庸之道，也就是易經的時位中正。

2. 行

（甲）行

儒家的精神生活，從書經所載的堯舜禹湯武王周公的言詞，就注重實行。孔子的論語不是一冊講理論的書，而是一冊指導實踐精神生活的前言，中庸大學主張誠和明明德，即是注重實行。孟子講求放心，講盡心，講發揚人心的善端，都是從實踐道德生活方面施教。儒家的思想常以一位學者，必須實踐所言。而一位儒者，更是一位品德高尚的學者。

理學家繼承這種傳統，注重精神的實踐，且進而研習實行的工夫。實行的工夫在佛敎的修行，佔重要的位置，戒律和坐禪爲佛敎修行的重要工夫。佛敎既在唐宋盛行中國，佛敎的修行工夫也影響儒者的生活，理學家便提倡精神生活的實踐工夫。二程的門生缺乏理論的思想，在實行的工夫上，則深有發見，但頗流於禪空。朱熹乃撥正這種流弊，和湘學的張栻（南軒）講習實際修身的工夫。

「知與行工夫須着並到。知之愈明，則思之愈篤；行之愈篤，則知之益明：二者皆不可偏廢。……然又須先知得方行得。」（朱子語類 卷十四）

「知行常相須。如目無足不行，足無目不見。論先後，知爲先；論輕重，行為重。」（朱子語類 卷九）

朱熹絕對不喜歡幻想，也不愛空談。程顥曾以心之理自然流露，陸象山和後來王陽明以知行合一，朱熹坦白指出知與行並行，但知在行先。人爲有心靈之物，心靈有知，有知纔動，心動才有行。所以說不知則不行。人爲行路，要有目有足，但若沒有目，足便不能行。目代表知，足代表行。雖然也有盲目之行，可是危險很多。

先知而後行，不僅在一切外面的行動，該當如此；就是在倫理的善惡上，也是如此。王陽明後來以良知需要行，纔是眞知，知和行合而爲一。朱熹的主張，以倫理的善惡，不能僅靠天生的良知，應當加上對於外物的研究，研究所得爲是或非，然後按照所知去行。但是爲能行，並不要等得格物窮理，有了完全的知，然後纔行。子爲孝父母，不能等到研究了孝道以後纔孝，而是要按著目前所有的知去行。

「若曰必俟知至而後可行，則夫事親從兄承上接下，乃人生之所不能一日廢者，豈可謂吾知未至，而暫輟以俟其至而後行哉。」（朱文公文集 卷四十二、答吳晦叔書）

行比較知更重要，知識不是道德，有知識不因此就是有德的人。有德在於發揚人心的仁義禮智，在於按照心所知的是非而行動。

「學之之博，未若知之之要；知之之要，未若行之之實。」（朱子語類 卷十三）

可是對於是非之知，若知得眞切，便會去行。知得不切，心中迷惘或是疑慮，便不行。眞切的知，對於是非看得明白，看得明白時，也就是心中性理顯明，心中的性理顯明，便是慾情不盛，慾情不盛，行動便能中節。

「見得分明，則行之自有力。乃是知之未至，所以行之不力。」（朱子語類　卷二十四）

「知而未能行，乃未得之於己，此所謂知者亦非眞知也。眞知則未有不能行者。」（朱文公文集　卷七十二、雜學辨）

這裏有個「眞知」的問題，什麼是「眞知」？朱熹說「知得切」，什麼是「知得切」呢？後來王陽明講良知，以完全的良知必之於行，沒有行則良知未成，因爲良知是一椿事的是非，若缺少事，良知便不成。朱熹的眞知，不是王陽明的良知，他的眞知是知加上「意」即誠意去行。

眞知則信，信則誠，誠則行。眞知爲明明德，確實知道是非。但是朱熹也知道在實際上，知和行不常合在一起。明知是惡卻做，明知是善卻不做。

「只爭箇知與不知，爭個知得切與不切。且如人要做好事，到得見不好事，也似乎可做。方要做好事，又似乎有箇做不好事的心從後面牽轉去，這只是知不切。」（朱子語類　卷九）

朱熹不愧爲一腳踏實地的學者，他明瞭人的心理，行善和不行善，常在人心裏起衝突。朱熹雖說其知必可行，但他也知道並不一定常行；他乃說「切知」或「知得切」。切知爲誠，誠爲「誠之，人之道也。」「誠之」，須加努力。「切知」除知外，尚須勉強去行，即是力行之力。

「知至，知之始；誠意，行之始。」（朱子語類　卷十五）

「到物格知至後，已是誠意八九分了。」（朱子語類　卷十六）

行由心去發動，心發動行時用着意，意若誠，行必果。爲使意能誠，眞知乃是一種根由，卽是一種親耳經驗之知，如人曾經遭遇老虎撲傷，他必定誠意地躲避老虎。

「問眞知，曰：曾被虎傷者，便知得是可畏。未曾被虎傷底，須逐旋思量箇被傷底道理，見得與被傷者一般方是。」（朱子語類 卷十五）

親身經驗可以使人有眞知，然而人的經驗有限，人便若思量親身經驗者的道理，卽是用自己的心去思量別人的心在同樣環境中的感受，思量要眞切。孟子也曾說如好好色，如惡惡臭。如字卽是眞切，也就是誠。

行，在朱熹的思想中，不是知之眞切處，而是由意所發的行爲；因爲知之眞切處，仍舊是知，須要心用意去發動而後有行爲。行爲可以是內在的行爲，可以是外在的行爲，俱由意所發動。

行，也不是誠。誠代表一種狀態，意誠，代表意把持所決定的事，一定去行；所以行不是誠，而由誠意去發動。在這兩點上，朱熹和程顥陸象山所有主張不相同。

（乙）誠

在大學的修身工夫，以格物致知爲始，以誠意爲第二。大學之誠乃一種修身的工夫。中庸講誠，則不以誠爲工夫，而以誠爲倫理原則，且具有形上的意義。周敦頤通書的誠，以誠和易相配。朱熹注通書的第一、二兩章論誠說：

「誠者，至實無妄之謂。天所賦，物所受之正理也，人皆有之。聖人之所以聖者，無他焉，以其獨能全此而已。此書與太極圖爲表裏。誠，卽所謂太極也。」

誠爲太極，卽是理，「天所賦，物所受之正理也。」朱熹的注解和周敦頤的原文意義不相符合，因周敦頤所講的太極和朱熹所講的誠乃是中庸所謂「誠之」，卽是「率性」。

朱熹以誠爲理，而且爲實理：

「誠，實理也，亦誠慤也。由漢以來，專以誠慤言誠，至程子乃以實理言。後學皆棄誠慤之說。不觀中庸亦有言實理爲誠處，亦有言誠慤爲誠處。不可只以實爲誠，而以誠慤爲非誠也。」（朱子語類 卷六）

誠，即實理，即慤。實理的實字，爲一形容詞，形容理的形態，實理即是說理是實的，不是虛的，不是僞的。實字也可以解爲正，實理即是正理，爲天所賦予，沒有情慾所蔽，也沒有加以人爲的僞。

「問性誠，曰：性是實，誠是虛。性是理底名，誠是好處底名。性譬如這扇子相似，誠譬則這扇子做得好。」（朱子語類 卷六）

朱熹在分析自己的思想時，也不以誠爲理，而以誠爲理的形容詞。實理，從理的一方面說，爲一客觀的現象，指着人心之理在本來的天賦狀態。誠慤，從人心一方面說，爲一主觀的現象，指着人心動而有意，意合於心之理。

「誠者，實有此理。」（朱子語類 卷六）

「誠只是實，又云誠是理。」（朱子語類 卷六）

誠從理方面說，爲中庸所說的誠。朱熹對於中庸第二十章的語錄，常從這一方面講解誠字。以誠爲眞實無妄之理。

「問誠者，天之道，誠之者，人之道。曰：誠是天理之實然，更無纖毫作爲。聖人之生，其稟受渾然，氣質清明純粹，全是此理，更不待修為，而自然與天為一。若其餘，則須是博學審問慎思明辨篤行，如此不已。」

（朱子語類　卷六十四）

理在本然的狀態，眞實無妄，不偏，不倚，稱爲「誠」；又稱爲天之道。即是天生本來如此，也即是上天造物之道。人則有自由，自己作主宰；自由能因情慾所蔽而不率性，便要勉力，使自己心之動合於理，乃稱爲「誠之」；又稱爲人之道。人之道爲一種修爲工夫，常人都該有，聖人則不必有；因聖人生來氣最清，情慾不掩蔽心靈，人常清明純粹，天理自然流露。普通一般人常有情慾的擾亂，須要勉力修身，誠於天理。

從勉力修身方面說，誠爲誠愨，爲大學所講的誠意。大學一書講脩身的工夫。修身工夫注重在心上，心是人的主宰。人爲能主宰自己，先要認識事物之理，認識了理，則應按理而行，於是要誠意。意爲心之動，心在發號施令時，以「意」去行。所以「誠」應該是意誠。朱熹爲解釋意誠，顧慮大學所說誠意，先有格物致知，後有正心。他認爲爲誠意必須致知，而且知若是知到盡處，意自然誠。又認爲心不可捉摸，故從動處下工夫。

「知至而后意誠，須是真知了方能誠意。知苟未至，雖欲誠意，固不得其門而入矣。惟其胸中了然，知得路逕。如此知善之當好，惡之當惡，然後自然意不得不誠，心不得不正。因指燭曰：如點一條蠟燭在中間，光明洞達，無處不照。雖欲將不好物事來，亦沒安頓處，自然着他不得。若是知未至，譬如一盞燈用罩子蓋住，則光之所及者，固可見，光之所不及處，則皆黑暗無所見，雖有不好事物安頓在後面，固不得而知也。所以貴格物。」（朱子語類 卷十五）

「問：心本也，意特心之所發耳，今欲正其心，先誠其意，似倒說了。曰：心無形影，教人如何撑住。須是從心之所發處下手。先須去了許多惡根。……誠意最是一段中緊要工夫，下面一節輕一節，或云致知格物也緊要。曰：致知，知之始；誠意，行之始。」（朱子語類 卷十五）

以眞知爲知和行的合一，雖不以知爲行，然以眞知必行。這一點和王陽明的知行合一，在基本上是有相同之處。王陽明以良知知是非，良知之知若不見於實行，則知不爲眞知，則知不完全。在基本上，王陽明以理在人心，良知爲反省自心之理，反省時沒有情慾的掩蔽，是非看得清楚。這種是非是一項行爲的是非，若是行爲不實現，則對於是行爲的是非之知，便不是實知，只是空知了。朱熹也以理在人心，但也以理在事物，人爲行事要探索事物之理，事物乃是一種行爲。格物致知在於對這行爲的是非加以認識，若是行爲不實現，則對於行爲的是非所有之知，也不是眞知。朱熹和王陽明在基本上，都以行爲的是非之知，要在行爲實現時，知纔是眞知。只是朱熹以所知的是非之理，爲外面客觀事物之理，王陽明所知的是非之理，爲人心主觀的理。然而朱熹承認外面事物之理，就是人心之理。

「問：知至而後意誠，故天下之理反求諸身，實有於此，似從外討得來。云云。曰：仁義禮智，非由外鑠我也，我固有之也，弗思耳矣。又笑曰：某常說人有兩個兒子，一個在家，一個在外，去幹家事，其父却說道，在

家底是自家兒子，在外底不是。」（朱子語類 卷十五）

在外面事物的理，和在心裏的理，同是一理。致知得知事物之理。事物之理在行爲中實現，意乃誠。朱熹也承認意誠在於行爲，行爲就是知的結果。因爲知若得到眞切處，自然有誠意的行爲。知和行的關係，非常密切；然而行不是知，誠意也不是致知；因此朱熹和陸象山以及後來的王陽明在這一點上，所有的意見不完全相同。

朱熹所說眞知而後意誠，眞知有如燭光，燭光照明，自然沒有黑暗。這樣說來，意誠是知的天然結果，自然而有。和王陽明的知行合一沒有分別，但是朱熹不以人的知常是眞知，有如燭光可大可小，可見，他所講的知，不是良知，而是從研究所得的知，他的知是對事物的正知。

（丙）敬

大學的修身步驟，以誠意去正心。可是心不可捉摸，在人以內，要緊用一些外在的工夫，間接使人心靜，能够主宰，心纔可以正。宋朝理學家常講修身的工夫，二程提出一個敬字，他們的門生注意一個靜字。朱熹兼收各家的長處，又注意實踐的行爲，對於修身工夫，承接程頤的思想，以敬爲主。在敬以內，包括有克己和靜的工夫。

(A) 敬

敬的工夫，出自書經，成於論語，爲儒家的傳統工夫，只是在宋以前，儒者沒有提出這個字，宋朝二程纔正式提出，作爲修身的主要工夫。

「堯是初頭出治第一個聖人，尚書堯典是第一篇典籍，說堯之德，都未下別字，欽是第一個字。如今看聖賢千言萬語，大事小事，莫不本於敬。」（朱子語類　卷十二）

「聖賢言語，大約似乎不同，然未始不貫。只如夫子言非禮勿視聽言動，出門如見大賓，使民如承大祭，言忠信，行篤敬。這一副當說話。到孟子又却說求放心，存心養性，大學則又有所謂格物致知，正心誠意。至程先生又專一發明一個敬字。若只恁看，似乎參錯不齊，千頭萬緒，其實只一理。」（朱子語類　卷十二）

「因嘆敬字工夫之妙，聖學之所以成始成終者皆由此。……自秦漢以來諸儒皆不識這敬字，直至程子方說得親切，學者知所用力。曰：程子說得如此親切了，近世程沙隨猶非也，以為聖賢無單獨說敬字時，只是敬親敬君敬長方著個敬字，全不成說話。聖人說修己以敬。曰敬而無失，曰聖敬日躋，何嘗不單獨說來！若說有君有親有長時用敬，則無親無君無長時將不敬乎？」（朱子語類　卷十二）

孔子在論語裏給弟子們的訓示，關於敬的話很多，而且在「鄉黨」篇孔子自己的行動也顯著地表示敬。敬字分內外兩層：在外面一層，可以用守禮作解釋，守禮則一切行動舉止，都謹慎有節次，有莊重。「入公門，鞠躬如也，如不容。立不中門，行不履閾。過位，色勃如也，足躩如也，其言似不足者。攝齊升堂，鞠躬如也，屏氣不息者。出，降一等，逞顏色，怡怡如也。沒階，趨，翼如也。復其位，踧踖如也。……食不語，寢不言。……席不正，不坐。……升車，必正立，執綏，車中，不內顧，不疾言，不親指。」（論語　鄉黨）「上好禮，則民莫敢不敬。」（論語　子路）在內面一層，可以用專一作解釋，心專於當前的事，謹慎小心，不疏忽，不亂。「孔子曰：君子有九思：視思明，聽思聰，色思溫，貌思恭，言思忠，事思敬，疑思問，忿思難，見得思義。」（論語　季氏）思為心靈的動作，在每一種外面的行動時，內心思考以求合乎聖人之道。這乃是內心的敬。

內心的敬，在朱熹的語錄中，有多方面的說明：

「敬，莫把做一件事情看，只是收拾自家精神，專一在此。」（朱子語類　卷十二）

「敬，非是塊然兀坐，……只是有所畏謹，不敢放縱，如此則身心收斂，如有所畏，常常如此，氣象自別。存得此心，乃可以為學。」（朱子語類　卷十二）

「心須常令有所主。做一事未了，不要做別事，心廣大如天地，虛明如日月。要閑，心却不閑，隨物走了。不要閑，心却閑，有所主。」（朱子語類　卷十二）

「此心常要惺覺，莫令傾刻悠悠憒憒，或云：此只是持敬為要。曰：敬不是閉眼默坐便是敬，須是隨事致敬。」（朱子語類　卷十三）

敬，在於如孟子所說求放心，心不放馳在外物上，便對於所做的事，常可專一。心既專於所做的事，事的是非，便能一看而知。朱子以心同一面鏡子，事情一到，在心的鏡子裏就可照出美醜，美醜代表倫理的是非。

「人心如一個鏡，先未有一個影像。有事物來，方始照見妍醜。若先有個影像在，如何照得？人心本是湛然虛明，事物之來，隨感而應，自然見得高下輕重。事過便當依前恁地虛方得。」（朱子語類 卷十六）

這一條語錄若放在陸象山和王陽明的語錄裏，實在不容易分辨出來，王陽明不是也說心如明鏡臺嗎？朱熹的這種論調和他的致知格物主張，有點不調協，但是實際上，朱熹主張心內心外同有一理，心外的理用格物致知的方法去求知，所得之知也在心內。當一件事來，心便求知這件事的是非之理。同時心內之理，和外物之理，互相應證，立卽對於這件事物顯示出來是非。爲能達到這種境界，須要心專於這事，沒有另外的事物在心中。朱熹乃說心要虛，爲使心虛，便要敬。

「儒者之學，大要以窮理為先。蓋凡一物有一物之理，須先明此，然後心之所發，輕重長短，各有準則。……若不於此先致其知，但見其所以為心

者，如此泛然而無所準則，則其所存所發，亦何自而中於理乎？」（朱文公文集 卷三十、答張欽夫）

程頤常說敬爲主於一，一爲理，心常以理爲標準，以判斷事物，爲能主於理，心須專於眼前的事。專於眼前的事，心乃虛，虛而有實。虛是虛於其他一切的事，實是專於眼前的事。因此，敬也包括動靜，靜是虛，動是實。敬不只是主靜，而是貫通動靜。

敬在外面的表現，是整齊嚴肅，是恭敬，是守禮，是篤厚。

「問敬：曰：不用解說，只整齊嚴肅便是。」（朱子語類 卷十二）

「持敬之說不必多言，但熟味整齊嚴肅，嚴威儼恪，動容貌，整思慮，正衣冠，尊瞻視，此等數語，而實加工焉，則所謂直內，所謂主一，自然不費安排，而身心肅然，表裏如一矣。」（朱子語類 卷十二）

「問修己以敬：曰：學者非但是外面恭敬而已，須是要裏面無一毫不直處。」（朱子語類 卷十二）

「問禮樂之道，異用同體，如何？曰：禮主於敬，樂主於和，此異用也。皆本之於一心，是同體也。然敬與和亦只是一事。」（朱子語類 卷二十二）

「問：行篤敬；曰：篤者，有重厚深沉之意。敬而不篤，則恐有拘迫之患。」（朱子語類 卷四十五）

程頤對於敬，看重外面的功夫，他的弟子們後來只講內心的敬，忽略了外面的敬。朱熹回到程頤的主張，提倡內外的敬，同時並行。

「比因朋友講論，深究近世學者之病，只是合下欠却持敬工夫，所以事事滅裂。其言敬者，又只說能存此心，自然中理，至於容貌詞氣，往往全不加工，設使真能如此存得，亦與釋老何異！上蔡說便有此病。又況心慮荒忽，未必真能存得耶！程子言敬，必以整齊嚴肅，正衣冠，尊瞻視為先，又言未有箕踞而心不慢者，如此乃是至論。而先聖說克己復禮，尋常講說，於禮字每不快意，必訓作理字然後已。今乃知其精微慎密，非常情所及耳。」（朱文公文集 卷四十三、答林擇之）

但是朱熹也不忽略程顥的主張，程顥主張人心之理自然流露，有活潑之仁的快樂。

「敬有死敬，有活敬。若只守着主一之敬，遇事不濟之以義，辨其是非，則不活。若熟後，敬便有義，義便有敬。……須敬義夾持，循環無端，則內外透徹。」（朱子語類　卷十二）

「別紙所論，敬為求仁之要，此論甚善。所謂心無私欲卽是仁之全體，亦是也。但須識得此處便有本來生意，融融洩洩氣象，乃為得之耳。顏子不改其樂，是他工夫到後自有樂處，與貧富貴賤了不相關。」（朱文公文集　卷六十一、答林德久）

朱熹不主張呆板地死守外面禮節，而以內外之敬相合，目的在於求心之仁德，仁使人有生意，有快樂。朱熹在少壯時，既不喜老師李侗的靜坐工夫，頗以求知為重，後來乃注意持敬的工夫，勉力實行。文集卷四十三「答林擇之」說：

「熹哀苦之餘，無他外誘，日用之間痛自歛飭，乃知敬字之功親切要妙乃如此。而前日不知於此用力，徒以口耳浪費光陰，人欲橫流，天理幾滅。今而思之，怛然震悚，蓋不知所以措其躬也。」

又文集卷三十一「答張敬夫」（十二月）書，有云：

「熹窮居如昨，無足言者。但遠去師友之益，兀兀度日，讀書反省，固不無警省處。終是旁無强輔，因循汩沒，尋復失之。近日一種向外走作，心悅之而不能自已者，皆準止酒例，戒而絕亡，似覺省事。此前輩所謂：下士晚聞道，聊以拙自修者，若充擴不已，補復前非，庶有其日。」

朱熹自己力行持敬，戒絕向外奔作之心，然而他並不拘束，死守外面節目，所持敬，爲一種活敬。（註一七）

(B)克　己

戒絕向外奔之心，乃是一種克己功夫。孔子曾主張克己復禮，孟子也主張寡欲。孟子說：「養心莫善於寡欲。」（盡心下）後代儒家常以情慾爲私慾，私慾掩蔽天理，人心的動乃不中理。程顥雖不提倡寡欲，程頤卻很注意涵養。程頤的弟子們轉而實行主靜，追求情慾未發以前的心境，忽略實際的克己功夫。朱熹追隨程頤的思想，也上承孔孟的遺教，以克己爲一實踐的功夫。

「致知敬克己，此三事，以一家譬之，敬是守門戶之人，克己則是拒盜，致知則是去推察自家與外來底事。」（朱子語類　卷七）

在這一條語錄裏，朱熹提到程頤只講涵養，不講克己。那是因爲程頤說涵養須用敬，因爲眞正實踐持敬的人，自然要克己，不克己不能持敬。猶如守門拒盜，守門的人眞做到守門的責任，當然要拒盜。但是在初學的人，持敬的功夫還沒有做到好處，先便要講究克己，使持敬的功夫加高。

「敬如治田而灌溉之功，克己則是去其惡草。」（朱子語類　卷十二）

儒家最注意公和私，天理爲公，情慾爲私，因此二程有時以公作仁的解釋。理學家解釋人心道心時，以道心爲公，人心爲私。人心卽是私慾，道心卽是天理。

情慾爲人心之動，來自人的氣質。氣質雖是人的本體，但不進入人的形而上本體，形上的本體是理和氣。氣成形而有形質，乃有每一個人的氣質，由氣質而有情慾。氣質是形而下的質，人用自己的功夫可以予以改變；理學家所以常說改變氣質。氣質的改變，全靠克己的功夫。孟子曾以爲口耳目鼻感官對於自己的對象，是一種天性，也是命，君子不以爲性。（盡心下）情慾常因感官而動，感官的天性，人心可以主宰，孟子乃倡寡慾。寡慾卽是克己，克己拔去心中的自私惡草。

克己爲一種修身功夫，須下決心，一步一步去做。好比格物致知就每一件事物去格，克己也要就每一件私意去克。

「因說克己，……如剝百合，須去了一重方始去那第二重。今且將義利兩字分個界限，緊緊走從這邊來。其間細碎工夫，又一面理會。如做屋柱一般，且去了一重粗皮，又慢慢出細。今人不會做得第一重，便要做第二重工夫去。」（朱子語類 卷四十一）

克己的克爲勝，克己是勝過自己。自己對於一事，心有不合理的動時，就克制這種動，自己勝過自己。

「或問：克者勝也，不如以克訓治較穩。曰：治學緩了。且如捱得兩分也是治。勝便是打疊殺了他。」（朱子語類　卷四十一）

勝了自己，克制一種動，最後要把那種情慾殺了，使不再爲亂。但是克己不僅在心動時纔克，心不動時也要克。心不動時的克，則是提高自己向善的精神，使情慾不敢妄動。

「問：克復工夫全在克字上，蓋是就發動處克將去，必因有動而天理人欲之幾始分，方知所抉擇而用力也。曰：如此則未動以前不消得用力，只消動處用力，便得如此，得否？且更子細」次早問看得如何？林安卿擧注中程子所言克己復禮乾道主敬，行恕坤道爲對。曰：這箇也只是微有些如此分。若論敬，則自是徹頭徹尾要底。如公昨夜之說，只是發動方用克，又未發時不成只是在這裏打瞌睡，懞憧，等有私欲來時旋捉來克，如此得否？又曰：若待發見而後克，不亦晚乎？發時固是用克，未發時也須致其精明，如烈火之不可犯，始得。」（朱子語類 卷四十一）

克己功夫沒有一刻時間可以放下，中庸所講愼獨，無時可以不愼，愼獨爲敬爲克己。孔子以道不可須臾相離，爲能時常守道，則要時常克己。

克己的標準爲守禮，孔子說：克己復禮，（論語 顏淵）克己的標準，以禮爲標準。所謂復禮，卽是不失禮，如失，則回復禮。否則，克己沒有標準，將流於放浪。

「問：克己復禮章。曰：今人但說克己，更不說復禮。夫子言非禮勿視聽言動，卽是克己復禮之目也。己字與禮字正相對。說禮便有規矩繩墨。」（朱子語類 卷四十一）

朱熹腳踏實地，不空談靜坐，而是實際上去做修身工夫。他認爲人所有「克伐怨欲」的情慾，應勉力剋除，不能只禁止不發作，他說：「此譬如停賊在家，豈不爲害。若便趕將出

去，則禍根絕矣。」（朱子語類　卷四十一）

(C)　靜

朱熹從李侗受教時，不贊成李侗的靜坐功夫。主靜始倡於周敦頤，二程加以提倡，二程門生進而實習靜坐以求未發時氣象，朱熹嫌這種工夫近於佛教的坐禪，而且又太空洞。

「問：先生所作李先生行狀云：終日危坐以驗夫喜怒哀樂未發前氣象為如何，而求所謂中者，與伊川之說若不相似。曰：這處是舊日下得語太重。今以伊川之語格之，則其下功夫處亦是有些子偏。只是被李先生靜得極了，便自見得是有個覺處，不似別人。今終日危坐，只是且收斂在此，勝如奔馳。若一向如此，又似坐禪入定。」（朱子語類　卷一〇三）

朱熹對於修養，不主張靜坐以求心定。人的修養，在於行善，在於善盡職責，不能只是消極地逃避一切，在靜坐中去求心的安定。人的生活不能常是靜坐，一定有應動的時候，若只在靜坐時求心定，動作時心便慌了。所以他常用敬字，動時有敬，靜時也有敬，如張栻所說敬貫通動靜。

「問南軒云：敬字貫通動靜，而以靜為本。曰：那是就主靜上說。閑時若靜坐些小也不妨。因舉明道教上蔡且靜坐，彼時却在扶溝縣學中。明道言，某只是聽某說話，更不去行。上蔡對以無可行處，明道教他且靜坐。若是在家，有父母合當奉養，有事務合當應接，不成只管靜坐休。」（朱子語類　卷二十六）

然而人心本體虛明，不應有外物的擾亂，便不能不有靜。周敦頤以太極先靜而後動，乃以靜立人極，朱熹雖不主張靜爲本，動在後；但也主張人心須要虛靜，始能在應接事物時常中於理。

「問：前夜先生所答一之動靜處，曾舉云，譬如兩人同事，須是相救始得，寓看來靜却救得動，不知動如何救得靜？曰：人須通達萬變，心常湛然在這裏亦不是閉門靜坐，塊然自守，事物來也須去應。應了，依然是靜，看事物來應接去也不難，便是安而後能慮。動了靜，靜了動，動靜相生，循環無端。……曰：應事得力，則心地靜，心地靜，應事分外得力，便是動救靜，靜救動，其本只在湛然純一，素無私心始得。無私心，動靜一齊當理。」（朱子語類　卷一一五）

「問初學精神易散，靜坐如何？曰：此亦好；但不專在靜處做工夫，動作亦當體驗。聖人教人豈專在打坐上，要是隨處着力。……孟子謂學問之道無他，求其放心而已矣。不然，精神不收拾，則讀書無滋味，應事多齟齬，豈能求益乎。」（朱子語類　卷一一五）

爲能靜，使心常湛然純一，便應求放心。人若放心，心馳許多外事，當然心不定，不定則不能思慮，心就不能按理而動，因此應常反省，叫自己的心在所做的事上。沒事時，心就靜默。

「求放心，不是利有一物在外，旋去收拾回來。只此心頻要省察，才覺不在，便收之爾。只察便存，只求便是不放。」（朱子語類　卷五十九）

「或問求放心，愈求則愈昏亂，如何？曰：卽求者便是賢心也，知求則心在矣。今以已在之心復求心，卽是有兩心矣。雖曰譬之雞犬，雞犬却須尋求乃得。此心不待究轉尋求，卽覺其失，覺處卽心，何更求爲。自此更求，自然愈失。此用力甚多，但只要常知提醒爾，醒則自然光明，不假把捉。」（朱子語類 卷五十九）

心在自己內；若自覺心馳外物，心便已收回，不須再想收回放心。時時提醒，醒則自然光明，心光明卽是靜，便能照出事件的是非。

朱熹修養的功夫，在注解或講論四書和周張二程的著作時，都加讚揚，少有批評；但不能說他都接受或實踐；在語類訓門人的幾卷裏，則可以看出他自己所有的修養功夫。

「臨別請益。曰：大要只在求放心。此心流亂，無所收拾，將甚處做管轄處。其他用工摠閑慢，須先就自心上立得定，決定不雜，則自然光明四達，照用有餘，凡所謂是非美惡，亦不難辨矣。」（朱子語類 卷一一三）

「再見，首見教云：今日用功，且當以格物爲事。」（朱子語類 卷一一三）

「先生諭廣曰：今講學也須如此，更須於主一上做工夫。若無主一工夫，則所講底義理無安着處，都不是自家物事。若有主一工夫，則外面許多義理，方始為我有，都是自家物事。工夫到時才主一，便覺意思好，卓然精明。不然便緩散消索了，沒意思。」（朱子語類 卷一一三）

「先生與泳說看文字罷，常且靜坐。」（朱子語類 卷一一六）

「問每日做工夫處。曰：每日工夫，只是常常喚醒，如程子所謂主一之謂敬，謝氏所謂常惺惺法是也。然這裏便有致知底工夫。程子說：涵養須用敬，進學則在致知。須居敬以窮理；若不能敬，則講學又無安頓處。」（朱子語類 卷一一六）

從上面朱熹訓門人的幾條語錄裏，我們可以看到，朱熹所講和所實踐的工夫，第一在於主一的敬，把心收拾起來，然後格物窮理以致知。他雖注重「心」，以主一去求放心，然而他不隨從程門的弟子專以靜坐治心，免得流於坐禪，他更不喜歡陸象山的心學，只以理在心中，不從事格物克己。朱熹的修養工夫，繼承孔孟之學，參以唐宋的佛學和道家之學，趨於實踐的中庸。

3. 德

近代講中國哲學的人，常以儒家只講倫理道德。他們都不知道倫理道德應該有更高的理論作根基。西洋倫理學的理論根基在於宗教信仰；儒家的倫理道德則以本體論爲根基。朱熹以人的本體爲理與氣，理氣相合而有動的存在，即是生命，生命的本性是發揚，即是生生，即是仁。因此人的本體，乃是倫理的本體，人乃是倫理人。孟子以人心爲仁，以人心生來爲惻隱、辭讓、羞惡、是非，是有仁義禮智之端。人若不行倫理道德，便是不發施人性，人從本體方面去說也不是完人，所以倫理道德屬於人的本體。

（甲）德

孔子曾說：「德之不修，學之不講，聞義不能徙，不善不能改，是吾憂也。」（論語 述而）儒家傳統的修身論，不在於消極的不作惡，而是在於積極的修德向善。易經的乾卦提出元亨利貞，以天的特性作爲仁義禮智的根基。論語和中庸講習智仁勇三達德，孟子講仁義禮智四德。漢朝盛倡五行，儒者乃講仁義禮智信，宋朝理學家繼承漢儒的思想，朱熹便講五常之德。

關於德字的意義，朱熹接受古代儒者所講的意義，以德爲得，得道於自心，不必外求，論語「述而」說「志於道，據於德。」朱熹注說：

「據者，執守之意。德者，得也。得其道於心而不失之謂也。」

周敦頤在通書的「愼動」章說：「用而和曰德。」朱熹注說：

「用之所以和，以其得道於身，而無所待於外也。」

德是有得於心，所得爲道。既然說是有得於心，則不是天生的，而是人勉力而得的。但是人生之道乃是人性的天理，天理是生而有的；那麼人勉力所得於心之道，不是人性天理，而是天理的發揚，好比一株果樹，果仁的生命爲天理，果仁發芽成樹結果，爲生理的發揚，稱爲道德之得。理學家稱格物所得之理爲知，不稱爲德。雖然朱熹以眞知則誠，誠則爲德；然而朱熹不以眞知爲誠，則眞知也不是德。希臘古哲蘇格拉底以知爲善，哲人又是聖人；中國儒家雖也以儒者應是聖賢，但卻提倡勉力修養，不以知就是德。德，乃是人遵照天理而行，習慣久了，人心乃得有一種行事之道，在行事時，常能照樣而行，不求之於外在的動力。西洋倫理學常稱德爲行事的善習慣，也稱爲行善的動力。德所以要勉力去修，久而久之乃能有成。

「問進德之方？曰：大率要修身端理。若修身上未有工夫，亦無窮理處。問修身如何？曰：且先收放心。如心不在，無下手處。」（朱子語類 卷一一六）

先收放心，後窮理，這些工夫都是爲進於德。進於德，即是在修德上漸有前進，修德便不是一日的功夫。語錄講解論語「述而」章「德之不脩」說：

「或問此章，曰：須實見得是如何，德是什麼物事？如何喚做脩？如何喚做不修？人而無欲害人之心，這是德，得之於吾心也。然害人之心，或有時而萌者，是不能修者也。德者，道理得於吾心之謂。修者，好好修治之之謂。更須自體之，須把這許多說話，做自家身上說，不理得於吾心之謂。

修者，好好修治之之謂。更須自體之，把這許多說話，做自家身上說，不是為別人說」。（朱子語類　卷三十四）

「德之不脩，如有害人之心，則仁之德不脩，有穿窬之心，則義之德不脩。仁之德脩，則所言無不仁之言，所行無不仁之行。義之德脩，則所言無不義之言，所行無不義之行。」（朱子語類　卷三十四）

朱熹的修德，有些相似孟子所講的擴充人心所有的四端。仁義禮智之端都在我心裏，我須要擴充這四個善端，使心有所得。有得於心，須常堅持下去，否則德又失了。

「志於道，據於德，依於仁，游於藝。先生曰……德者，得也。既得之，則當據守而弗失。」（朱子語類　卷三十四）

「據於德，德謂得之於心，有這個事物了，不待臨時旋討得來。且如仁義禮智，有在這裏不待臨時旋討得來。又曰：德是自家有所得處在這裏，且如事親，則孝之理得，事兄弟則弟之理得。所謂在這裏，但得有淺深。」（朱子語類　卷三十四）

德是在行善時，自己有所得。所得不是身外的利益，而是自己心上的行善之道。行善有久暫，行善有難易，所得於心之道也有深淺，久而難行則所得深，暫而易行則所得淺。

「執德不弘，不可道已得此道理，不信更有道理，須是既下工夫又下工夫，已理會又理會。若只理會得三二分，便謂只消恁地也得。如此者非是無，只是不弘。」（朱子語類 卷四十九）

修德須努力，由漸而進，據守不失。

(乙) 五　常

五常，在理學家中，由周敦頤的太極圖說的五性而起。周敦頤的太極圖說謂：「陽變陰合，而生金木水火土。……五行之生也，各一其性。」在周敦頤的通書裏加有說明。「誠，五常之本，百行之源也。」朱熹注說：

「五常之仁義禮智信，五行之性也。」

朱熹把五常之德和五行之性相配合，在人物內都有五行，周敦頤以五行相合而成男女，由男女而有人物。人的氣質之性含有五行，五行的特性（特質）發而爲五常之德。在易經裏有元亨利貞四種特性，朱熹注釋易經時，以仁義禮智配元亨利貞，朱熹解釋說：

「元者，生物之始，天地之德，莫先於此，故於時為春，於人為仁，而衆善之長也。亨者，生物之通，物至於此，莫不嘉美，故於時為夏，於人則為禮。而衆善之會也。利者，生物之遂，物各得宜，不相防害，故於時為秋，於人則為義，而得其分之和。貞者，生物之成也，實理具備，隨在各足，故於時為冬，於人則為智，而為衆事之幹。幹，木之身，而枝葉所依以言者也。」

這種解釋法，繼承漢儒的思想。漢儒以五行配時間，配空間，配五時。

		亨	義			
		南	夏	火		
元	東		中		西	利
仁	春		央		秋	禮
	木	信	土		金	
		北	冬	水		
		貞	智			

朱熹文集中有「元亨利貞說」一篇，文很短，意義卻深：

「元亨利貞，性也；生長收藏，情也。以元生以亨長以利收以貞藏者，心也。仁義禮智信，性也，惻隱羞惡辭讓是非，情也。以仁愛以義惡以禮讓以智知者，心也。性者，心之理也。情者，心之用也。心者，性情之主也。程子曰：其體則謂之易，其理則謂之道，其用則謂之神，正謂此也。又曰：言天之自然者，謂之天道；言天之付與萬物者，謂之天命。又曰：天地之生物為心，亦謂此也。」（朱文公文集　卷六十七）

朱熹的思想，以五常仁義禮智信有理有情，理爲性，情爲用。五常之理，具在人性，這種人性爲天地之性，即人的本然之性。凡是人，在本性上就有仁義禮智信之理。本然之性爲理，成爲具體的人時，同氣和合，乃有氣質之性和具體之形，形的主宰爲心。心旣有仁義禮智信之理，又有仁義禮智信所發的情，因此五常之德性在人性上有理作根基，在情上有理的表現，一切都由心作主宰。

朱熹的道德論，以五常作綱要。五常進入形上學；因爲五常之理，爲人性之理，乃人的本體。若一個人不修德，則是有虧於自己的人性；修德則是發揚自己的人性。但是善德卻不是人心之理的自然流露，善德由一樁一樁的善行而成，善行爲心外的行動。人要努力去行，久而久之，有得於心，造成心之理的表現之道，善行成了自己的習慣，和自己相合爲一。所以，德，從理上說，在於人性；從表現上說，在於行；從成就上說，在得於心的習慣。

「善在那裏，自家却去行它。行之久，則與自家爲一。爲一，則得之在我。未能行，善自善，我自我。」（朱子語類　卷十三）

朱熹講元亨利貞由生命方面去講，以元亨利貞配生長收藏。人的生命常經過這些階段，同時在每一時刻的生命中也表現這些階段。元，爲「生物之始」；仁，即是生命的開始，表示生命的生生不息。亨，爲「生物之通」，義，即是生命的暢通。利，爲「生物之遂」；禮，即是生命常得適當的地位。貞，爲「生物之成」；智，即是「實理具備」。

人性之理，乃是天理，天理爲生生之理。生命的表現，有元亨利貞的歷程，人的生命有仁義禮智的表現。五常的信配五行的土，土爲中央，爲陰陽循環的會合處；信爲生和發揚的基本條件，就也是仁義禮智的基礎。

(丙) 仁義禮智信

孟子講仁義禮智，易經講元亨利貞，漢儒講五常的仁義禮智信，朱熹也講仁義禮智信。信明明是添上去的，就是五行金木水火土在配四時四方時，土也是沒有位置，只好被安置在中央。

「或問仁義禮智，性之四德，又添信字，謂之五性，如何？曰：信是誠實此四者，實有是仁，實有是義，禮智皆然。如五行之有土，非土不足以載四者，又如土於四時，各寄王十八日。或謂王於戊巳，然季夏乃土之本

宮，故尤王。月令載中央土以此。」（朱子語類　卷六）

(A) 信

信，在五常中，相當於土，被視爲藏在四德中的必要條件。中庸以誠爲天道，誠之爲人道。朱熹以誠之爲信。誠之乃人行善修德的基礎，人若不誠於自己的人性天理，沒有行善的可能；誠於自己的人性，乃發爲仁義禮智。信，不是人性的理，而是人爲發揚人性天理之道。

「問誠信之別？曰：誠是自然底實，信是人做底實。故曰：誠者，天之道，這是聖人之信。若衆人之信，只可喚做信，未可喚做誠。誠是自然妄之謂，如水只是水，火只是火，仁徹底是仁，義徹底是義。」（朱子語類卷六）

實際上，信的德，在孔孟的思想裏，爲一種很重要的善德，並不是和中庸的誠相配合。孔子講五倫，五倫中的一倫爲朋友，朋友相處之道爲信。「曾子曰：吾日三省吾身，爲人謀而不忠乎？與朋友交而不信乎？傳不習乎？」（論語 學而）朱熹注說：「盡己之謂忠，以實之謂信。」朋友相處之信，包括朋友一切的好關係。孔子說：「益者三友，損者三友。友直，友諒，友多聞，益矣。友便僻，友善柔，友便佞，損矣。」（論語 季氏）相交之信，便有直言，有了解朋友之心，有彼此切磋之情。

朱熹在語錄裏，解釋曾子所講忠信，以忠信爲同一意義，忠主於心，信主於事。

> 「忠信只是一事，但是發於心而自盡則為忠，驗於理而不違則為信。忠是信之本，信是忠之發。」（朱子語類 卷二十一）
>
> 「忠信只是一事，而相為內外始終本末。有於己為忠，見於物為信。做一事說也得，做兩事說也得。」（朱子語類 卷二十一）

信，不祇是修德的一項條件或方法，也是一種很重要的善德，包括每個人的大部份社會關係。雖然在五常時，因着傳統的仁義禮智四德，信字便沒有位置；然而在人的生活裏，信的位置很重要。朱熹自己也有這種主張。

「問伊川謂曾子三省，忠信而已。不知此說盡得一章意否。伊川之意，似以傳不習為不習而傳於人，亦是不忠信者，問如此說，莫倒了語意否？曰：然，但以上文例推之也卻恁地，要之亦不須如此說。大抵學而篇數章，皆以忠信為本，而後濟之以學。」(朱子語類 卷二十一)

朱熹以「學而」篇數章，皆以忠信爲本，則信在孔子的倫理論裏，佔有相當的重要位置。因此，漢朝儒者講五行五常時，以信配仁義禮智，而成五德。朱熹的解釋，以誠爲根基，誠於心中的理爲忠，發於事爲信。他常堅守自己的主要思想，即是理和氣。

(B)仁

仁從孔子以來，作爲儒學的中心，貫通儒家的道德論，易經以生生之爲易，理學家以生生爲仁，仁又得了形上的理論。朱子著有「仁說」一篇，解釋仁的意義。仁，從總攝諸德而言，則爲生生，「天地以生物爲心者也，而人物之生又各得夫天地之心，以爲心者也。」若從四德而言，則仁爲愛。程頤曾不贊成以愛爲仁，因愛爲一種感情。朱熹不以愛爲仁；是不以愛之情爲仁，而以愛之理爲仁。

「或曰：若子之言，則程子所謂愛情仁性不可以愛為仁者，非也歟？曰：不然，程子之所訶以愛之發而名仁者也，吾之所論，以愛之理而名仁者也。……或曰：程氏之徒，言仁多矣。蓋有謂愛非仁，而以萬物與我為一為仁之體者矣。亦有謂愛非仁，而以心有知覺釋仁之名者矣。今子之言若是，然則彼皆非歟？曰：彼謂物我為一者，可以見仁之無不愛矣，而非仁之所以為體之真也。彼謂心有覺者，可以見仁之包乎皆矣，而非仁之所以得名之實也。觀孔子答子貢博施濟衆之問與程子所謂覺不可以訓仁者，則可見矣。」（朱文公文集 卷六十七 仁說）

朱熹著「仁說」一篇，旨在辯駁程門弟子的學說。他以愛訓仁，愛的表現為一團和氣，有如陽春的溫暖。

「或問論語言仁處。曰：理難見，氣易見。但就氣上看便見，如看元亨利貞是也。元亨利貞也難看，且看春夏秋冬。春時盡是溫厚之氣，仁便是這般氣象。夏秋冬雖不同，皆是陽春生育之氣行乎其中。故偏言，則一事；

專言，則包四者。」（朱子語類 卷六）

仁的氣象爲溫厚之氣，仁之理爲生生。仁發爲德，乃是愛。但是朱熹說：

「愛非仁，愛之理為仁。心非仁，心之德為仁。」（朱子語類 卷二十）

「孟子說仁人心也，此語最親切。心自是仁底物事，若能保養存得此心，不患他不仁。」（朱子語類 卷五十九）

朱熹以愛不是仁；因他把愛作爲情。愛爲喜好，喜好爲喜怒哀樂好惡之情；情乃心之動。仁則是人性之理，所以他以愛之理爲仁。可是，仁若僅是理，便懸在抽象的理想中，不能成爲實踐之行而成爲德。朱熹乃說仁爲「心之德」。心之德，便成爲愛。

「仁是體，愛是用。又曰愛之理，愛自仁出也。然亦不可離了愛去說仁。」（朱子語類 卷二十）

朱熹喜歡體和用的名詞，仁之德，本發自心，應以心爲體；朱熹以仁爲體，愛爲用，他把仁看爲理，把愛看爲情。實際上，仁和愛的分別，應爲意向上，孟子說仁民而愛物，對於民之愛稱爲仁，對於物之愛稱爲愛，再者，愛常帶有佔有的私心，仁則是犧牲一己之私而求利他人。仁是高於愛。孔子以仁者立己立人，達己達人。

仁雖爲一種善德，仁之理則是生生之理，包括一切發揚精神生活的理，所以仁包含仁義禮智。

「心之德，是統言愛之理，是就仁義禮智上分說，如義便是宜之理，禮便是別之理，智便是知之理。但理會得愛之理，便理會得心之德。又曰：愛雖是情，愛之理是仁也。仁者，愛之理，愛者，仁之事。仁者，愛之體，愛者，仁之用。」（朱子語類 卷二十）

「心之德，是兼四端言之。愛之理，只是就仁體假說，其發為愛，其理則仁也。仁兼四端者，都是這些生意流行。」（朱子語類 卷二十）

『生意流行』，仁爲生意；一切善德，都是生意的流行，都爲發展人的生命，所以都包括在仁以內。

「或問：仁者心之德，曰：義禮智皆心之所有，仁則渾然。分而言之，仁主乎愛；合而言之，包是三者。或問：仁有生意，如何？曰：只此生意，心是活物，必有此心，乃能知辭遜；必有此心，乃能知羞惡；必有此心，乃能知是非。此心不生，又烏能辭遜羞惡是非。且如春之生物也，至於夏之長，則是生者長，秋之遂，亦是生者遂，冬之成，亦是生者成也。百穀之熟，方及七八分，若斬斷其根，則生者喪矣，其穀亦只得七八分。若生者不喪，須及十分，收而藏之，生者似息矣，只明年種之，又復有生。諸子問仁不同，而今曰愛之理云者。克己復理，亦只要存得此愛，非以克己復禮是仁，友其士之仁者，事其大夫之賢者，亦只是要見得此愛，其餘皆然。」（朱子語類 卷二十）

朱熹的思想常是一貫，以天理爲生生之理，天心爲好生，人心爲仁。一切善德由心而發，便都發自心；而人心所求，在於發展自己的生命，故一切善德，都是發展仁之理。在一切善德中都有生之理，都有愛之情。

(C) 義

在孔孟的思想裏，義僅在仁以後，在其餘善德以前。孔子雖祇講智仁勇三達德，但很嚴於義利之分。孟子雖講仁義禮智，然常提仁義，以仁為人的心，義為人的路。（告子上）朱熹解釋說：

「仁，人心也，是就心上言。義，人路也，是就事上言。」（朱子語類 卷五十九）

「問仁人心，義人路，路是設譬喻，仁却是直指人心否？曰路字非譬喻，恐人難曉，故謂此為人之路，在所必行爾。」（朱子語類 卷五十九）

人生的一切對外行動，應有行動的標準，標準就是義，人必定要遵照這個標準走。所謂標準，即是凡事皆得到自己的適宜點。

「義便是宜之理。」（朱子語類 卷二十）

宜，如同五穀發生，若得風調雨順，周圍一切各得其宜，五穀便能茂盛；義所以配夏，象徵生物的昌茂，也配元亨利貞的亨，亨爲暢通。人在行事上，常得其宜，則精神生命乃得昌茂。

朱熹以仁禮屬陽，智義屬陰，又以義有剛果的意思。人爲行義，應有剛果的志氣，能够遇事立斷，敢於犧牲一己之私。

「吉甫問仁義禮智立名，還有意義否？曰：說仁，便有慈愛底意思，說義便有剛果的意思，聲音氣象自然如此。」（朱子語類 卷六）

「問仁義禮智體用之別？曰：自陰陽上看下來，仁禮屬陽，義智屬陰。仁禮是用，義智是體。春夏是陽，秋冬是陰。只將仁義說，則春作夏長，仁也；秋斂冬藏，義也。若將仁義禮智說，則春仁也，夏禮也，秋義也，冬智也。仁禮是敷施出來底，義是肅殺果斷底，智是收藏底。」（朱子語類 卷六）

朱熹把義配秋配西配金，代表肅殺之氣。因爲官吏斷案，以義爲準，所判死刑，都在秋天執行。義既配秋，當然屬陰。但是理學家講元亨利貞，以仁義禮智相配，則義配亨，亨爲通，配夏；義便該屬於陽了。周敦頤太極圖說則以義配利，朱熹也以義配西。這些都是次要的問題。重要的問題，在於義的意義。

「義便作宜字看。」（朱子語類　卷六）

「義字如一橫劍相似，凡事物到前，便兩分去。君子義以為質，義以為上，義不食也，義弗乘也，精義入神，以致用也。是此義十分精熟，用便見也。」（朱子語類　卷六）

義，是按照事物之理，合於理則取則行，不合於理則捨。孔子以「君子義以爲質」，君子的生活，完全以義爲特質，事事按照義而行。孔子又說：「君子之於天下也，無適也，無莫也，義與之比。」（論語　里仁）朱熹解釋說：

「敬之問：義之與比，是我這裏所主者在義？曰：自不消添語言，只是無適無莫，看義理合如何。處物為義，只看義理合如何區處他。義當富貴便富貴，義當貧賤便貧賤，當生則生，當死則死，只看義理合如何。」（朱子語類　卷二十六）

在一條語錄裏，朱熹把義字的意義解釋清楚。君子無適無莫，一切決定都以義爲標準。義爲標準，義則又以理爲標準，朱熹所以說義理。富貴貧賤生死，都「只看義理合如何」。

(D) 禮

行事之理，在孔子的思想中，以禮作代表。理是不可見的，禮的儀便可以見。孔子在論語裏常以禮作行事的規律，「非禮勿視，非禮勿聽，非禮勿言，非禮勿動。」（論語　顏淵）禮記更說明禮以天理爲本，宋朝理學便以守禮就是守理。朱熹本來以理爲他的思想的基礎和中心，以理解釋一切。但是他卻不同意程門弟子以守禮爲守理，因爲程門弟子專門注意靜坐的心學，流於空虛。朱熹主張實行，便以守禮雖然是守理，然也應該遵守外面禮儀的規則。

「正淳問：程子曰：禮卽理也，不是天理，便是人欲。尹氏曰：禮者理也，去人欲則復天理，或問不取尹說以為失程子之意，何也？曰：某之意，不欲其只說復理而不說禮字。蓋說復禮，卽說得着實；若說作理，則懸空，是個什物事。如謝氏曰：以我視、以我聽、以我言、以我動。夫子分明說是非禮勿視聽言動，謝氏却以以我言之，此則自是之意，非夫子所以告顏淵者矣。又如游氏曰：顏淵事斯語，至於非禮勿動，則不離於中，其誠不息而可久。將幾個好字總聚在此，雖無甚病，終不是本地話頭。」（朱子語類　卷四十一）

尹焞、謝良佐、游酢，都是二程的門人，他們都傾於心學，以顯自心之理，以禮爲理，以我代替禮，因爲禮是理，理在我心中。朱熹和陸象山的爭論，就集中在這一點，所以他反對二程門生的主張，以實行遵守禮儀爲「克己復禮」。

「又問：所以喚做禮，而不謂之理，莫是禮便是實了，有準則，有着實處？曰：只說理，却空去了，這個禮是那天理節文，教人有準則處。佛老元無這禮，克來克去，空了。……曰：禮是那天地自然之理，理會得時，繁文末節，皆在其中。禮儀三百，威儀三千，却都是這個道理，千條萬緒

貫通來，只是一個道理。」（朱子語類　卷四十一）

「非禮勿視，說文謂勿字似旗脚。此旗一麾，三軍盡退，工夫只在勿字上。纔見非禮來，則以勿字禁止之，纔禁止便克己，纔克去便能復禮。又云：顏子力量大，聖人便就他一刀截斷。若仲弓則是閉門自守，不放賊人來底。然敬恕上更好做工夫。」（朱子語類　卷四十二）

禮爲天理，凡事都有禮，凡事都由天理流行。守禮須克己，克己爲克除一己的私慾，使天理在行事上表現出來；天理的表現，就在於遵守禮儀；禮儀卽是天理的規範。朱熹也說禮儀「也是天理流行，活潑潑地，」（同上）他不是呆板地死守儀則的古朽，也不是空談靜坐的禪學者。佛敎也講克己，然而克己而不能復禮，因爲「佛老不可謂之有私慾，只是他元無這禮，克己私了，卻空蕩蕩地。」（同上）

(E) 智

智爲知是非之知。儒家的傳統，從孔子以來，以求學爲知聖人之道，且加力行。在古代除經史以外，沒有別的學術。現在所謂科學，在古代雖已逐漸開始，然被視爲小技，不是儒者所求之學。經史之學都在求修身之道，孔子所謂下學而上達。修身之道，由學以致知。朱熹隨從程頤的主張，以格物致知爲修身的第一步工作。格物致知卽爲求行事之道，分別是非。致知所得的知，卽是非之知。陸象山則以天理在自心，不須外求。朱熹也說求知是求自己內心之知：

「問博文是求之於外，約禮是求之於內否？曰：何者為外？博文也是自內裏做出來，我本來有此道理，只是要去求。知須是致，物須是格。雖是說博，然求來求去，終歸於一理，乃所以約禮也。易所謂尺蠖之屈，以求伸也。龍蛇之蟄，以存身也。精義入神，以致用也。利用安身，以崇德也。尺蠖蟲子，屈得一寸，便能伸得一寸來許。他之屈，乃所以為伸。龍蛇於冬若不蟄，則凍殺了，其蟄也，乃所以存身也。精義入神，乃所以致也。利用安身，乃所以崇德也。欲罷不能，如人行步，左脚起了，不由得右脚不起。」（朱子語類　卷三十六）

下學上達，乃是互相依傍，互相啓發。求知是非之道，勉力實踐；久了以後，便窮神入化。所以求知不是爲在外面表現知，乃是補自心的欠闕。

「學問是自家合做底，不知學問，則是欠闕了自家底知；學問，則方無所欠闕。今人把學問來做外面添底事看了。」（朱子語類 卷六）

是非之知，本是良知之知，即是人的良心。良心之良知，本於自心的天理。朱熹以天理在人心，又在萬物；人心的天理除聖人以外，常被情慾掩蔽，不易顯明；人乃對外面事件，逐漸加以研究。當每一件事臨頭時，即研究事件的是非之理，便取得是非之知。這種是非之知和自心良知之知相合，便結成對這件事的良心之判斷。

聖人則心地清明，常能見自心的天理，便不須格物致知。遇事則自心的天理顯明，是非立現。

朱熹以智配冬配水，冬和水都象徵冷靜，象徵收藏。知或是格物致知的收穫，或是藏在自心的天理。知在應對當前事物以定是非時，心該冷靜，不能以感情用事。心在判斷事的是非時，應不參入感情，在冷靜的狀態下去判斷。判斷纔能適中於道。而且心中的冷靜使人看到各方面，不祇把持自己一方面的意見。

「常人之學，多是偏於一理，主於一說，故不見四旁，以起爭辯。聖人則中正和平，無所偏倚。」（朱子語類 卷六）

(丁) 聖 人

聖人，爲儒家的理想，爲儒家精神生活的目標。儒家求學在求爲聖人。聖人是天生的，氣質與凡人不同。但是凡人也可以學做聖人。就像中庸所說誠爲天道，誠之爲人道，誠是聖人，誠之是凡人。又可以說「自然」行善爲聖人，「勉力」修行爲凡人。

雖然常說聖人和常人沒有不同，因爲人都是人；然而，在人的氣質之性，則聖人和常人不同。

「天只是一氣流行，萬物自生自長自形自色，豈是逐一粧點得如此？聖人只是一個大本大原裏發出，視自然明，聽自然聰，色自然溫，貌自然恭。在父子則為仁，在君臣則為義。從大本中流出，便成許多道理，只是這個

一便貫將去。」（朱子語類 卷四十五）

「學者與聖人之爭，只是這個自然與勉强耳。聖人所行皆是自然堅牢，學者亦有時做得如聖人處，但不堅牢，又會失却。程子說：孟子為孔子事業儘得，只是難得似聖人。如剪綵為花，固相似，但是無造化之功。」（朱子語類 卷二十一）

聖人所得的氣特清，心常明，天理自然流露，在一切事上都能中正和平。常人的氣質有精有粗，心常有情慾的騷擾，故常要勉力克己，以改正自己的氣質。常人修行的目標，便是仿效聖人。聖人的行動常法天，然不必努力，心中天理自然流露於行事。常人努力求心中天理能行於行動，努力不懈，也可以相似聖人。

「某十數歲時讀孟子，言聖人與我同類，善不可言，以為聖人亦喜做，今方覺得難。」（朱子語類 卷一〇四）

聖人的功能在於贊天地的化育，顯明天道。中庸的章句已說得明白，朱熹解釋中庸第二十二章說：

「贊天地之化育，人在天地中間，雖只是一理，然天人所為各自有分，人做得底，却有天做不得底。如天能生物，而耕種必用人。水能潤物，而灌溉必用人。火能燥物，而薪爨必用人。財成輔相，須是人做，非贊助而何？程先生言參贊之義，非謂贊助，此說非是。」（朱子語類 卷六十四）

朱熹爲腳踏實地的思想家，少帶神秘性。中庸第二十二章所講盡性以贊天地之化育，本富於神秘性，卽人的生命和天地的生命相通，以增進天地生物的化工。程顥程頤都接受這種觀念，以贊天地的化育爲參加天地化育的化工，朱熹卻主張贊天地的化育爲贊助天地，天人分工，人所做的事卽是人每日所做的事，也就是儒家所標舉的治國平天下。朱熹所講聖人的工作和易經乾卦所講大人的工作，就有不同。朱熹所講聖人在於多德又多能，能治國福民。

「聖主於德，固不在多能；然聖人未有不多能者。夫子以多能不可以律人，故言君子不多。」（朱子語類 卷三十六）

易經所言大人和聖人，則是心地清明，能明見宇宙的奧妙，能和天地相接合。易經乾卦文言說：「夫大人者，與天地合其德，與日月合其明，與四時合其序，與鬼神合其吉凶。先天而天弗違，後天而奉天時。天且弗違，而況於人乎！而況於鬼神乎！」這一段講大人的精神生活，充滿神秘性，朱熹在注解裏，簡單地以「一理相通」，解釋大人和天地鬼神相通。在「繫辭」裏，也多有稱揚聖人的話：「易，無思，無為也，寂然不動，感而遂通天下之故，非天下之至神，其孰能與於此。夫易，聖人之所以極深而研幾也：唯深也，故能通天下之志；唯幾也，故能成天下之務；唯神也，故不疾而速，不行而至。又曰：易有聖人之道四焉者，此之謂也。」（繫辭上　第十章）朱熹對於這些文句和思想，他不往神秘之途去講，他祇讚嘆聖人的聰明，能明天理。

「胡問：回聞一知十，是明睿所照，若孔子則如何？曰：孔子又在明睿上去。耳順心通，無所限際。古者論聖人，都說聰明如堯。聰明文思，惟天生聰明時乂亶聰明作元后，聰明睿智足以有臨也，聖人直是聰明！」

（朱子語類　卷二十八）

聖人是天生睿智，凡人則能學做聖人。聖人代表精神生活的頂點，也代表人類的完人，人理本體為倫理人，人性是有仁義禮智信的，由人心而發揚，倫理生活便是發揚人性。人心的本體為清氣，清氣為靈，人心的生活便是精神生活，精神生活也就是倫理生活。聖人氣最清，無有私慾，人性之理自然顯露，一切都誠於人性。聖人乃是至誠之人。盡了人性，又盡了物性，發揚了人性而是一個完人。

六、結 論

朱熹的思想，雖沒有系統的著述，祇在語錄和信札裏表達；但是思想的系統，則在一切著述中都一致。

朱熹的思想，以理和氣兩個觀念為中心；尤其是「理」的觀念，貫通全部思想。他在注解經書時，絕不離開他思想的系統。理為生生之理，生生為仁；仁乃統攝一切善德。

由理和氣的觀念，到人性的解釋，乃有本然之性和氣質之性。用氣質之性，解釋每個人的自我，作為善惡的根基。同時，因人心有氣所成的情慾，人性的天理便不自然顯露。他乃主張格物致知，研究外面事物之理，以致是非之知。天地萬物理一而殊，僅祇以人心之理去應物，不足應付萬理之殊。

知則必須力行，力行爲誠。朱熹不喜歡程門弟子以靜中去求未發時的氣象，他主張持敬，持敬在於克己復禮。

這一種思想的輪廓，代表儒家思想的結晶。儒家思想爲生命哲學，生命哲學以形上本體論爲基礎。北宋理學家已經把易經和中庸、大學相結合，朱熹更進而使五經四書在思想上互通，而用理氣兩個觀念貫通一切。

朱熹對於中國思想的影響，來自他自己的著述者不很大，來自他對五經和四書的注解者更多。他的經書注解成了後代學校的定本，朝廷的考試也都依據他的注解；而他的注解則都含有他的學術思想。

朱熹集宋朝理學的大成，他對於周敦頤、張載、二程的著作都作有注解，但是他的哲學思想，在一方面是繼承他們幾位的思想，在一方面則和他們的思想有所不同。朱熹曾爲周敦頤的太極圖辯護，駁斥二陸的攻擊；但是朱熹卻不接受太極圖的思想，他祇以太極爲理。張載倡太虛之氣，不言太極；朱熹接受張載的氣質之性，然不以氣爲形而上，更不接受太虛之氣。朱熹很稱佩二程，尤其自是爲程頤的私淑弟子，接受二程所主張的理和氣，又接受持敬守靜的工夫；但對於性、理、心、命意義相同的主張，則不同意。他更不同意程顥的格物致知以顯露自心天理的主張。他主張力行，然不喜歡主靜的工夫。因此，他對於楊時、游酢、謝良佐、羅從彥、李侗，都有批評，從力行實踐方面，採取好友張南軒的意見，建立他的修養論。朱熹的思想，可以說是兼採各家之長，以自己的理氣二元思想，結成體系。

註：

註一：羅光 理論哲學。宇宙論，頁一二一。臺北，先知出版社，民六十五年版。
註二：同上
註三：同上，頁十一。
註四：同上，頁十九。
註五：周易王韓註卷七，中華版（四部備要）。
註六：荀爽
註七：馮友蘭 中國哲學史，下冊，頁九〇二。
註八：錢穆 朱子新學案。第一冊，頁二四三。三民書局，民國六十年出版。
註九：羅光 中國哲學思想史。第一冊，頁一〇五。先知出版社，民國六十四年版。
註一〇：錢穆 朱子新學案，第一頁，頁三六三。
註一一：圓明居士語錄 覺生銘，頁一。雍正御選語錄、第二冊、自由出版社。

註一二：參考：劉述先朱子哲學思想的發展與完成　第四章、學生書局，民國七十年。陳榮捷　朱學論集、「論朱子之仁說」，學生書局，臺北，民國七十一年。

註一三：唐君毅　中國哲學原論、原道篇，第三編頁一四一八，民六十三年三月版。

註一四：陳榮捷　朱學論集，頁一八二，參考：劉述先朱子思想的發展與完成，第三章。

註一五：錢穆　朱子新學案。第一册，頁三七一。

註一六：可參考：錢穆　朱子新學案。第二册，朱子論未發與已發。
牟宗三　心體與性體，第三册，第二章第三章。

註一七：錢穆　朱子新學案，第二册，頁二九八——三三五。論敬。舉出朱熹論敬字的涵義：一、敬略如畏字相似。二、敬是收斂，其心不容一物。三、敬是隨事專一，又曰：主一之謂敬。四、敬須隨事檢點，最後再舉出朱熹説敬，尚多碎義，敬與公與直，敬與和，敬與生意，敬與專與定，敬與篤厚，敬與恕，敬與活潑潑地等意義。

第九章　陸九淵的哲學思想

一、緒　論

和朱熹同時而和他在思想上有出入的一位哲學思想家，爲陸九淵。現代研究哲學的人，常講朱、陸的異同。然而以陸九淵的思想和著述，較比朱熹的思想和著作，則相差很遠。但後來王陽明宗陸九淵，陸因王的名氣而顯。研究哲學的人，乃常講程朱和陸王，以朱熹宗程頤，王陽明宗陸九淵。實際上，陸九淵也是宗程顥，由程顥而到孟子。陸九淵曾說：

「元晦似伊川，欽夫似明道。伊川蔽固深，明道却通疏。」（象山先生全集卷三十四、語錄）

敬夫爲張栻，字南軒，也是朱熹的好友，在思想方面和朱熹相近。朱熹似程頤，乃是事實。陸九淵稱讚程顥，因爲他在心卽理的思想上，是繼承程顥的學說。二程的思想在他們兩人的著作中，不很有分別，祇是性格不同，所講的重點便有差異。門生弟子們後來演變他們的思想，便各分門戶了。

陸九淵，字子靜，別號象山，撫州金谿人，生於宋高宗紹興九年（公元一一三九年）父名賀字道卿，生有兒子六人，九思（子彊），九敍（子儀），九皐（子昭），九韶（子美、梭山），九齡（子壽、復齋）九淵（子靜）。九淵爲幼子，和四兄梭山五兄復齋，都係當時名士。梭山曾和朱熹因周敦頤太極圖中的無極，往復辯論，惜於四十九歲時卽去世。復齋和九淵都定居江西，世稱江西二陸，以比河南二程。

陸九淵三歲喪母，四歲隨從父親，遇事必問。一日，忽問天地有否窮際，父親笑而不答。九淵深思不息。五歲入學。兄子美曾說子靜弟自幼高明，不同常人。十三歲作文，謂宇宙就是吾心，吾心卽是宇宙，已有日後思想的總綱。二十四歲舉於鄉，三十四歲春試南宮，中選，賜同進士出身。三十七歲，以呂伯恭約，九淵與五兄九齡同赴鵝湖之會，和朱熹論學。朱熹主張先博覽而後歸於簡約，二陸則欲先發明人之本心，而後博覽羣書。朱熹責二陸教人過簡，二陸責朱熹教人過於支離。四十一歲除建寧府崇安縣主簿。四十三歲訪朱熹於南康，登白鹿洞書院講席，講論語的「君子喻於義，小人喻於利。」四十四歲，除國子正。四十六歲在勅局，四十九歲如臨川，五十歲在山間精舍，改應天山爲象山，結廬講學。五十四歲在荊門，冬十四日，卒於郡。時宋光宗紹熙三年（公元一一九二年）。

陸九淵常說自己的學術思想，由自己深思反省而得，他沒有從二程的再傳門人問學，但常和自己的哥哥們講論。他的思想和五兄九齡很相同。九齡和朱熹對於無極一詞互相辯論時，他也曾和朱熹通信，參加辯論，贊成九齡的主張。

陸九淵哲學思想的總綱，王陽明在所作象山先生全集敍裏說得很明白：

「聖人之學，心學也。堯舜禹之相授受，曰：人心惟危，道心惟微，惟精惟一，允執厥中。此心學之源也。中也者，道心之謂也。道心精一之謂仁，所謂中也。孔孟之學，惟務求仁，蓋精一之傳也。……自是而後，析心與理而為二，而精一之學亡。……至宋周程二子，始復追尋孔孟之宗，而有無極而太極，定之以仁義中正，而主靜之說，動亦定，靜亦定，無內外、無將迎之論，庶幾精一之旨矣。自是而後，有象山陸氏，雖其純粹和平，若不逮於二子，而簡易直截，真有以接孟氏之傳。其議論開闔時有異者，乃其氣質意見之殊。而要其學之必求諸心，則一而已。故吾嘗斷以陸

氏之學，孟氏之學也。」（象山先生全集 敍）

陸九淵的思想中心，在於萬事求諸心。他以孟子曾說仁義禮智四端爲人心所固有，不事外求，乃主張心卽理，理卽心。王陽明稱之爲心學，然不是禪宗的心學，而是儒家的傳統心學。王陽明以這種心學，起於僞尚書的「大禹謨」，孔子孟子與以發揚，宋朝理學家周敦頤上接孟子，倡主靜作修身的工夫，程顥喜歡守靜，任心自然流露，不加勉力。陸九淵上承周程，專談心卽理。王陽明又承接陸九淵的主張，完成了儒家的心學。

袁燮作象山先生文集序，也說：

「天有北辰，而衆星共焉。地有泰岳，而衆山宗焉。人有師表，而後學歸焉。象山先生其學者之北辰泰岳與！自始知學，講求大道，弗得弗措，久而寖明，又久而大明，此心此理，貫通融會，美在其中，不勞外索，揭諸當世，曰：學問之要，得其本心而已。」（象山先生文集序）

二、理

1. 太極卽理

朱熹曾收集周敦頤的太極圖說和通書，並作注釋。太極圖來自道教，周敦頤加以修改，結合「易傳」和漢易的思想，以成系統的宇宙論。朱熹作注釋時，力求脫去道教和道家的氣味，祇說無極爲太極的解釋詞，並不指一置於太極以上的實體。陸九齡則不贊成朱熹的注解，直接說明無極爲道家的名詞，爲老子所說的有生於無，和儒家聖人之道不合。但爲尊重周敦頤，便說太極圖不是周敦頤的著作，又說或是他的早年作品，他後來作通書時，再不提無極一詞，是知道自己錯了，便捨棄不用了。陸九淵也參加辯論，攻擊朱熹：

> 「梭山兄謂太極圖說與通書不類，疑非周子所為。不然，則或是其學未成時所作。不然，則或是傳他人之文，後人不辨也。……尊兄向與梭山兄書云：不言無極，則太極同於一物，而不足為萬物根本；不言太極，則無極

淪於空寂，而不能為萬化根本。夫太極者，實有是理，聖人從而發明之耳，非以空言立論，使後人簸弄於頰舌紙筆之間也。其為萬化根本，固自素定，其足不足，能不能，豈以人言不言之故耶？易大傳曰：易有太極。聖人言有，今乃言無，何也？作大傳時，不言無極，太極何嘗同於一物，而不足為萬化根本耶？洪範五皇極列在九疇之中，不言無極，太極亦何嘗同於一物，而不足為萬化根本耶？太極固自若耶？尊兄只管言來言去，轉加糊塗。」（象山先生全集　卷二、與朱元晦一書）

陸九淵辯駁的話，有相當的理由。太極用不着拿無極去解釋。從易經到宋朝，儒者中沒有人以無極去解釋太極。然而朱熹的話也有相當的理由，即是周敦頤已經在太極圖和太極圖說加上了無極，就是說無極來自道家，周敦頤的思想究竟不是道家的思想，便應該以儒家的思想去解釋周敦頤的太極圖，朱熹乃說無極是表示太極無形無形跡。至於陸九齡所說太極圖不是周敦頤的作品，則不合於事實。在這封信裏，陸九淵對於太極有兩個基本觀念：太極是萬化的根本，太極是實理。

「五居九疇之中，而曰皇極，豈非以其中而命之乎？民受天地之中以生，而詩言：立我蒸民，莫匪爾極。豈非以其中命之乎？中庸曰：中也者，天下之大本也；和也者，天下之達道也！致中和，天地位焉，萬物育焉。此理至矣！外此，豈更復有太極哉！以極為中，則為不明理，以極為形，乃為明理乎？字義固有一字而數義者，用字則有專一義者，有兼數義者。而字之指歸又有虛實，虛字則但當論字義，實字則當論所指之實。論其所指之實，則有非字義所能拘者。……太極皇極乃是實字，所指之實豈容有二？充塞宇宙，無非此理，豈容以字義拘之乎？中卽至理，何嘗不兼至義？大學文言皆言知至。所謂至者，卽此理也。……則曰極、曰中、曰至，其實一也。……」（象山先生全集　卷二、與朱元晦二書）

太極爲理，爲理之極至。在這一點上，陸九齡和朱熹的主張相同。朱熹沒有接受周敦頤和張載的主張，不以太極爲本然之氣，而以太極爲理，且爲理之極至。但是朱熹卻不以太極爲中，反對陸九淵的主張，因爲「以極爲中，則爲不明理。」—其中的原因，則是朱陸兩人對於理的解釋有所不同。朱熹不以太極爲宇宙的根本，也不以太極爲萬化的根本，理，祇是萬物的本體元素，萬物由理和氣而構成。陸九淵根據「易傳」的思想，以宇宙的構成，是由太極而兩儀，而四象，而八卦，又接受漢儒的五行。若是以太極爲理，又以太極爲宇宙萬化的根本，則這個理字就很難講了，朱熹因此責他「爲不明理。」朱熹以理不能單獨存在，理若爲宇宙根本，則理爲一單獨的理，又爲一絕對之理。由一絕對之理怎麼可以化生陰陽兩氣呢？陸九淵沒有說明這一點；他祇是說明一陰一陽之道，爲形而上之理：

「至如直以陰陽為形器，而不得為道，此尤不敢聞命。易之為道，一陰一陽而已。先後、始終、動靜、晦明、上下、進退、往來、闔闢、盈虛、消長、尊卑、貴賤、表裏、隱顯、向背、順逆、存亡、得喪、出入、行藏，何適而非一陰一陽哉？奇偶相尋，變化無窮。故曰：其為道也屢遷，變動不居，周流六虛，上下無常，剛柔相易，不可為典要，惟變所適。」（象山先生全集　卷二、與朱元晦二書）

陰陽爲道，乃陰陽之理，而不是陰陽兩氣。「易爲道」，當然是合理的；因爲易是變易，變易卽是變易之理。至於說陰陽爲道，則不合理了。「易傳」也祇說「一陰一陽之謂道」，卽是說所以有一陰一陽，乃是一種變易之理，由一陰一陽變易之理，宇宙間乃有無窮的變化；然並不是說陰陽兩實爲形而上之道。

陸九淵以理爲宇宙萬化的根本，也可以從他對於數理的思想看得出來。在雜著裏，他有幾次講到「易傳」的數，由數去講五行。

「一得五合而為六，天一生水，地六成之，故一得六，合而成水。二得五合而為七，地二生火，天七成之，故二得七，合而成火。三得五合而為八，天三生木，地八成之，故三得八，合而成木。四得五合而為九，地四生金，天九成之，故四得九，合而成金。五得五合而成十，天五生土，地十成之，故五得十合而成土。論五行生成，水合在一六，火合在二七，木合在三八，金合在四九，土合在五十。……二與三，少陰少陽之裏也；一與四，老陽老陰之表也。五數旣見，二得五為七，三得五為八，故七為少陽，八為少陰。一得五為六，四得五為九，故六為老陰，九為老陽。故七與八合，其數十五；六與九合，其數亦十五；少陰少陽老陰老陽，是謂四象。」（象山先生全集　卷二十一、易數）

以天地之數，化生五行，五行各代表一數。天之數爲生，地之數爲成，生數成數相合，得有五行。天地本來代表陰陽之氣，陰陽相結合而有五行，五行爲陰陽的五種結合，以四季和四方去表現。陸九淵不講陰陽之氣，祇講天地之數；五行乃爲數的五種結合。

「太極判而為陰陽，陰陽播而為五行。天一生水，地六成之。地二生火，天七成之。天三生木，地八成之。地四生金，天九成之。天五生土，地十成之。五奇，天數，陽也。五偶，地數，陰也。陰陽奇偶，相與配合，而五行生成備矣。故太極判而為陰陽，陰陽卽太極也。陰陽播而為五行，五行卽陰陽也。塞宇宙之間，何往而非五行？」（象山先生全集卷二十三、講義、大水）

「塞宇宙之間，無往而非五行」；「何適而非陰陽哉」；「充塞宇宙，無非此理」；五行卽陰陽，陰陽卽太極，太極卽理。陸九淵專從理講宇宙的構成，他不談氣，在這一個重要的觀念上，他和程頤朱熹不同，也和周敦頤張載不同。對於理數，則和邵雍有些相近。

他以數字代表宇宙的元素。數字的變化，在於有奇有偶。奇偶代表天地，代表陰陽。太極便是絕對的一。從一而判爲一和二的奇偶。在十個數字以內，有五個奇數：一三五七九；有五個偶數：二四六八十。奇偶相配合得五行：一配六爲水，二配七爲火，三配八爲木，四配九爲金，五配十爲土。又爲解釋四象：二得五爲七，七是少陽；三得五爲八，八是少陰；一得五爲六，六是老陰；四得五爲九，九是老陽。老少之數互相等，七與八合爲十五，六與九合爲十五。這種數理，不是陸九淵所創，乃出自「易傳」。漢朝易學者把易數用爲術數，宋邵雍則用數字以講宇宙萬物構成之理，陸九淵追隨邵雍。然而他沒有採用皇極經世的複雜數字系統。

2. 理卽道

太極卽是理，理爲數理；這是陸九淵的宇宙論。然而在人生哲學上，理便不是數理，而是道理了。從人的生命方面去看宇宙，只見宇宙間的變化之理，以爲人的生活之道。易經看宇宙，祇看見宇宙的變易；易經看人生，便看見人道。陸九淵從人生方面去看宇宙，祇見變化之理：

「此理充塞宇宙，天地鬼神，且不能違異，況於人乎？誠知此理，當無彼

此之私，善之在人，猶在己也。」（象山先生全集　卷十一、與吳子嗣八書）

「塞宇宙一理耳！學者之所以學，欲明此理耳。此理之大，豈有限量？程明道所謂有憾於天地，則大於天地者矣，謂此理也。」（象山先生全集　卷十二、與趙詠道四書）

「此理塞宇宙，古先聖賢，常在目前。蓋他不曾用私智，不識不知，順帝之則，此理豈容識知哉。」（象山先生全集　卷十二、與張輔之書）

「塞宇宙一理耳！上古聖人，先覺此理。……後世聖人，雖累千百載，其所知所覺，不容有異。曰若合符節，曰其揆一也。非真知此理者，不能為此言也。」（象山先生全集　卷十五、與吳斗南書）

「此理塞宇宙，誰能逃之？順之則吉，逆之則凶。其蒙蔽則為昏愚，通徹則為明智。昏愚者不見是理，故多逆以致凶；明智者見是理，故能順以致吉。」（象山先生全集　卷二十一、易說）

「此理塞宇宙，道外無事，事外無道。」（象山先生全集　卷三十五、語錄）

此理充塞宇宙一句話，屢見於陸九淵的全集裏。我們可以想到這是他的一個很重要的思想。他說此理充塞宇宙不是像黑格爾以一種絕對精神體充塞宇宙，也不是像老莊以絕對實體的道充塞宇宙萬物；他所說的理，乃是宇宙變化之道，和易經所說的易相同。

這種理不是絕對實體，而是宇宙變易之道。他以道和理，在意義相同。「此理充塞宇宙，所謂道外無事，事外無道」道在事中，即是行事之道。

「道遍滿天下，無些小空闕。四端萬善，皆天之所予，不勞人妝點。」(象山先生全集 卷三十五、語錄)

「道塞宇宙，非有所隱遁。在天曰陰陽，在地曰柔剛，在人曰仁義。故仁義者，人之本心也。」(象山先生全集 卷一、與趙監書)

道和理同一意義，道爲人生之道，即是人道，也就是聖人之道。「學者求理，當唯理之是從。」(象山先生全集 卷十五、與唐司法書)在同一卷的另一書上說：「學不至道，而日以規規小智，穿鑿附會，如蛆蠹，如蟊賊以自適，由君子觀之，政可憐悼。」(卷十五 與採季和書)這兩書中，都談學者所求知的對象，一封書說是理，一封書說是道；理和道的意義便相同。

但是理和道在主體方面，意義又有不相同的地方：理是指着原則，在人心以內，也在宇宙之間；道則是指着應對事物之理，如孝道、君道、臣道，在事物以內。陸九淵常說人心卽理，心外無理，卻不說人心卽道；又說道在事內，事外無道，卻不說事外無理。明末清初的王船山後來也主張道在事內，沒有事卽沒有道。例如沒有父子的事實，便不會有父子之道。陸九淵雖說「道遍天下」，「道塞宇宙」，那是天地間都是事物，每事有一事之道。

至於說「理」的內容究竟是什麼？陸九淵很少談到。祇在說人心之理時，則說到孟子所說仁義禮智。儒家的思想對於天理的內容，在易經裏爲生生之理，在孔子則爲仁，在理學家便是生生之仁。陸九淵所講的理，也應按照這種思想去解釋。孟子以人心爲仁，陸九淵以人心爲理，而他又常自稱繼承孟子的思想，則他所說的理便是仁。易經講天地變易之理，乃是使萬物化生。陸九淵說：「道塞宇宙，……在天曰陰陽，在地曰柔剛，在人曰仁義。」這種思想來自「易傳」。「昔者聖人之作易也，將以順性命之理，是以立天之道，曰陰與陽，立地之道，曰柔與剛，立人之道，曰仁與義。」（說卦 第二章）「易傳」也以理和道的意義相同，而在應用上有異。又以仁義爲人之道，合於性命之理。易的性命之理，則是「生生之謂易」。

「仁，卽此心也，此理也。」（象山先生全集 卷一、與曾宅之書）

仁爲人心，爲理，仁來自天地好生之心，來自天，爲天所予。陸九淵和朱熹在這一點上也不相同。朱熹常以天爲自然，雖然有時也說到上帝；陸九淵則以人心之理，爲天所予，天爲皇天上帝；便常用書經和詩經的思想，敬禮上天。

「昔之聖人，小心翼翼，臨深履氷，參前倚衡，疇昔之所以事天敬天畏天者，蓋無所不用其極。而災變之來，亦未嘗不以爲己之責。周道之衰，王跡旣息，諸侯放肆，代天之任，其誰尸之。春秋之書災異，非明乎易之太極書之洪範者，孰足以知夫子之心哉？」（象山先生文集 卷二十三、講義、大水）

「小心翼翼，昭事上帝。……戰戰兢兢，那有閑管時候。」（象山先生全集 卷三十五、語錄）

「典，常也，憲，法也，皆天也。」（象山先生全集 卷三十五、語錄）

「小心翼翼，昭事上帝。上帝臨汝，無貳爾心。此理塞宇宙，如何由人杜撰得？文王敬忌，若不知此，敬忌個什麼？」（象山先生全集 卷三十五、語錄）

陸九淵以上帝和理相連繫，充塞宇宙之理，授自上帝。人若知道了這一點，當然要小心翼翼，昭事上帝。

3. 理在人心

理，充塞宇宙；這種思想不是陸九淵所創的，朱熹也強調這一點。朱熹主張太極爲理，天地有一太極，萬物各有一太極。陸九淵的思想中有一點新奇的，則是在於理在人心，人心卽理。

「蓋心一心也，理一理也，至當歸一，精義無二。此心此理，實不容有二。故夫子曰：吾道一以貫之。孟子曰：夫道一而已矣。又曰：道二，仁與不仁而已矣。如是則為仁，反是則為不仁。仁卽此心也，此理也。求則得之，得此理也。先知者，知此理也。先覺者，覺此理也。愛其親者，此理也。敬其兄者，此理也。見孺子將入井而有怵惕惻隱之心者，此理也。」

（象山先生全集　卷一、與曾宅之書）

但若祇說理在人心，這一點也不新奇。朱熹也說人包情，性卽理。所有的新奇點，在於陸象山以心爲理，更以『心外無理』。心外無理這句雖是王陽明的話，然這句話的內容，已

經包含在陸九淵的思想裏。「朱子言性卽理，象山言心卽理，此一言雖只一字之不同，而實代表二人哲學之重要的差異。」（註一）

「故曰：大人者不失其赤子之心。四端者，卽此心也。天之所以與我者，卽此心也。人皆有是心，心皆具是理。心，卽理也。」（象山先生全集 卷十一、與李宰二書）

心卽理，也不是創自陸九淵，程顥已經開了端緒，程顥曾說：「理與心一，而人不能會之爲一。」（二程全書一，遺書五，二程語錄五，頁一）「心所感通者，只是理也。」（二程全書一，遺書二下，二程語錄二下，頁六）程顥說心與理一，是說心與理相通，理自然流露於心。他的思想和陸九淵的心卽理，有點不同。程顥主張性卽理，性之理自然流露於心，心和理相通爲一；陸九淵則以心卽理。二程的再傳弟子胡寅（致堂）也曾有心卽理的思想。「佛敎以心爲法，不問理之當有當無也。心以爲有則有，心以爲無則無。理與心爲二，謂理爲障，謂心爲空，此其所以差也。聖人心卽是理，理卽是心，一以貫之，莫能障也。」（宋元學案卷四十一，衡麓學案）胡寅的思想也還是和二程的思想以及和朱熹的思想都沒有不同。二程和朱熹以聖人之心，不染慾情，天理自然昭明，所以心和理爲一，互相貫通，沒有障礙。常人之心則有私慾，乃使心和理相隔。

陸九淵以心卽理，把性撇下不談。並不是他不承認有人性，也不是不以人性爲善惡的根由；祇是他以心爲主，以心卽理。

朱熹以性卽理，乃是繼承二程的主張，二程常以天、性、理、心，同指一實，祇是在用這些名詞時，所有的出發點不同。朱熹把這些名詞的意義解釋清楚，性和心的意義不相同。所指的實也不同是一個。然而在實際上，朱熹所說的氣質之性則和心同是一實。氣質之性爲具體之個性，性已經和氣相結合，性爲理，氣有情才，朱熹說心兼性情，不就是氣質之性嗎？祇是心，是從主宰一方面去講；理則是從人之所以爲人之理方面去講，理爲人生的原則，屬於抽象性。

陸九淵講心卽理，是從人生一方面去看，不以理爲抽象性的原則，而以理爲仁，爲生命，爲精神生命。人生不是抽象的靜態實體，而是具體的活潑現象，理爲仁，仁爲心，心爲生命；生的生命爲精神生命。

因此，陸九淵的心卽理，不是從認識論方面立論，日本的渡邊秀方批評陸九淵爲唯心論者，「心才是唯一的實在，——絕對的唯心論，他於是創了出來。」（註二）這種批評不正確。

渡邊秀方也批評他是仿傚佛敎的禪宗。「他蓋取之於當時風靡南支那的『南禪頓悟說』而來的——毫無疑義。蓋自明道迄他，都是根於印度系的思想，樹其唯心的實在論的，不過他比較好些，沒墮於禪門的『無心』，及沒由無心墮於『無用』罷了。且他用良心作過倫道的根據，用良心總括過一切的理，——欲建成一種活學問，應用於實際社會上，看來還是儒家後裔。」(註三) 王陽明在作象山先生全集敍，已經說到「而世之議者，以其嘗與晦翁之有同異，而遂詆以爲禪。」乃爲他辯護。以陸九淵爲禪，當然是偏激的論調；說他的思想出自禪宗的思想，則是一種正確的議論。

三、心

1. 人

儒家傳統以人爲萬物之靈，人所以爲萬物之靈，因有虛靈的心。宋朝理學家解釋心的虛靈，因人所稟的氣爲清氣。陸九淵接受了這種思想。

「儒者以人生天地之間，靈於萬物，貴於萬物，與天地並而為三極。」（象山先生全集 卷二、與王順伯書）

天地人相配，出自「易傳」，在同一書裏，陸九淵說天有天道，地有地道，人有人道。這也就是「易傳」的思想。漢儒更以人爲小天地，在形體的構造上和天地相似。宋朝理學家不很注重天地人三才，但卻注意人爲萬物之靈。

「人生天地間，氣有清濁，心有智愚，行有賢不肖，必以二塗總之。則宜賢者心必智，氣必清；不肖者，心必愚，氣必濁。」（象山先生全集 卷六、與包詳道書）

陸九淵很少地方講到氣，他不贊成朱熹的理氣二元論，然而也不主張張載的氣一元論，他以理爲一元，氣則從屬於理。氣有清濁，爲儒家傳統的主張；然而到了朱熹，纔有明顯的解釋，以人的情和才以及慾都根於氣。陸九淵在這一點上，和朱熹的思想相同。他雖然不主張把情和才，與心相區別；然而他卻主張氣淸或氣濁使人心淸明或昏愚。人心本靈，若不靈，則因氣濁。這樣，氣是否進入人性中，而成爲性的元素？或是進入心中，而成爲心的構成素？陸九淵沒有明白講論這個問題。按他所說的話：「則宜賢者，心必智，氣必淸；不肖者，心必愚，氣必濁。」氣是心的構成素。性則是理。

陸九淵注重心，忽視了性。然而他並不否認人有人性。性爲理。

「今學者能盡心知性，則是知天，存心養性，則是事天。人乃天之所生，性乃天之所命。自理而言，而曰大於天地，猶之可也；自人而言，則豈可言大於天地。乾坤同一理也。」（象山先生全集　卷十二、與趙詠道四書）

人性爲理，此理乃天地之理。然既在人以內，則不能說大於天地。二程曾說在天爲理，在人爲性，性乃人所禀受天地之理。

性和心有什麼關係呢？朱熹把性和心區分明白，陸九淵則不談這個問題。在上面所引的一段話裏，他只說到盡心知性和存心養性。他以性爲天，「知性」稱爲「知天」，「養性」稱爲「事天」。性爲天，因爲「性乃天之所命」。性既是理，理卽是心，性便也卽是心。

「誠以吾一性之外無餘理，能盡其性者，雖欲自異於天地，有不可得也。」

（象山先生全集　卷三十、天地之性人爲貴論）

性外無理，等於心外無理，性即心。性之理，爲天地之理。天地之理在人，成人之性。後來王陽明以性爲心之體。

「人生天地之間，禀陰陽之和，抱五行之秀，其爲貴孰得而加焉！……孟子言知天，必曰知其性，則知天矣。言事天，必曰養其性，所以事天也。」

（象山先生全集　卷三十、天地之性人爲貴論）

對於氣，對於性，陸九淵祇是接受了儒家的傳統思想，沒有多加解釋，更沒有自己的新的意見。

2. 心

王陽明敍陸九淵的全集，稱他的學說爲心學，又以心學開端於尚書，由孔子孟子予以發揚，宋朝理學繼承孟子，陸九淵乃是孟學的繼承者，「故吾嘗斷以陸氏之學，孟子之學也。」

（象山先生全集敍）

心學以心爲主。佛教的天台、華嚴、禪宗各宗也都以心爲主。然而王陽明區別佛教的思想和陸九淵的思想，各有不同：「夫禪之說，棄人倫，遺物理，而要其歸極不可以天下國家。苟陸氏之學而果若是也，乃所以爲禪也。今禪之說，與陸氏之說，孟氏之說，其書具存，苟取而觀之，其是非同異，當有不待於辯說者。」（象山先生全集敍）這種辯白，並沒有說到兩者心學的異同，祇就佛教和儒家的倫理學的大綱而立論。宋朝理學家都攻斥佛教，陸九淵的著作中則很少有攻斥佛教的話。他的心學雖和佛教的心學不同，但是心學的修養方法，則和佛教有相似處。

心指着什麼實體？心是人的生命中心，是人身的主宰。孟子、荀子、朱熹都有這種解釋；陸九淵則沒有解釋心的意義。他祇假設人有個心，把人的精神生活都歸屬於心。既然假定人有心，他又以心學爲自己的特有主張，當然對於心不能絕對不加以解釋，他便說：

「四端者，卽此心也。⋯心，卽理也。」（象山先生全集　卷十一、與李宰二書）

「宇宙便是吾心，吾心卽是宇宙。」（象山先生全集　卷二十二、雜說）

「仁，人心也。心之在人，是人之所以為人，而與禽獸草木異焉者也。」（象山先生全集　卷三十二、學問求放心）

「心之在人，是人之所以爲人。」這種解釋若從形上學本體論去看，那是以心爲性。人之性，爲人所以爲人之理。但是陸九淵繼承孟子的大體和小體的思想，從精神生活方面去看人，便以「心」爲人之所以爲人的特點。因爲人心是仁，有仁義禮智四端，人心卽是人生之道。陸九淵不說人心有理，不說人心有人生之道；他主張人心爲理，人心爲道。人心卽是人的精神生活中心。宇宙萬物同一理，人心爲理，人心乃是宇宙。

人的精神生活中心當然祇有一個，陸九淵便反對道心和人心的區分。

「解者多指人心為人欲，道心為天理，此說非是。心，一也，人安有二心？自人而言則曰惟危，自道而言則曰惟微。」（象山先生全集　卷三十四、語錄）

程顥也曾主張心爲一，不能分人心道心，而且也主張人欲也是人心。陸九淵跟隨這種思想，也反對天理和人慾的區分。

「天理人欲之分，論極有病。」（象山先生全集　卷三十四、語錄）

「若天是理，人是欲，則是天人不同矣。此其原蓋出於老氏。」（象山先生全集　卷三十四、語錄）

陸九淵主張天理人欲不分，因他以心爲一，天理人欲都是人心，當然不能分爲二。但他反對天理人欲區分的理由則不合理。「若天是理，人是欲，則是天人不同矣。」主張天理人欲互有區分的學者，並沒有以天爲理，以人爲欲，祇是說理出於天，欲出於人。若說天人不同，則儒家素來主張天人不是同一，而祇能合一。

「舊嘗通張于湖書於建康，誤解了中庸，謂魏公能致廣大，而不能盡精微，極高明而不能道中庸，乃成兩截去了。又嘗作高祖無可無不可論，誤解了書，謂人心，人僞也，道心，天理也。非是。人心只是說大凡人之心，惟微是精微，纔粗便不精微。謂人慾天理，非是。人亦有善有惡，天亦有善有惡。（日月蝕惡星之類）豈可以善皆歸之天，惡皆歸之人。此說出於樂記，此說不是聖人之言。」

程顥曾主張善出於性，惡也出於性。他用比譬說：一道河流，在源頭處很清潔，流到遠處，混了泥砂、水就濁了，不能說濁水不是水。陸九淵說人有善惡，天亦有善惡，雖以天指自然界的現象，然也指着人心的天性。善出於性，惡也出於天然。這樣，人心祇是一個，善出於人心，惡也出於人心，又何必分人心和道心呢？人心和道心的分別，祇看人心保存本來的清明否。

樂記的話是說：「人生而靜，天之性也；感於物而動，性之欲也。」陸九淵批評說：「若是，則動亦是，靜亦是，豈有天理人欲之分？若不是，則動亦不是，靜亦不是，豈有動靜之間哉！」（象山先生全集 卷三十五、語錄）樂記把性和欲區分，以性爲本然之靜，欲爲感物之動。宋朝理學家大都採取這種思想，楊時和他的門生，盡力追求天然靜的狀況以知性。陸九淵反對這種區分，由動靜方面出發，理由不見充足。中庸明明以善惡在於情慾動時中節不中節。

陸九淵又反對情，才同心有區分：

「伯敏云：如何是盡心？性、才、心、情，如何分別？先生云：如吾友此言，又是枝葉。雖然，此非吾友之過，蓋舉世之弊，今之學者，讀書只是解字，更不求血脈。且如情性心才，都只是一般物事，言偶不同耳。伯敏云：莫是同出而異名否？先生曰：不須得說。……若必欲說時，則在天者為性，在人者為心，此蓋隨吾友而言，其實不須如此，只是要盡去為心之累者。」

「蓋舉世之弊」，這正表示當時理學者都主張這幾個名詞有分別。雖然二程也曾說天、理、性、心，同指一實；然從未說情、才、心，同指一實。朱熹更把心、情、才分得很清楚。陸九淵以心和情不可分，心和才也同是一實，因爲他看人的精神生活全部屬於心，心包括一切，包括性、情、才。心爲一，不分人心和道心。

3. 心之靈明

儒家從荀子開始，講論心的虛靈，宋朝理學家常稱心爲神。神不是指宗教的神靈，而是「易傳」所說的神妙莫測。朱熹也說心爲虛靈，因心之氣清。陸九淵常說心爲靈，他說：

「人心至靈，惟受蔽者失其靈耳，羣兒聚戲，袖少果實與之，見樵牧而與爲禮，見市井不逞與村農輸納者，邀入酒肆，犒之，則稱頌贊美。士大夫卽據此以爲評裁，可乎？雲從龍，風從虎，水流濕，火就燥，物各從其類也。」（象山先生全集 卷十四、與姪孫濬一書）

「人心至靈，此理至明。人皆有是心，心皆具是理。」（象山先生全集 卷二十二、雜說）

人心爲什麽至靈呢？因爲「人生天地間抱五常之性，爲庶類之最靈者。汩其靈，則有罪，全其靈，則適其分耳。誠全其靈，則爲人子盡子道，爲人臣盡臣道。」（象山先生全集 卷二十、贈吳叔有序）「人生天地間，稟陰陽之和，抱五行之秀，其爲貴孰得而加焉！」（象山先生全集 卷三十、天地之性人爲貴論）

人心之靈，來自氣。人之氣爲陰陽之和氣，爲五行之秀氣；實則就是清氣。」「人生天地間，氣有清濁，心有智愚，行有賢不肖。」（象山先生全集 卷六、與包詳道書）人之氣，較萬物之氣爲清，人之心乃靈。然而人之中又有智愚與賢不肖，那是因爲人之氣又分清濁的程度，較清者則心智，較濁者則心愚。智愚本是才，才也屬於心，而源自氣。

人心之靈，在於能知天理，「全其靈，則爲人子盡子道，爲人臣盡臣道。」知天理，也是行天理。「若明知向來聞見之謬，從頭據實理會，則古人之訓，吾心之靈，當會通處多矣。」（象山先生全集 卷六、與傅聖謨三書）人心之靈，在於會通，在於據實理會，則不僅是理性之知，乃是知與行合一。知行合一之處，則在於天理。

這種心的知行合一，即是心之明。理學家都主張心爲靈明，明是明知天理。然而程顥則主張心之明，在於自然顯靈自己的天理，天理的顯靈即是行。人子盡孝，即是孝道的顯靈，即是人心之明。陸九淵常以大學的明明德解釋心之明。人心天理自然顯明，所以稱爲明德；人心本來明亮，自然顯露天理，便稱爲明明德。第一點明字，便是指着人心之明。「人心至靈，此理至明。」（象山先生全集 卷二十二、雜說）「此理甚明，具在人心。足下不幸受蔽於謬妄之有。」（象山先生全集 卷一、與曾宅之書）

「大學言明明德之序，先於致知。孟子言誠身之道，在於明善。」（象山先生全集 卷一、與胡季隨一書）

人心雖明，然易爲物慾所蔽。物慾有內在的情慾，有外在的習氣和邪說。這種物慾能蒙蔽人心，使人心昏愚，不知天理。

「人心不能無蒙蔽。蒙蔽之未徹，則日以陷溺。諸子百家往往以聖賢自期，仁義道德自命，然其所以卒畔於皇極，而不能自拔者，蓋蒙蔽而不自覺，陷溺而不自知耳。」（象山先生全集 卷一、與胡季隨二書）

「人心不能無蒙蔽」，凡人皆有私慾，惟有聖人天生聖明，沒有慾情作祟，乃不受蒙蔽。

蒙蔽的結果，不僅是不知天理，也不實踐天理。因人心既受蒙蔽，天理不明白顯露，便是在行事上不隨着天理而行。這一點是朱熹和陸九淵的不同之一點。朱熹以私慾蒙蔽人心之知，行事之行則由意而動，陸九淵以私慾既蒙蔽了知，同時就蒙蔽了行，行卽天理的顯露。

人心的靈明，陸九淵也稱爲良心或良知：

「良心正性，人所均有。不失其心，不乖其性，誰非正人，縱有乖失，思而復之，何遠之有？」（象山先生全集 卷十三、與郭邦瑞書）

「彝倫在人，維天所命。良知之端，形於愛敬。擴而充之，聖哲之所以為聖哲也。先知者知此而已，先覺者覺此而已。氣有所蒙，物有所蔽，勢有所遷，習有所移，往而不返，迷而不解，於是為愚，為不肖。彝倫於是而斁，天命於是而悖。」（象山先生全集 卷十九、武陵縣學記）

「此心之良，人所均有。」（象山先生全集 卷五、與徐子宣一書）

良心爲「此心之良」，良卽靈明，卽是善。孟子曾以良知爲不學而知。不學而知，乃人心天然靈明，顯露天理。良心或良知便爲倫理行爲的標準。

4. 心本善

儒家的性善性惡問題，自孟子開端，繼續在學者中辯論。理學家更進而研究善惡的根本，朱熹乃以善來自理，惡來自氣。本然之性沒有善惡，氣質之性有善惡。人之善惡，根本在於性。陸九淵沒有正式討論性的善惡問題，但是他以心爲理，理乃是善，心便是善。所謂惡，因心受物慾所蒙蔽。「此心之良，人所均有。」「人心至靈，此理至明。人皆有是心，心皆有是理。」這種思想本是程顥的思想。陸九淵又說：

「蓋人受天地之中而生，其本心無有不善。」（象山先生全集 卷三十五、語錄）

「四端皆我固有，全無增添。」（象山先生全集 卷三十五、語錄）

這種思想源自大學、中庸和孟子。大學以人所固有者爲明德，中庸以「喜怒哀樂之未發謂之中。…中也者，天下之大本也。」孟子以人心固有仁義禮智四端。這都是以人生來是善。人生之道，大學說在明明德，中庸說在「誠之」，孟子說在存心養性。但是宋朝理學家解釋這些古書時，都說人性爲善。陸九淵卻以人心爲善，把善歸之於心，心卽理。他說自己的思想，出自孟子。孟子主張性善，但是在說明性善時，常從心方面去說，所舉的例，都說明心的善。因此，學者說孟子是卽心言性，是從性善的表現去講性善。陸九淵卻祇講心善，就停住了，不再進一步研究性的善惡。他不像朱熹進入形而上的本體，去研究善惡的根由，祇在人的行爲方面去研究善惡。人的行爲乃由心而出。善是人按照心的天理去行動，惡是人因物慾所引而反乎天理去行動。

「有善必有惡，眞如反覆手。然善却自本然，惡却是反了方有。」（象山先生全集 卷三十四、語錄）

善爲本然，惡爲反本然。惡之來，來自物慾，物慾則來自濁氣。凡人都有濁氣，祇有程度高低不同，聖人則氣清，沒有物慾。

「由是言之，忠信之名，聖人初非外立其德以教天下；蓋皆人之所固有，心之所同然者也。然人之生也，不能皆上智不惑。氣質偏弱，則耳目之官，不思而蔽於物，物交物則引之而已。」（象山先生全集 卷三十二、主忠信）

濁氣物欲蔽心，天理不明，人乃作惡。欲在心內，與心不分離，惡便也出自心。

四、存心

1. 自然修養論

陸九淵的心學，以心即理爲根本，發展成『存心』的修養論，創立儒家明心即是行善的知行合一論，後來王陽明再發揮爲致良知論。

大家都知道陸九淵和朱熹有大不相同的一點，即是精神生活的修養論。朱熹主張格物以致知，陸九淵主張反觀吾心以存心。朱氏的修養論重在求知事理，然後克制情慾。陸氏的修養論重在保存自心的清明，自然便能行善。陸九淵自己解釋自己的學說：

「吾之學問與諸處異者，只在我全無杜撰，雖千言萬語，只是覺得他底在，我不曾添一些。近有議吾者云：除了先立乎其大者一句，全無伎倆。吾聞之曰：誠然。」（象山先生全集　卷三十四、語錄）

他批評朱熹的修養論：

「大學言明明德之序，先於致知。孟子言誠身之道，在於明善。今善之未明，知之未至，而循誦習傳，陰儲密積，厲身以從事，喻諸登山而陷谷，愈入而愈深。適越而北轅，愈騖而愈遠。」（象山先生全集 卷一、與胡季隨一書）

他在鵝湖會上所作一詩，詆朱熹的修養論爲支離：

「墟墓興哀宗廟欽，斯人千古不磨心，涓流積至滄溟水，拳石崇成華泰岑。易簡工夫終久大，支離事業竟浮沈。欲知自下升高處，真僞先須辨古今。」（象山先生全集 卷三十六）

陸九淵自視所主張的修養論爲易簡，批評朱熹的修養論爲支離。他的易簡工夫，在於以心爲主，祇講存心，使心不滯於物。

「收拾精神，自作主宰，萬物皆備於我，有何欠闕？當惻隱時，自然惻

隱；當羞惡時，自然羞惡；當寬裕溫柔時，自然寬裕溫柔；當發強剛毅時，自然發強剛毅。」（象山先生全集 卷三十五、語錄）

保存自心的本體，天理自然流露，不宜把心拘泥在外面的事理上。

「義理所在，人心同然，縱有蒙蔽移奪，豈能終泯？患人之不能反求深思耳！此心苟存，則修身齊家治國平天下一也，處貧賤富貴死生禍福亦一也。」（象山先生全集 卷二十、鄧文苑求言往中都）

存心的工夫，在於保存人心本來的清明，不可勉強，不可苦思窮索。陸九淵稱爲不要硬把捉。

「心不可汩一事，只自立心，心本來無事，胡亂被事物牽將去。若是有精神，卽時便出便好。若一向去，便壞了。」（象山先生全集 卷三十五、語錄）

「我無事時，只似一箇全無知無能底人。及事至方出來，又卻似箇無所不

知，無知不能之人。」（同上）

「惡能害心，善亦能害心，如濟盜是為善所害。」（同上）

「防閑，古人亦有之，但他底防閑，與吾友別。吾友是硬把捉，告子硬把捉，直到不動心處，豈非難事，只是依舊不是。某平日與兄說話，從天而下，從肝肺中流出，是自家有底物事，何常硬把捉。」（象山先生全集　卷三十五、語錄）

這種修養法，可稱爲純乎自然法，然而這種自然法又不是老莊的自然法，老莊的自然法先要經過一番修鍊，把形骸的貪慾，把心意的追求，都要除盡，然後讓人性的動，自然流露。食祇求飽，寒祇求煖，不講究口味和聲色。陸九淵的自然法，在於先把定一種信念，就是我的心具有一切，心認爲正當時就做，認爲不正當時就不做。有些時候，心雖認明爲正當或爲不正當，卻不能都見諸實行。這時也不要慌張，也不要強迫，不去「硬把捉」，可做多少就做多少，久而久之，自然會隨心所欲，不逾矩了。事情不來時，不要想怎樣去做，「只似一箇全無知無能的人，」。事情來了，心自然會應付，因爲心是理，「似一箇無所不知，無所不能的人。」

陸九淵的這種自然法，不是直覺的認識論，也不是絕對的唯心論，他不是講認識，他是講倫理。倫理的知爲良心的善惡判斷，係出自天生，孟子稱爲良知，也卽是王陽明所談的良知。良知不屬於智識之知，而屬於實行之知，良知之知自然通達到行，若是不通，中間便有障礙物，障礙物爲物慾。除去物慾乃是儒家的傳統修養論。一般儒者多注意在克除物慾上下工夫，陸九淵嫌這種方法爲支離破碎，因爲物慾因着物誘而動，物誘則是千方百門，人若跟着物誘去克，必定心力交瘁，也不能有效。陸九淵主張注重正心，心一正，萬事都好。他便直截了當祇注重心，以正心或存心爲修養的大原則。抱定了這一個原則，不注意別的小節目，心不會亂，目標也不會雜。他所以說自己的修養論爲簡單的一條直路。

「是心有不得其正，想不知耳。知之斯正矣。為仁由己，而由人乎哉？⋯⋯所謂不正者，不必有邪僻之念，凡有係累蒙蔽，使吾不能自昭自達者，皆不得其正也。」（象山先生全集 卷十二、與饒壽翁一書）

心自然彰明昭著，若得其正，不爲外物所累，便「能自昭自達」，既知天理，又能達於實行。若是人拘拘於求每一事應接之道，人心累於外事，便不得其正，所謂「惡能害心，善亦能害心。」邪僻之言，當然有害於心之正；小心翼翼地求每件事做好，雖是善，也能害於心之正。這種自然修養論在程顥的思想中，已見端倪。「觀天理亦須放開意思，開闊得心胸便可見。」（二程全書二，遺書二上，二程語錄二上，頁十五）

2. 存心

存心，在於保存心的本來面目，二程的門人曾實行追求喜怒哀樂未發時的情況，即是追求知道心的本來狀態，以這種狀態爲中，作心的本體。陸九淵不主張靜坐，更不力求喜怒哀樂未發的心之本體；他認爲心的本體自然存在，不必去求，且靜亦在，動亦在，不能把心分爲動靜。

「心正，則靜亦正，動亦正。心不正，則雖靜亦不正矣。若動靜異心，是有二心也。」（象山先生全集 卷四、與潘文叔書）

存心之道在於誠。誠出于中庸。中庸以誠爲天之道，誠之爲人之道。儒家的傳統修養論非常注重誠，周敦頤在通書裏以誠爲易，幾乎使人看來把誠當做宇宙的本體。陸九淵講『誠之』，不提出勉力修身如中庸所說的愼獨，但講『誠之』爲自然地使本心顯露。

「知所以成己而無非僻之侵，則誠之在己者，不期而自存。知所以成物而無驕盈之累，則德之及物者，不期而自化。……」（象山先生全集 卷二十九、解試。庸言之信……）

「不期而自存」，並不是說自己一點防邪的工夫也不做，自己在外必要防邪念的侵擾。「故爲冠以莊其首，爲履以重其足，在車聞和鸞之音，行步聞佩玉之聲，盤盂有鳴，幾戒有戒，所以防閑其邪，而使非僻無自而至者，備矣。則凡見乎吾身而充乎天地者，何德而非誠哉！」（同上）這些防閑工夫都在乎外面的陳設，爲使心不爲外物所誘。在沒有外物所誘時，心則不期而自存。

「某云：讀書不可曉處，何須苦思力索？如立之（曹立之）大資，思之至，固有一箇安排處，但恐心下昏蔽，不得其正。不若且放下，時復涵泳，似不去理會而理會，所謂優而柔之，使自求之，厭而飫之，使自趨之。

若江海之浸，膏澤之潤，渙然冰釋，怡然理順，然後為得也。」（象山先生全集　卷三十五、語錄）

「不去理會而理會」，對於求學，對於實行，總不要固執。有疑難或阻礙時，不要硬去衡；卻要反歸自心，直接去體會心中的天理。心中的天理會使自己有一種體驗，如同海水浸入自身，如同膏澤滋潤身體，不知不覺地使疑難或阻礙，「渙然冰釋，」很愉快地使天理顯露，「怡然理順」。這種情景，乃儒家傳統思想中所說的聖人，聖人自然向善，天理流行無阻。朱熹以聖人和凡人的分別，聖人天生向善，凡人力行向善。陸九淵則以人都是自然向善，不須勉強。

「人心只愛去泊著事，教他棄事時，如鶻孫失了樹更無住處。」（象山先生全集　卷三十五、語錄）

「既知自立此心無事時，須要涵養，不可便去理會事。……初學者能完聚得幾多精神，纔一霍，便散了。某平日如何樣完養，故有許多精神難散。」（同上）

「無事時須要涵養」，陸九淵不是魏晉南北朝的道家，自然放縱，他平日常要涵養，使心不泊於事。心既不想外面的事，心便不傾於事物，不會受蒙蔽。這也是他的養氣之道。孟子曾主張養浩氣之氣，使自己的心同於宇宙。

「四方上下曰宇，往古來今曰宙。宇宙便是吾心，吾心便是宇宙。」（象山先生全集　卷二十二、雜說）

心卽理，理充塞宇宙，心便包括宇宙。人得存得這心，人的精神也就充塞天地。

「徐仲誠請教，使思孟子萬物皆備於我矣，反身而誠，樂莫大焉一章。仲誠處槐堂一月，一日問之云：仲誠思得孟子如何？答曰：如鏡中觀花。答云：見得仲誠，也是如此。顧左右曰：仲誠真善自述者。因說與云：此事不在他求，只在仲誠身上。旣又微笑而言曰：已是分明說了也。」（象山先生全集　卷三十四、語錄）

這段語錄很像禪宗的話頭，有思想不能用言語說出，祇可以心中理會。「如鏡中觀花」，看見了自己。萬物在自己心內，自己心內有萬物。但不是因心中有禪家的佛，而是因爲心是宇宙萬物之理。

五、結　論

陸九淵的哲學思想，在形上本體論顯係貧乏，但他舉出一個理字，以理爲宇宙的根由，理即宇宙生物之理。理在人爲人心，人心卽理。理本光明，稱爲明德；人心便自然光明。人生之道，在保全人心的光明，不要助長，徒增人心煩累，使人心昏蔽。修養之道，在平日涵養精神，體驗自心卽宇宙，宇宙卽吾心。這種修養論簡單明瞭，但空疏無實，易流於疏放。

註：

註　一：馮友蘭　中國哲學史、下冊，頁九三九。民國二十四年，商務印書館版。
註　二：渡邊秀方　中國哲學史概論。近世哲學第二編，頁九十二。臺灣商務。民五十六年版。
註　三：同上，頁九十四。（公元一二一七年）

第十章　南宋末期哲學思想

南宋的哲學思想，以朱熹、陸九淵爲代表，而以朱熹的思想更博大精深。朱學的繼承門人也多，陸學不能相比。元朝學者多宗朱熹，元修宋史，於「儒林傳」外，立「道學傳」，紀述朱學的源流。故南宋末期的哲學思想以朱學爲盛。然朱熹的門人，對於易經，發揮朱熹的圖象，反歸到邵雍的數理，和南宋易學的象數派相近。南宋末期，天下大亂，學者中乃有對於朱陸的理學興起反感，斥責爲空談，另闢途徑，注重經世之學；這一派爲永嘉學派。宋朝亡後，元明兩代，沒有繼承永嘉學派的人，等到明朝末年，天下又亂，乃有學者重新提倡經世實用之學。

一、朱陸的繼承人

1. 朱熹的門人

朱學的繼承人，在宋元學案裏列舉很多。然在朱熹的弟子中，以蔡元定、蔡沈、陳淳、黃幹四人爲最著。蔡元定和蔡沈爲父子，都曾師事朱熹，深愛朱學；然而他們兩人卻喜歡易經的象數學，心中私淑邵雍，所有著作，也都專以易數爲主。陳黃兩人，則繼承師學，加以注釋，稍有發揮。

(甲) 陳淳

陳淳，字安卿，生於宋高宗紹興二十三年（公元一一五三年），逝世於宋寧宗嘉定十年（公元一二一七年），壽六十五歲。著有論孟學庸口義、性理字義詳講、文集五十卷。學者稱他爲北溪先生。

陳淳爲一位純樸的朱學繼承者，所有的思想都以師學爲依據。四書口義繼承朱熹注解經書的途徑，也完成朱熹未竟的工作。性理字義詳講則把朱熹學說中的名字，加以解釋。所有解釋當然根據朱熹的思想而解釋。

(a) 太極為理

朱熹以太極爲理，陳淳謹守師說，然加以『渾淪』兩字去解釋太極的本體，則和朱熹的思想不相合，而接近了張載的太虛之氣。

「太極只是理，理本圓，故太極之體渾淪。以理言，則自末而本，自本而末，一聚一散，無所不極其至，自萬古之前，與萬古之後，無端無始，此渾淪太極之全體也。」（宋元學案十七　卷六十八　北溪學案、北溪語錄）

朱熹以太極爲理之極至，爲不獨存的宇宙元素。陳淳則以太極爲天地萬物之所由出，或稱爲渾淪之本體，這已是張載和周敦頤的思想。

(b) 理與道

在中國古代哲學思想裏，理與道兩個名字常互相借用，但是在意義上互有分別。朱熹以理爲本體的理，道爲行動之道，行動之道以本體之理爲根基。陳淳解釋理與道：

「道理二字，亦須有分別：萬古通行者，道也；萬古不易者，理也。道流行天地之間，無所不在，無物不有。……若易所謂一陰一陽之謂道，

孔子此處，是就造化根源上論。」（同上）

道爲宇宙變化之道，流行天地之間。宇宙的變化以陰陽爲元素，「易傳」乃說「一陰一陽之謂道」，陳淳解釋說「是就造化根源上論」，即是宇宙變化的基本原理。道，爲天地變化的原則，也是人生的原則，爲「萬古通行者」。理，爲物之所以爲物之理，理卽是性，物性在本體上不能變，故「萬古不易者」。

(c) 仁

朱熹以「生」爲仁，二程常以「公」解釋仁。宇宙由造物者而保有生命，生命有理有氣，理卽生生之理，氣使生命流行在天地萬物間。人得天地好生之心以爲心，好生之心稱爲仁。仁在人心便是愛，愛是公不是私，仁便是愛之理。陳淳說：

「仁只是天理生生之全體，無表裏動靜隱顯精粗之間。唯此心純是天理之公，而絕無一毫人欲之私，乃可以當其名，若一處有病痛，一事有欠闕，一念有間斷，則私意行而生理息，卽頑痺不仁矣。」（宋元學案十七　卷六十八　北溪學案、北溪語錄）

這是朱熹的學說，陳淳所說和老師的思想相同。仁是愛，但不等於愛；仁是公，但不等於公；仁乃是生生之理。陳淳講論仁字在儒家學者中意義的不相同，頗清楚：

「自孔門後，無識仁者。漢人只以恩愛說仁。韓子因遂以博愛為仁，至程子而非之，而曰：仁，性也，愛，情也，以愛為仁，是以情為性矣，至哉言乎！然自程子之言一出，門人又一向離愛言仁，而求之高遠，不知愛雖不可以名仁，而仁亦不能離乎愛也，上蔡遂專以知覺言仁。夫仁者固能知覺，而謂知覺為仁則不可。若能轉一步觀之，只知覺純是天理，便是仁也。龜山又以萬物與我為一為仁，夫仁者固與萬物為一，然謂與萬物為一為仁則不可。若能轉一步觀之，只於與萬物為一之前，純是天理流行，便是仁也。呂氏克己銘又欲克去有己，須與萬物為一體，方為仁，其視仁，皆若曠蕩在外，都無統攝。其實如何得與萬物合一，洞然八荒，如何得皆在我闥之內，殊失孔門向來傳授心法本旨。至文公始以心之德、愛之理六字形容之，而仁之說始親切矣。」（同上）

謝良佐，楊時，呂大臨，各以一點解釋仁，所有解釋都注重在自己的體驗。由這種解釋逐漸走向後來陸九淵的心學。朱熹重理，不重感情，乃以仁爲生生之理，爲人之性，爲愛之理，不是心，更不是心的體驗感受。

(d) 人心・道心

人心道心在儒家的思想中，佔有相當重要的位置，在修養方面，成爲一個出發點。朱熹以道心爲理，人心爲欲。人的修養以發育道心爲主，以克制人欲爲輔。陸九淵則反對道心人心之分，以人心只是一個，道心與人心，祇是人心的兩種狀態：心得其正爲道心，不得其正爲人心。陳淳繼承朱熹的主張。

「人心之虛靈知覺，一而已矣，氣由其形而發者，以形氣為主，謂之人心。由其理義而發者，以理義為主，謂之道心。飢而思食，渴而思飲，冬思裘，夏思葛，此人心也。視思明，聽思聰，言思忠，動思義，此道心也。二者有脈絡，粲然於方寸間，而不相亂。」（文集）

這種思想出於孟子，孟子曾以人有兩種天然傾向：第一種是感官的天然傾向，可以稱爲性，更好稱爲命。第二種爲倫理的天然傾向，可以稱爲命，更好稱爲性。陳淳以第一種傾向爲人心，第二種傾向爲道心。他的解釋和朱熹的解釋略有不同。朱熹注重在善與惡，故以理和欲去解釋道心與人心；陳淳則注重出發點，以人心發自感官，道心發自天理。兩人的解釋可以相合。

(e) 心

心，在朱熹的思想，不佔中心的地位，佔中心地位的是理是性。然在實際生活上，朱熹又很看重心，因爲心兼性與情，爲一身的主宰。陸九淵的思想，則以心爲主，以心爲理，心包括宇宙。陳淳隨從朱熹，以心的重要性，在於爲身之主。

「神發於陽，魄根於陰。心也者麗陰陽而乘其氣，無間於動靜，卽神之所會，而爲魄之主也。」(宋元學案十七　卷六十八　北溪學案、北溪語錄)

心爲「神之所會」，爲精神體；爲「魄之主」，卽爲身體之主；爲陽，爲動。然而心之動，爲精神體之動，動也是靜，「無間於動靜」。

陳淳攻擊陸九淵很凶，不僅責他爲空疏，爲佛禪，也罵他爲大病，和聖門之道不相符。

「聖門工夫，自有次序，非如釋氏妄以一超直入之說，欺愚惑衆。須從下學方可上達，格物致知，然後動容周旋無阻。陸學厭煩就簡，忽下趨高，陰竊釋氏之旨，陽託聖人之傳，最是大病。」（宋元學案十七 卷六十八 北溪學案，與姚安道書）

「此一種門戶，全用禪家宗旨祖述。那作用是性一說，將孟子所闢告子生之謂性底意，重喚起來，指氣為理，指人心為道心。謂此物光輝燦爛，至靈至聖，天生完具，瀰滿世界，千萬億刼，不死不滅。凡性命道德仁義禮智，都是此一物而異名。凡平時所以拳拳向內矜持者，不把作日用人事所當然，只是要保護那光輝燦爛，不死不滅底物事，是乃私意利心之尤，其狀甚有似於存養，而實非聖門為己之學也。所主在此，故將下學工夫盡掃，合下直向聖人生知安行地位上立，接引後進，亦直向聖人生知安行地位上行。」

「其徒一二老輩，間有踐履好處者，此非由學力師訓之故，乃出於生質之

篤厚而然，亦只是與道暗合，案之實不相合。」（宋元學案十七　卷六十八　北溪學案、答鄭節夫書）

全祖望在宋元學案中對上一段作案語說：「祖望謹案此數語太過」。指「與道暗合，案之實不相合。」若以陸學和孔子的修養論相比較，實是不相合；與孟子的修養論相比較，則暗相合。

陳淳爲朱學繼承人，能保守師門學術遺產，以相傳授。

（乙）黃　幹

黃幹，字直卿，學者稱勉齋先生。閩縣人，生於宋高宗紹興二十二年（公元一一五二年），逝世於宋寧宗嘉定十四年（公元一二二一年）。少年從學於劉靜春（子澄）之門，後奉朱熹爲師。行傳上說：「自見文公後，夜不設榻，不解帶，少倦，則微坐一倚，或至達曙。後文公以其子妻之。」可見他好學又尊師的精神。雖一生做過官，官至安慶知府，守城抵禦金人有功。然因不能得上官的重用，所陳的防守策略不被採納，便辭官不做，隱居不出，入廬官，訪先師朱熹的舊跡。著有經解和文集。

(a) 道 統

黃幹著有聖賢道統傳授總敘說，以道出於天，見於天地的變化，聖人爲萬物秀中之秀，乃能傳天之道，而有道統。

「此道之原之出於天者然也。聖人者又得其秀之秀而最靈者焉。於是繼天立極，而得道統之傳，……堯之命舜，則曰允執厥中。中者，無所偏倚，無過不及之名也。……舜之命禹，則曰人心惟危，道心惟微，惟精惟一，允執厥中。……以為人心形氣之私也，道心性命之正也。……其在成湯，則曰以義制事，以禮制心。……其在文王，則曰不顯亦臨，無射亦保。……其在武王，受丹書之戒，則曰敬勝怠者吉，義勝欲者從。周公繫易爻之辭曰：敬以直內，義以方外。……至於夫子，則曰博學於文，約之以禮。又曰文行忠信，又曰克己復禮。其著之大學曰格物致知誠意正心修身齊家治國平天下，亦無非數聖人制心制事之意焉。此又孔子得統於周公者也。顏子得於博文約禮克己復禮之言，曾子得之大學之義，故其親受道統之傳者如此。至於子思，則先之以戒懼謹獨，次之以知仁勇，而終之以誠。至於孟子，則先之以求放心，而次之以集義，終之以擴充。此又孟子得統於子思者然也。及至周子，則以誠為本，以欲為戒，此又周子繼孔孟而不傳之緒者也。至二程子，則曰涵養須用敬，進學則在致知。又曰非明則動無所之，非動則明無所用，而為四箴，以著克己之義焉。此二程得統於周子者也。先師文公之學，見之四書，而其要則尤以大學為入道之序，蓋持敬也。誠意正心修身，而見於齊家治國平天下。外有以極其規模之大，而內有以盡其節目之詳。此又先師之得其統於二程者也。……」（宋元學案十六卷六十三　勉齋學案）

道統的傳授次序，乃朱熹所說。朱熹以漢唐沒傳人，以周敦頤繼承孟子，二程繼承周敦頤。黃幹以朱熹繼承二程，也是朱熹自己所默許的。在道統繼承上，黃幹標出了道統的內容，在所標出道統的內容中，有中、義、禮、敬、誠。這幾個觀念，爲儒家傳統的中心線索。黃幹在所作中庸總論又論孔子所傳的道統。

「孔子之學，傳之曾子，曾子傳之子思，子思傳之孟子，皆此道也。曾子曰：夫子之道，忠恕而已矣。忠卽體，恕卽用也。維天之命，於穆不已，非道之體乎。乾道變化，各正性命，非道之用乎。此曾子得之孔子，而傳之子思者也。孟子曰：惻隱之心，仁之端也……惻隱羞惡辭讓是非，非道之用乎，仁義禮智，非道之體乎。此又子思得之曾子，而傳之孟子者也。道喪千載，濂溪周子繼孔孟不傳之緒。其言太極者，道之體也。其言陰陽五行男女萬物者，道之用也。」（宋元學案十六 卷六十三 北溪學案、中庸總論）

道分體用，朱熹也常用體用。但是體用之分，在哲學上實在很亂，沒有一個固定的意義。黃幹所標出道的體用，也按自己的意思去講，沒有理論的根據。至於他所講的道，究竟指的什麼，他沒有說明。若說太極爲道的體，則道就是太極。但他又說忠爲道之體，又說仁義禮智爲道之體，則道應是人生之道了。在第一篇「中庸總說」裏他又說：「與夫誠之一言，所以全道之體用者。」（同上）誠，爲道之本體和道之用，體用既不分，道更不能明道有什麼意義了。朱熹在用名詞上，頗有條理；門生卻沒有得到老師的方法。

(b) 堅守師說

黃幹很忠於朱熹的思想，在解釋問題時，常常聲明以先師的話作準繩。雖有時對於師說有疑，也不敢離棄。

「大學首章無他疑，但向者以為明德之發於外者，昭著而不可掩也。今之解注，乃存於中者，洞澈而無所蔽也。故鄙意以為莫若合內外而言之，虛靈指存於中者而言，昭著指發於外者而言。如輝光之類，皆指外者而言之。今旣未能不疑，且守師言。」（同上，復胡伯量書）

朱熹的大學章句，解釋明德爲「人之所得乎天，而虛靈不昧，以應衆理。」門生等解說朱熹的注解，各有所說。黃幹自己以虛靈不昧指明德的本體爲虛靈，在外面的表現，則昭著不昧。然而他還是聲明「具持師說」。

「承敎持守之方，別恐亦無他說，前輩及先師言之詳矣。亦只是不為與為之、不力耳。然亦有一說，致知持敬兩事相發人心，如火遇木卽焚，遇事卽應，惟於世間利害得喪，及一切好樂，見得分明，則此心亦自然不為之動。而所為持守者，始易為力。……幹老矣，非敢忘祿。非祿之不可忘也，

不仰祿則又須別求，所以餬其口而勞心，…特汩沒世俗，學問盡廢，大為師門之罪人，不敢自文也。」(同上)

「持守之方，無出主敬。前輩所謂常惺惺法，已是將持敬人心胸內事摹寫出了，更要上面生枝節，只恐支離，無緣脫灑。所謂座右銘四句者，不知先師文集有邪，抑故友程君之語也，是必非夫子之言。」(同上，復胡伯量書)

對於持敬主一的修養論，黃幹一以師說爲依據，進而論心性，以心性爲一物，也合乎朱熹的思想，然朱熹以心兼性雖同指一實，然心和性不相等，心爲身之主，黃幹也宗師說。

「今觀所答，是未免以心性為兩物也。如回也其心三月不違仁，則心自是心，仁自是仁。如孟子言仁人心也，則仁又便是心。大學所解明德，則心便是性，性便是心也。所答之病，既誤以心性為兩物，而又欲安排併合，故其說頗覺費力。心之能為性情主宰者，以其虛靈知覺也。此心之理，炯然不昧，亦以其虛靈知覺也。……洪範五行五事之說，近亦嘗思之，前輩所說，決然不是。以庶徵觀之，自可見。但貌言視聽思之所以配水火木金

土，則恐來說未免穿鑿耳。……」（同上，復楊志仁書）

黃榦常遵前輩所說，尤遵守師說。對於心的解釋，合於朱熹的思想。心，虛靈有知，乃能爲一身之主。心性雖有分別，然在實際上，不是兩物，而是一實。只因在實際上，理不能無氣，故心包括理和氣，卽是性和情。

黃榦曾作朱熹行狀，詳細記述先師的言行，以爲世人楷模，他自己解釋作行狀的理由：

「行狀之作，非得已也。懼先生之道不明，而後世傳之者訛也。追思平日之聞見，參以敍述蒐誄之文，定爲草藁，以認同志，反覆詰難。一言之善，不敢不從。然亦有參之鄙意，而不敢盡從者。」（同上）

他所以要辯白的，在於他寫行狀，不從一般人的作法，務求簡潔，他卻紀事很詳細，凡年月，辭賦文書，對人君的諫諍，對朋友的勸誡，都直書不諱，他的理由就是尊奉朱熹作學者的模範，一言一行，都有特別的意義。

2. 陸九淵的門人楊簡

楊簡，字敬仲，慈溪人。生於宋高宗紹興十一年（公元一一四一年），卒於宋理宗寶慶二年（公元一二二六年），壽八十六歲。一生在官職，乾道五年成進士後，在富陽任主簿，後爲樂平知縣，調主管台州崇道觀，再調仙都觀。嘉定元年，遷著作郎，出知溫州，後升國史院編修官實錄院檢討官。年老辭職，封爲寶謨閣學士，去世後，謚文元，學者稱慈湖先生。

年少時，在富陽任主簿時，遇陸九淵。陸九淵夜聚學者和羣僚於雙明閣，講本心二字。楊簡乃問什麼是本心？九淵答說：你今天有一椿扇訟案子，案子中必有一是一非。你覺得誰是誰非，就這樣判決，這不就是本心嗎？楊簡再問曰就是這麼一點？九淵厲聲答說還有別的什麼？他拱手而退。一夜不睡，正坐靜思。天明，納質拜九淵爲師。終生發揮本心的思想。

宇宙卽是我，我卽是宇宙；我乃是心，心便是宇宙。楊簡在「己易」的一篇長文裏，發揮這種思想。

「易者，己也，非有他也。以易爲書，不以易爲己，不可也。以易爲天地之變化，不以易爲己之變化，不可也。天地，我之天地；變化，我之變化，非他物也。私者裂之，私者自少也。包犧氏欲形容易是己不可得，畫而為一。於戲！是可以形容吾體之似矣。又謂是雖足以形容吾體，而吾體之中，又有變化之殊焉，又無以形容之，畫而為⚋。⚋者，吾之⚋也，⚋者吾之⚋也。可畫而不可言也，可以默識，而不可以加知也。⚋者，吾之全體，一者，吾之分也，全卽分也，分卽全也。……夫所以為我者，毋曰血氣形貌而已也。吾性澄然清明而非物，吾性洞然無際而非量。天者，吾性中之象，地者，吾性中之形，故曰：在天成象，在地成形。皆我之所為也。……天卽乾健者也，天卽一畫之所似者也，天卽己也，天卽易也。地者，天中之有形者也。吾之血氣形骸，乃清濁陰陽之氣合而成之者也。吾未見夫天與地與人之有三也。三者形也，一者性也。亦曰道也，又曰易也。名言之不同，而其實一體也。……」（宋元學案十九　卷七十四　慈湖學案、己易）

天地人爲一體，理學家雖講，然沒有像楊簡這樣的講法。這種講法似乎有點像董仲舒的思想了。雖九淵以心爲宇宙，宇宙爲心；然是在「理」方面，而不是像楊簡在本體和物質方面去講。王陽明後來採取陸九淵心物一體論，也不採取楊簡的天地人一體論。楊簡在「絕四記」講心，人心自明，不能有一我之私，有私則心便變曲不通了。

「人心自明，人心自靈。意起我立，必固礙塞，始喪其明，始失其靈。孔子日與門弟子從容問答，其諄諄告戒，止絕學者之病。大略有四：曰意，曰必，曰固，曰我。門弟子有一於此，聖人必止絕之。毋者，止絕之辭。知夫人皆有至靈至明，廣大聖智之性，不假外求，不由外得，自本自根自神自明。微生意焉，故蔽之有必焉，故蔽之有固焉，故蔽之有我焉。故蔽之昏蔽之端，皆由於此。……然則心與意奚辨？是二者未始不一，蔽者目不一。一則為心，二則為意。直則為心，支則為意。通則為心，阻則為意。……」（同上，絕四記）

楊簡把心神秘化了，心是「自本自根。」若看這一句話的來源，則來自道家，老莊和列子都說『道』是自本自根，即是說是自己有的，以自己爲根本。楊簡把這一句話用之於心，當然他不能把心看作道家的道，他只是要說心是生來有的，心的理也是生來有的，自己光明昭著。然不能說心是「自本自根。」陸九淵也沒有這種主張。再者，楊簡對於心和意的區分，也很迷糊。朱熹以情爲心之動，意爲心動時，心之所向。陸九淵沒有講論意。按照本體論說：心是體，意是用。按照心理學說：意是心的表現。心爲主宰，主宰權的行使在於意。意可以有善惡，意爲心動時所向，所向爲善則爲善，所向爲惡則爲惡。楊簡卻以善爲心，惡爲意。善爲心的光明，意爲光明的障礙。這是把意和情和慾相混，而且簡直是把意和私慾相混了。二程曾以人心本有仁，仁的表現爲公；一有我有私，則不仁。楊簡以「人心自明」，幾時有了『意』，便有自我之私，心就不明了。「意起，我立，必因礙塞。」人心不能沒有意，即是人心不能不動。若是說靜則明，動則昏，這又不合實際，也是理學家所不贊成的主張。楊簡以心自然光明，自然流露於外面的行爲，流露時，心並不動，這乃是佛教的禪。王陽明後來雖講致良知，講知行合一，也沒有講心常靜而不動。若說：見孩子將掉一井中，不思不想便跑去救他，這是心的自然表現，是一種直覺性的動作，沒有經過意識的反省。若是經過反省，願意納交於孩子的父母便去救孩子，這便是意，已經不是心的直接流露，而是心裏有了意，這種意蒙蔽了心。但是若見孩子將掉入井裏，馬上願意去救，馬上有了反省的意識，這種意識也是意，並沒有蒙蔽了心。可見所有的意不都蒙蔽心的光明，或阻礙心的流露。只有自私之意，只有自私之我，才蒙蔽心。黃宗羲在宋元學案的「慈湖學案」中加案語說：「象山說顏子克己之學，非如常人克去一切忿慾利害之私，蓋欲於意念所起處，將來克去。故慈湖以不起意爲宗，是師門之僞傳也。而考亭謂除去不好底意見則可，若好的意見，須是存留。畢竟欲除意見，則所行之事，皆不得已去做，才做便忘。所以目視霄漢、悠悠過日下梢，只成個狂妄也。」」絕意而成爲絕心之動，則是李侗輩所講求喜怒哀樂未發時的中，可說是坐禪，又沒有佛教坐禪的目的，只是一切空白。

二、宋朝易學的圖數學

1. 易圖

易經在漢朝變成了象數學，研究卦的變化，配合一年四季的節氣。到了宋朝，對於易經的研究又有了新的發展，在圖象和數理方面去補充漢易。第一位在圖和數的構想上有新的見解之人，爲邵雍。他創先天圖，又創皇極經世的數理。在邵雍之前有劉牧，作「易數鈎隱圖」。他自序說：「夫卦聖人設之，觀於象也；象者，形上之應。原其本則形由象生，象由數設，舍其數則無以見四象所由之宗矣。」劉牧按數理作圖，「今採摭天地奇偶之數，自太極生兩儀而下，至於復卦，凡五十五位，點之成圖；於逐圖下，各釋其義，庶覽之者易曉耳。」

易圖的根源，爲河圖、洛書。河圖、洛書的名字，出於「繫辭」；但是在宋以前沒有人畫圖。宋朝理學家周敦頤作太極圖，邵雍作先天圖。考據家說周邵兩氏的圖都出於道教陳摶之手。胡渭說：「東都事略言陳摶以象學授種放，放授許堅。象學者河圖洛書也。而朱震云：放以圖書授先溉，溉傳許堅，堅傳范諤昌，諤昌傳劉牧。晁公武云：諤昌自謂其學出於李處約許堅。其說互異。溉與處約不知是一是二，諤昌又不言處約傳自誰氏，中間接受，不甚分明，識者疑之。昔孟喜得易家候陰陽災變書，詐言師田生且死時，枕喜膝，獨傳喜。又蜀人趙賓爲易，持論巧慧，非古法，云受孟喜，喜爲名之，賓死因不肯仞。蓋曲學授受之際，往往多依託隱諱，不可考究，李許之學，自附於種放，其亦曰生獨傳孟喜不仞之類乎。」（註一）

朱熹所編周易本義，書首列有九個圖：河圖圖、洛書圖、伏羲八卦次圖、伏羲八卦方位圖、伏羲六十四卦次序圖、伏羲六十四卦方位圖、文王八卦次序圖、文王八卦方位圖、卦變圖。這九個圖中，有伏羲卦圖四幅，稱爲先天圖，爲邵雍所作。文王兩圖稱爲後天圖，也是邵雍所作，最後的卦變圖爲朱熹所作。胡渭考訂說：「謂按易之爲書，八卦焉而已。卦各具三畫，上畫爲天，下畫爲地，中畫爲人，三才之道也。羲皇仰觀而得天道，俯觀而得地道，中觀於兩間之萬物而得人道，三才之道，默成於心，故立八卦以象之，因而重之，遂爲六十四。所謂兼三才而兩之也。言八卦則六十四卦在其中矣。觀下文所舉離益噬嗑等，皆因重之卦可知也。夫子言羲皇作易之由，莫備於此。河圖洛書乃仰觀俯察中之一事，後世專以圖書爲作易之由，非也！河圖之象不傳，故周易古經及註疏，未有列圖書於其前者。有之，自朱子本義始。易學啓蒙屬蔡季通起藁，則又首本圖書，次原畫卦，遂覺易之作，全由圖書。而舍圖書，無以見易矣，學者溺於所聞，不務觀象玩辭，而唯汲汲於圖書，豈非易道之一厄乎？」（註二）

從象數出後，學者以數居先，象居次，後有形。由數而有象，由象而有卦形。實際上是先有了卦形，好事者由卦形想出了象，由象再想出了數。數是爲占卦用，以取得卦形。所謂變圖，則多爲研究卦的次序，「易傳」的說卦擬定了一個次序，後代學者各自擬了許多次序圖。宋朝的易圖多是爲解說六十四卦的次序，朱熹所列的圖，便是一例。邵雍所作伏羲八卦次序圖和六十四卦次序圖，爲數學上的自然卦變圖，合於數學的基本原理，爲一種最簡單的易圖。假使若按這種數學基本變化再往上變，可以畫九畫八畫九畫等圖，蔡季通的易學啓蒙便有這種假設。然易以三才之道，取三取六，則只有八卦和六十四卦。

宋朝易圖，除邵雍和朱熹所作圖外，有李挺之的易圖。李挺之有兩幅易圖：一爲變卦反對圖，一為六十四卦相生圖；兩圖都為講卦的次序。

有俞琰先天六十四卦直圖。俞琰字玉吾，號石澗，又號林屋山人，生於宋理宗寶祐初年，後來在元朝時，隱居不出。他著有周易集說、周易舉要，作有先天六十四卦直圖。先天直圖以乾坤兩卦分列上下最高和最低層，然後以一陰一陽，二陰二陽，三陰三陽，四陰四陽，五陰五陽按次橫列。這種排法，也是數學上的基本原理，一看便明瞭，有如邵雍的先天圖；雖然兩種先天圖的性質不相同。

2. 蔡元定・蔡淵・蔡沈的數理

(甲) 蔡元定

在朱熹的門生中，蔡元定和蔡沈父子最有名氣。蔡元定字季通，建陽人，稱為朱門第一高足，學者稱為西山先生。元定生於宋高宗紹興五年（公元一一三五年），卒於宋寧宗慶元四年（公元一一九八年）壽六十四歲。元定從朱熹學，朱熹曾說：「此吾老友也，不可使居弟子之列。」非常看重他。韓侂冑禁止朱熹的理學，御史沈繼告朱熹為妖人，蔡元定為偽學黨首，貶官，左遷別州編官，卒於貶所。

蔡元定從朱熹就學最久，史稱「精識博聞，同輩皆不能及。」（宋元學案十五 卷六十二 西山蔡氏學案）長於天文地理樂律曆數的學問，尤其喜愛易數，著有大衍詳說、律呂新學、燕樂原辨、皇極經世、太玄潛虛指要、洪範解、八陣圖說。在他的著作中，沒有一冊關於理學的書，和理學相近的只是解釋邵雍和揚雄、司馬光的書。他所推重的是邵雍的數理。

（乙）蔡淵

蔡元定的長子，蔡淵，字伯靜，號節齋，生於宋高宗紹興十八年（公元一一四八年），卒於元太宗端平三年（公元一二三六年）壽八十九歲。蔡淵得父親的易學，潛心研究，著易象意言。

「本一氣也，生則為陽，消則為陰。易之道，生道也。……是知陽能生，陰不能生，易之本也。」（宋元學案十五 卷六十二 西山蔡氏學案）

「天地者，其體也。四時者，其用也。日月所以為四時，至德所以生天地也。」（同上）

「寒暑也，晝夜也，生物之陰陽也。氣形也，魂魄也，物生之陰陽也。生物之陰陽，屈伸相推，無不變也。物生之陰陽，則陽能變，而陰不能變。

故易大傳曰：游魂為變，而不及魄者，物生之陰陽也。」(同上)

「氣化者，有生之始而初生也，故上經始乾坤。形化者，運行之終而復生也，故下經始咸恒。」(同上)

「理卽氣之微，氣卽理之著。性卽情之微，情卽性之著，皆一貫也。但其時有不同，故因其發用而立名有異。」(同上)

「或問朱子罕言所以生陰陽之太極，至於陰陽中之太極，則屢言之，何也？曰：自太極而陰陽，自陰陽而萬物，皆是一貫，但時有不同，則理氣有異耳。未生陰陽之時，所謂太極者，無聲臭儀象之可求。專以此時為言，則淪於虛無，無所底止。及其生陰陽之後，始有儀象之可觀，則其本然之妙，動靜之機，生生之道，真實無妄，有可得而言者。以此而言，則學者有定見，而免淪於虛無之失矣。……」(宋元學案十五 卷六十二 西山蔡氏學案)

蔡淵的思想本乎朱熹的理氣說，然而有點脫乎朱熹的正規，而流於旁道，如理和氣只是時間不同，性和情也是時間不同，故名詞不同這一點和朱熹的理氣說不相合，朱熹明明說過理與氣，沒有先後的可言。

(丙) 蔡沈

蔡元定的季子蔡沈，較比長兄很有名，也從學於朱熹，為朱熹的得意門生。蔡沈，字仲默。曾隨父到謫所，父死，徒步護柩歸葬。隱居九峯不出，世稱九峯先生。生於宋孝宗乾道三年（公元一一六九年），卒於宋理宗紹定三年（公元一二三〇年）。著有書集傳，洪範皇極內篇。

(a) 太極

蔡沈根據朱熹的思想，以太極為理，理本然奇妙，在天地又在萬物，為形而上之道。

「朱子曰：太極者，本然之妙也。動靜者，所乘之機也。太極，形而上之道也。陰陽，形而下之器也。自形而下者觀之，則動靜不同時，陰陽不同位，而太極無不在焉。自形而上者觀之，則冲漠無朕，而動靜陰陽之理，已悉具於其中矣。」（宋元學案十九　卷六十七　洪範皇極內篇）

(b) 理氣

理氣爲朱熹哲學思想的基本，理氣可分而不可離，無先後之可言。朱熹的門生，則頗注重理，以理在氣以先。理爲太極，太極生陰陽，陰陽爲氣。

「有理斯有氣，有氣斯有形。形生氣化，而生生之理無窮焉。」（同上）

「陰陽，非可一言盡也。以清濁言，則清陽而濁陰。以動靜言，則動陽而靜陰。以升降言，則升陽而降陰，以奇偶言，則奇陽而偶陰。……」（同上）

(c) 心

心，在朱熹的哲學思想中，不在中心的地位，在中心的地位的是理。陸九淵則以心居他的思想之中心點。蔡沈頗注意心學，提出儒家傳統的心法，有點受陸學的影響。

「二帝三王之治本於道，二帝三王之道本於心。得其心，則道與治可得而言矣。何者？精一執中，堯舜禹相授之心法也。建中建極，商湯周武相傳之心法也。曰德曰仁曰敬曰誠，言雖殊而理則一，無非所以明此心之妙用也。至於言天，則嚴其心之所自出，言民，則謹其心之所由施；禮樂敎，心之法也，典章文物，心之著也。家齊國治而天下平，心之推也。心之德其盛矣乎！」（宋元學案十七 卷六十七 九峯學案、書經集傳序）

「人心至靈也，虛明之頃，事物之來，是是非非，無不明也。少則昏矣，久則怠矣，又久則棄之矣。無他，形器之私溺之也。人能超乎形器，拔乎物欲，達其初心，則天下之理得矣。」

「人之一心，實爲身主，其體則有仁義禮智之性，其用則有惻隱羞惡辭讓是非之情。方其寂也，渾然在中，無所偏倚，與天地同體，雖鬼神不能窺其幽。及其感也，隨觸隨應，範圍造化，曲成萬物，雖天地不能與其能。」（宋元學案十七 卷六十七 洪範皇極內篇）

這幾段論心的話，若放在陸九淵的著作中，可以互相融會。蔡沈已經把朱熹的思想和陸九淵的思想相接近。

(d) 數　理

蔡沈哲學思想中的特別點，在於他對於數理的思想。他以天地之理出於數。

「理之所始，數之所起。微乎微乎，其小無形，昭乎昭乎，其大無垠！」

「有理斯有氣，氣著而理隱。有氣斯有形，形著而氣隱。人知形之數，而不知氣之數；人知氣之數，而不知理之數。知理之數，則幾矣！動靜可求其端，陰陽可求其始，天地可求其初，萬物可求其紀，鬼神知其所幽，禮樂知其所著。生知所來，死知所去。易曰：窮神知化，德之盛也。」（同上，洪範皇極內篇）

數，成了天地的根源，得了神秘的價值。宇宙的變易，以數理爲基礎，邵雍曾以數理爲天地變化之理，又以數理講解天地變化的過程和人類的歷史。蔡沈仿效邵雍的思想和方式，也以數理解釋天地萬物的化生。

「體天地之撰者，易之象；紀天地之撰者，範之數。數者始於一，象者成於二。一者奇，二者偶也。奇者，數之所以行；偶者，象之所以立。……先君子曰：洛書者，數之原也。余讀洪範而有感焉。」（宋元學案十七 卷六十七 九峯學案、洪範皇極序）

蔡沈注意「洪範」的「疇」，以「九疇」的數和易經的象相配。但他把象和數互相分別，象爲配，數爲奇。他便用「洪範」的奇數一三五七九，作九九圓數圖，九九方數圖，九九行數圖，九九積數圖，以數配一年的節氣。

他解釋說：

「一者，九之祖也，九者，八十一之宗也。圓之而天，方之而地，行之而四時。天所以覆物也，地所以載物也，四時所以成物也。散之無外，卷之無內，體諸造化而不可遺者乎。」（同上 洪範皇極內篇）

「數始於一，參於三，究於九，成於八十一，備於六千五百六十一。八十一者，數之小成也。六千五百六十一者，數之大成也。天地之變化，人事之始終，古人之因革，莫不於是著焉。……」（同上）

「朱子曰：天數中於五，地數中於六。天有陰陽，故二其五為一十，合三與七，一與九，亦十也。地有柔剛，故二其六而為十二，合四與八，二與十，亦十二也。十為干，十二為支。十干者，五行有陰陽也。十二支者，六氣有柔剛也。十干實五行也，十二支實六氣也。五行六氣，實一氣也。清濁未判，乃天地之所以立。上下定位，又萬物之所以生。故自體言之，則對待而不可缺；自用言之，則往來而不可窮。蓋造化之幾微，聖人之能事也。」（同上，洪範皇極內篇）

漢朝易學的卦氣說，以卦配四時二十四節氣。蔡沈則以數配二十四節氣，又以氣配陰陽五行。易經所講的，本是天地的變化，爲代表這種變化，易經用卦象作象徵。卦象由陰陽兩爻而成，，兩爻爲奇爲偶。卜筮時，先求一數字，用數去求爻象。因此天地的變化，便可以用數字去象徵。卦象用三爻或六爻，而三爻或六爻中有陰陽兩爻的數目。陰陽兩爻的數字有變化，卦象便有變化。那麼用奇偶數字去象徵天地的變化，奇偶的數字有變，就代表天地的一種變易。蔡沈根據這種原理，構成他的數學新易理。

三、經世的史學

1. 宋朝史學

宋朝的哲學思想，首推理學，次爲易經圖數學，再則有經世的史學。宋朝學者在史學上有建樹的人，有歐陽修作五代史，司馬光作資治通鑑，朱熹作通鑑綱目。這三部史著都是中國史書中有創作性的著作。

五代史原有一部朝廷所編的史，爲薛居正所寫。歐陽修以私人的資格，寫了一部五代史，沒有刻印。等他死了以後，才送上朝廷，皇帝下詔由國子監開雕出版，稱爲新五代史。歐陽修寫這部史，有他的特點，他仿效春秋的筆法，對於賢臣奸賊，予以褒貶，他又追蹤司馬遷的文法，行文暢達。陳師錫在五代史記序裏說：「五代距今百有餘年，故老遺俗，往往垂絕，無能道者。史官秉筆之士，或文采不足以耀無窮，道學不足以繼述作。使五十有餘年間，廢興存亡之迹，姦臣賊子之罪，忠臣義士之節，不傳於後世，來者無所考焉。惟廬陵歐陽公，慨然以自任。蓋潛心累年而後成書，其事迹實錄詳於舊史，而褒貶義例，仰師春秋，由遷固而來，未之有也。」歐陽修本是文學家，修史時當然文章也好，不足爲奇；而他修史的創作點，則在仿效春秋的褒貶義理。在史學上歐陽修還有一個特出的見解，即是「正統論」。正統的問題，在中國編修歷史的人中，爲一個爭執的問題，因爲中華民族的歷史上，魏晉南北朝，和五代，就是一個實際的問題，究竟誰算正統呢？歐陽修作了正統論「序論」、「論上」、「論下」三篇。首先反對五行乘運之說，後來提出正統的問題，他的原則是這樣：名義正，統一中國。「名義的正不正和統一有關係。就是名義不正，而能統一中國，則名義也就隨着而正了。若是不能統一天下，同時有兩個朝廷並立，雖是有正當的名義，也不能視為正統。他主張中國朝代的正統斷了三次。」（註三）

司馬光作資治通鑑，在前面講司馬光哲學思想時，已經講到。司馬光對於正統的問題，他的主張是就事而論事，不拘於一定的原則。他以曹魏在事實上繼承了漢朝，便是正統，諸葛孔明乃是寇。通鑑的正統是周、秦、漢、魏、晉、宋、齊、梁、陳、隋、唐、後梁、後唐、後晉、後漢、後周，互相繼承。這種正統論，引起許多人批評。朱熹想更正司馬光的正統次序，乃作通鑑綱目。

朱熹修通鑑綱目，除正統問題外，還有關於春秋的褒貶法。在語錄裏論史的話也很多。錢穆教授寫朱子新學案，有「朱子之史學」一章，論治論，論心術，論人才，論四風，然這四端祇是有關史學的思想，關於歷史哲學則很少。朱子為理學家，以理學論史。理為天道地道人道的原則，理也是歷史的原則。

「喜而賞者陽也，聖人之所欲也。怒而刑者陰也，聖人之所惡也。是以聖人之心，雖曰至虛至平，無所偏倚，而於此二者之間，其所以處之者，亦

不能無小不同。故曰：罪疑惟輕，功疑惟重，此則聖人之微意也。……」（朱文公文集 卷六十七、舜典象刑說）

「歲周於上而天道明矣，統正於下而人道定矣。大綱概擧，而監戒昭矣。衆目畢張，而幾微著矣。」（通鑑綱目序）

歷史的轉變，朝廷的興替，以至人心世道的盛衰，都能按易經卦變的原則去解釋。

「上古之氣，其極清者生為聖人，君臨天下，安享富貴，又皆享上壽。及至後世，多反其常衰周生一孔子，終身不遇，壽止七十有餘。其稟者清明者多夭折，暴橫者多得志。舊看史傳，見盜賊之為君長者，只是不死，為其全得壽考之氣。」（朱子語類 卷四）

「或說二氣五行，錯揉萬變。曰：物久自有弊壞。秦漢而下，二氣五行，自是較昏濁，不如太古之清明淳粹。得個光武起，整得略略地，後又不好了。又得個唐太宗起來，整個略略地，後又不好了。終不能如太古。或云：本然底亦壞。曰：因是。」（朱子語類 卷一三四）

氣數之說，始自漢朝易學。北宋邵雍繼承漢朝易學的思想，以數理去解歷史，造成一代不如一代的歷史觀。朱熹受他的影響，乃有這種氣數歷史觀。

2. 呂東萊

呂祖謙，字伯恭，號東萊，婺州人。生於宋高宗紹興七年（公元一一三七年），於宋孝宗淳熙八年去世（公元一一八一年），壽四十五歲。他以進士出身，又中博學宏詞科，除大學博士，任國史館編修官，實錄院檢討。後任著作郎，兼國史院編修。他和朱熹張栻爲好友，和陸九淵也相好。朱陸鵝湖之會，就是他邀集的。可惜去世過早，沒有能夠影響朱陸的思想。去世後，朱熹和陸九淵都作有祭文，他所留的著作頗多，有東萊博議二十卷，東萊左氏傳說二十卷，續說十二卷，春秋集解三十卷，東萊書說三十五卷，呂氏家塾讀詩記三十二卷，與周易一卷，易說二卷。皇鑑文鑑百五十卷，麗澤論說集錄十卷，東萊遺集四十卷。

呂祖謙長於史學，曾編宋徽宗實錄，所作東萊博議皆爲評史的文章。於性理之學則沒有深入研究，也少有獨到的見解。他的思想則和程顥陸九淵一系的思想相近。

「天道有復，乃天行自然之道。人之善心發處，亦人心固有之理。天道復，便運行無間；而人心多泯沒，蓋以私意障蔽。然雖有障蔽，而秉彝不可泯沒，便是天行無間之理。」（宋元學案十三 卷五十一 東萊學案、麗澤講義）

「吾之性，本與天地同其性；吾之體，本與天地同其體。」（同上）

「窒欲之道，當寬而不迫，譬如治水，若驟遏而急絕之，則橫流而不可制。故人不禁欲之起，而速禮之復。」（同上）

「持養之久，則氣漸和。氣和則溫裕婉順，望之者意消忿解，而無招咈取怒之患矣。體察之久，則理漸明。理明則諷導詳款，聽之者心喻慮移，而無起爭見卻之患矣。更須參觀物理，深察人情，以試驗學力。若有窒礙齟齬，即求病源所在而鋤去之。」（同上，東萊遺集）

「敬字固難形容，古人所謂心莊則體舒，心肅則容敬，兩語當深體。」（同上）

「收斂凝聚，乃是大節目；至於察助長之病，乃是節宣之宜。」（同上）

人心有理，理本自明。不幸有私欲障蔽，理乃不顯。修養之道，在於守禮以節慾。久而久之，則氣漸和，理漸明。呂東萊不主張遏慾而予以禁絕，因爲將愈禁而欲愈強。不要助長，祇常守敬。

對於史學，呂東萊重在紀實，尤重義理，紀實以書經爲例，義理以春秋爲法。

「觀史先自書始，然後次及左氏通鑑。欲其體統源流相接，國朝典故，亦先考治體本末，及前輩出處。大致於大畜之所謂畜德，明道之所謂喪志，毫釐之間，不敢不致察也。但恐擇善未精，非特自誤，亦復誤人。」(同上、東萊遺集)

呂東萊在東萊博議裏批評左傳的地方很多，都因爲左傳的義理不正。所謂義理即儒家的「人道」，『人道』以禮而顯；春秋便是按照禮法批評史事的書。

「周，天子也；鄭，諸侯也。左氏敘平王莊公之事，始以為周鄭交質，終以為周鄭交惡。並稱周鄭，無尊卑之辨；不責鄭之叛周，而責周之欺鄭，左氏之罪亦大矣。」(東萊博義　卷一、周鄭交惡)

呂東萊的史論，雖以倫理道德爲主；但於「人道」的形上基本也很注意。他在東萊博議中常應用理學的思想去論史。

「天者，人之所不能外也。世之論天者，何其小耶？日月星辰之運，則付之天；災祥妖孽之變，則付之天；豐歉疫癘之數，則付之天；若是者，皆非人之所能為。吾知崇吾德，修吾政而已！彼蒼蒼者吾焉知之哉？……果如是說，則所見者不過覆物之天耳。抑不知天大無外，人或順或違，或向或背，徒為紛紛，實未嘗有出於天之外者也。順中有天，逆中有天，向中有天，背中有天，果何適而非天耶？左氏謂「修旱備為無預於天」，抑不知文仲之諫，自何而發，僖公之悔，自何而生？旱備之修，自何而出？人言之發，即天理之發；人心之悔，即天意之悔；人事之修，即天道之修也。無動非天，而反謂無預於天，可不為太息耶？」（東萊博議　卷二、魯饑而不害）

「天大無外」的天，既是宗教信仰的上天，又是理學所謂的自然之理。理學家不以蒼蒼之天為他們思想中的天，卻以天為天理，天心，天道，即是自然之理。

「理之在天下也，猶元氣之在萬物也。一氣之氣，播於品物，根莖枝葉，華色芳臭，雖有萬不同，然曷嘗有二氣哉！理在天下，遇親則為孝，遇君則為忠，……隨一事而得名；名雖千萬，而理未嘗不一也。氣無二氣，理無二理。然物得氣之偏，故其理亦偏；人得氣之全，故其理亦全。」（東萊博議　卷一、潁考叔爭車）

這一段話和思想，跟朱熹的話和思想相同。用這種思想去觀察史事，乃是理學家的歷史觀，呂東萊在理氣方面，同於朱熹；然在理和心的關係上，則和陸九淵相近。

「心無待；而有待，非道也。夫一彼一此、而待名之生焉。心之與道，豈有彼此之可待乎？心外有道，非心也；道外有心。……信如是，則聖人立左右史以記言動者，亦豈以外制內耶？非然也！聖人之心，萬物皆備，不見其為外也。史，心史也。記，心記也。推而至於盤盂之銘，九杖之戒，未有一物居心外者也。嗚呼！此豈管仲所知哉？」（東萊博議 卷二、齊桓公辭鄭太子華）

「聖人備萬物於一身，……龜既灼矣，蓍既揲矣，是兆之吉，乃吾心之吉；是易之變，乃吾心之變，焜融交徹，泯然無際，敗甲朽株云乎哉？」（東萊博議 卷三、卜筮）

心卽理，理卽心，乃是陸九淵的思想中心。呂東萊按照這種思想批評管仲，當然是「此豈管仲所知哉？」

「君子之用兵，無所不用其誠。世未有誠而輕者，敵雖欲誘之，烏得而誘之。世未有誠而貪者，敵雖欲餌之，烏得而餌之。世未有誠而擾者，敵雖欲亂之，烏得而亂之。用是誠以撫御，則衆皆不疑，非反間之所能惑也。用是誠以備禦，則衆皆不怠，非詭謀之所能誤也。」（東萊博議 卷一，用兵）

誠以用兵，可以說是誠的最高表現；通常的日常生活裏一定要習於用誠。『誠之』爲中庸所講的「人之道」，爲理學家修身的基本原則。「誠之」則「愼獨」，「愼獨」便是自對自己的良心。

「是以知天理常在人欲中，未嘗須臾離也，欲心方熾，而惻心遽生，孰導之而孰發之乎？……是知與生俱生者，謂之良心。毀之而不能消，皆之而不能遠。有以繼之，則為君子；無以繼之，則為小人。繼與不繼，而君子小人分焉。」（東萊博議 卷二、梁亡）

誠，則天下萬物相通爲一體，理學家有萬物一體之仁，孟子有充塞天地的浩然之氣，呂東萊在歷史觀中，也運用這種思想。

「無間則仁，有間則暴。無間則天下皆吾體，烏得而不仁？有間則獨秀其身，烏得而不暴？幽明也，物我也，混混同流而無間者也。……不仁則不覺，不覺則不合，幽明不合，而有人與神之間焉。物我不合，而有人與己

之間焉。……」（東萊博議　卷二、用人祀神）

以仁爲有覺，乃是二程門人謝良佐的主張，呂東萊也以覺爲仁覺，爲自覺，爲體驗。仁者，自己覺到和天地萬物相通。

「氣聽命於心者，聖賢也；心聽命於氣者，衆人也。……聖賢君子以心御氣而不為氣所御，以心移氣而不為氣所移。……浩然之氣，與血氣初無異體，由養與不養，二其名爾！首失其養，則氣為心之賊；苟得其養，則氣為心之輔。」（東萊博議　卷三、楚武王心蕩）

氣和心的關係，也是理學家常講的修養問題。心由清氣而成，有理有情。心按理而爲一身之主，情慾則因物引而向惡，心爲情的主人，使情聽命，則可爲聖賢。情爲主而心爲從，則成惡人。然氣不僅是情，也是心的成素。人心若能去私而養仁德，則自己體會和天地萬物相通；人心之氣便成浩然之氣。

呂東萊依據朱熹所說：「但恭於史，分外仔細，於經卻不甚理會。」（宋元學案十三　卷五

十一　東萊學案）然他不失爲一位以理學論史的史家。

3. 永嘉學派

陳亮和葉適，爲南宋有名學者，和朱熹同一時代，思想則和朱熹不同，且根本反對朱熹陸九淵的理學，提倡實用主義，學術史稱他們爲永嘉學派。他們的長處，在於以歷史考據法批評古書。永嘉學派倡於二程門人鄭景望和薛良齋，造成學派的人，則是陳傅良、陳亮、葉適。三人的思想，也不完全相同，現略講陳亮和葉適的思想。

（甲）陳　亮

陳亮字同甫，永康人，學者稱爲龍川先生，生於宋高宗紹興十三年（公元一一四三年），卒於宋光宗紹熙五年（公元一一九四年），年五十二歲。爲人才氣豪放，喜歡談兵法。三次上書宋孝宗，陳述國政本末。沒有能夠得用，乃落魄醉酒，誑言招禍，事下大理院，光宗私遣人救他，得免。後又因家僮殺人，復下大理，因辛棄疾救，又得免。第三次因同飯酒者暴死，又下大理，然又得免，乃歸家斂跡，勵志讀書，光宗策舉進士，擢他爲第一，授簽書建康府判官聽事，未履任，暴病卒。著有龍川文集三十卷。

陳亮論學，以道爲主。道爲事物之理，理不是性理，而是行事之道，道和物不能分離，在事物的裏面。

「夫道非出於形氣之表，而常行於事物之中。」（文集　卷九、勉彊行道大有功）

「天地之間，何物非道。」（文集　卷二十、又乙己與朱元晦秘書）

但是他的思想重在事功，事功由人力而成。他便主張道雖在天地萬物，要靠人的努力，道纔能宏大。

「人之所以與天地並立而為三者，非天地獨運而人為有息也。人不立則天地不能以獨運，舍天地則無以為道矣。夫不為堯存，不為桀亡者，非謂其舍人而為道也。若謂道之存亡，非人之所能與，則舍人可以為道，而釋氏之言不誣矣。」（宋元學案十四　卷五十六　龍川學案）

「高祖太宗及皇家太祖，蓋天地賴以常運而不息，人紀賴以接續而不墜；而謂道之存亡，非人之所能預，則過矣！漢唐之賢君，果無一毫氣力，則

所謂單然不泯滅者，果何物焉？道非賴人以存，則釋氏所謂千劫萬劫者，是眞有之矣。」(同上)

道要靠着人纔可以存，人的心不常見道，但也不是常不見道。道如光明，閉眼不見光明，開眼卽見光明。以往的人君，有閉眼不見道的人君，作壞事，但他一開眼，就可以見道，作好事。

「天下之盲目能幾，赫日光明，未嘗不與有眼者共之。利欲汨之則閉，心平氣定，雖平平眼光，亦會開得，況夫光如黑漆者，開則其正也，閉則霎時浮翳耳？仰首信眉，何處不是光明？……」(同上)

他以人人皆可爲堯舜，事事成功都有理。黃宗羲曾作按語說：「止齋謂功到成處，便是有德；事到濟處，便是有理；此同甫之說也。」(同上)這種重事功的思想，若走到極端，便把道理牽到事功上，以事功爲價値的標準，而不以義理爲價値標準。儒家素來是以一個朝代創業的人君，爭奪帝位的事業成功了，都稱他爲有德，因爲他得了天心，被立爲帝。但若把事業成功爲有德用之於一切的人事，則就失去儒家傳統的道德觀了。「事到濟處，便是有理，」本來也是儒家的思想，因爲一樁事能夠到了通達的地步，便是和事理相通。但是若說每一樁事祇要做通了便是有理，許多用暴力強迫事件做通的時候，也應說有理了，這就根本不通。陳亮看重功利，只看成功，不看義理，便主張王霸可以雜用。在他的文集裏，有「與朱子書」七封，在信裏面攻擊朱熹他們不辨時勢，單憑利義以評價王霸。

「有公則無秀，秀則不復公，王霸可以雜用，則天理人欲可以並行。亮之所以縷者，欲更添一條路，開拓大中，張皇幽眇，所以助秘書於正學也，豈好為異說而求出於秘書之外哉。」（文集 卷三十、復朱元晦書）

王霸雜用，爲政治上的主張；然必牽涉到孔孟的仁政問題。天理和人欲並行，則爲哲學上的一重要點，儒家傳統的思想都勉勵人克欲，把人欲和天理相對待。程顥雖然曾主張人欲不是惡，不能克，祇能導引到善行；卻從來沒有人主張天理和人欲並行。陳亮認爲人心自然有人欲，向善也向惡，絕對不能一個人整個都是善。

「亮以為纔有人心，便有許多不潔淨。革道止於革面，亦有不盡概聖人之心者。」（同上）

他反對談性理的理學，認爲既不切實用，又在學者中造成派系，壟斷學術。

「二十年之間，道德性命之說一興，迭相唱和，不知其所從來。後生小子，讀書未成句讀者，已能拾其遺說，高自譽道，非議前輩以為不足學。世之為高者，得其機而乘之，以聖之之道為盡在我，以天下之事為無所不能。靡其後生，惟己之所向。欲盡天下之說，取而教之，頑然以人師自命。吾深惑夫治世之安有此事，而懼其流之未易禁也。」（宋元學案十四 卷五十六 龍川學案、送王仲德序）

朱熹批評他說：「同甫才高氣粗，故文字不明瑩，要之自是心地不清和也。」（宋元學案十四 卷五十六 龍川學案）

在哲學方面，陳亮沒有深入的思想。他和陳傅良（止齋）同倡功利說，爲宋朝理學以外的一派學說。可是思想淺薄，沒有系統。葉適則能把這派的學說，加以擴充。

（乙）葉 適

葉適，字正則，號水心，在學術界稱為水心先生，永嘉人，生於宋高宗紹興二十年（公元一一五〇年），卒於宋寧宗嘉定十六年（公元一二二三年），壽七十四歲。

葉適為鄭景望的門生，鄭景望為二程的學生。葉適對於程朱的理學深能了解，但他不喜歡空疏的理論，卻好經世實用的學理。他在宋孝宗淳熙五年（公元一一七八年）舉進士，得第二名，授平公節度推官，召為太學士，以秘書郎身份去為蘄州知縣，又調入京師為尚書左選郎官，後貶官兩職，再起用為湖南轉運判官，任泉州知縣，進京權攝兵部侍郎和二部侍郎，出為建康知府。被雷孝友彈劾，罪在詆毀程朱的道學，實則以他附合韓侂胄，罷官。著有習學記五十卷，水心文集二十卷。

葉適以尚書、周禮為根據，建立經世實用的學說。他攻擊易經的「十翼」，斷定除象辭、象辭外，其餘不是孔子所作。

「易不知何人所作。雖曰：伏羲畫卦，文王重之；案周太卜掌三易，經卦皆八，別皆六十四，則畫非伏羲，重非文王也。…周易者，知道者所為，而有司所用也。孔子為之著彖象，蓋惜其為他易說聞亂，故約之以中正，以相卦爻之指，黜異說之妄，以示道德之歸。其餘文言上下繫說卦諸篇，所著之人，或在孔子前，或在孔子後，或與孔子同本。習易者，彙為一書後世不深考，以為皆孔子作。」（宋元學案十四　卷五十四　水心學案上、講學大旨）

學易的人常講「十翼」，以和老莊的思想相衡。佛教禪宗盛行以後，學者又以「十翼」和佛學相抗，以爲孔子的思想較佛學爲高。

「本朝承平時，禪說尤熾，豪傑之士，有欲修明吾說以勝之者，而周張二程出焉。自謂出入於佛老甚久，已而曰吾道周有之矣。故無極太極，動靜男女，太和參兩，形氣聚散，絪縕感通，有直內，無方外，不是以入堯舜之道。皆本於十翼，以為此吾所有之道，非彼之道也。及其啓教後學，於子思孟子之新說奇論，皆特發明之。大抵欲成浮屠之鋒銳，而示吾所有之道若此，然不悟十翼非孔子作；則道之本尚晦。不知夷狄之學，本與中國

異。」（同上）

宋朝學者懷疑易經作者的人，在葉適前已經有過，如歐陽修所作「易童子問」。葉適以「十翼」的「文言」、「繫辭」、「說卦」不是孔子所作，有他的歷史眼光，但以作者爲孔子前後或同時的人，沒有提出證據，便等之於空言。他祇是想攻破理學的根底，則理學不攻自破。但因爲他不能提出證據，別人也難於信服他。

他自己思想的根據，是尚書和周禮；這兩册古書，爲中國最古的政治思想書，屬於經世實用的類型，講治國之道，不講「道」的形上意義。又反對孔子傳道於曾子，曾子再傳於子思。這也是爲攻擊理學家所用爲根據的中庸和大學。

「曾子有疾，孟敬子問之。近世以曾子為親傳孔子之道，死復傳之於人，在此一章。案曾子末後，語不及正於孔子。以為曾子自傳其所得之道則可，以為得孔子之道而傳之則不可。自堯舜禹湯文武周公孔子，所傳皆一道。孔子以教其徒，而所受各不同。以為雖不同，而皆受之孔子則可。以為堯舜禹湯文武周公孔子之所以一者，而曾子獨受而傳之人，大不可也。

……世以曾子為能傳，而予以為不能傳，予豈與曾子辯哉！不本諸古人之源流，而以淺心狹志自為窺測者，學者之患也。」（宋元學案十四 卷五十四 水心學案上、水心習學紀言）

對於大學一書，葉適也很推崇，因爲這本書發明治國的功用；然而他反對二程等人所講致知格物的理論；因而對大學篇內的致知格物乃有懷疑。

「案，經傳諸書，往往因事該理，多前後斷絕，或彼此不相顧。而大學自心意及身，發明功用。至於國家天下貫穿通徹，本末全具。故程氏指為學者趨詣簡捷之地，近世講習尤詳。……然此篇以致知格物為大學之要，在誠意正心之先，最合審辨。……坐一物字，或絕或通，自知不審，意迷心誤，而身與家國天下之理，窒滯而不閡，方為學者之患，非予所敢從也。」（同上）

既反對格物窮理，他又反對太極的觀念，因爲在易經的爻象中沒有這種名詞，在「繫辭」中纔提出，「繫辭」則不是孔子的著作，因爲太極的觀念爲後人所造。在宋朝時又因佛學的猖狂，學者更用太極的觀念去抵抗佛學，實際上反受了佛學的害：

「孔子彖辭，無所謂太極者，不知傳何以稱之？自老聃為虛無之祖，然猶不敢放言。曰：無名天地之始，有名萬物之母而已。莊列始妄為名字，不勝其多，故有太始太素茫昧廣遠之說。傳易者將以本原聖人，扶立世教，而亦為太極以駭異後學。後學鼓而從之，失其會歸，而道日以離矣。」(同上)

道，是實行修身治國之道，不是形而上之道。古書中講「道」，都只講實際之道，到了老子纔講道的形上意義，「易傳」和子思孟子也講「道」的形上觀念，異端邪說乃出。

「周官言道則兼藝，貴自國子弟，賤及民庶，皆教之。其言儒以道得民，至德以道為本，最為切要，而未嘗言其所以為道者。雖書堯舜時，亦以言道。及孔子言道最著明，然終不的言明道是何物。……老聃本周史官，而其書盡萬事，而特言道。……予疑非聃所著，或隱者之辭也。而易傳及子思孟子，亦爭言道，皆定為某物後世。故之於道，始有異說，而又益以莊列西方之學，愈乖離矣。今且當以周禮二言為證，庶學者無畔援之患，而不失古人之統。」（同上）

然而葉適自己也講形上之道，以人有陰陽，心爲陰，情爲陽；心能作僞以文飾過失，情則實情畢露。因此他說魂爲陰，魄爲陽：

「魂知者固陰德也，體魄則陽德也。……禮樂兼防而中和兼德，則性正而身安。此古人之微言篤論也。若後世之師者，教人抑情以徇僞。禮不能中，樂不能和，則性枉而身病矣。」（同上）

「祖望謹案，此節說得有病。」全祖望不是理學者，也批評這一節說得不對。實際上，眞是一反歷代儒家的思想，把心壓下去，把情擧起來，變成縱情而不正心了，豈不是自己要「性枉而身病」嗎？

但是葉適也並不是主張縱情的人，他主張愼獨，以愼獨爲進德之方，取中庸的未發已發和書經的道心人心相合，能在七情未發的時候，保全未發的心境，則道心可以常存而不消失；在已發的時候能够中節，則人心可以常行而不至危害道心。道心不消失，人心不危害，則中和之道常在我，所做一切的事都能實踐天理。

又把書經所說的「惟皇上帝，降衷於下民，」和中庸所說的「天命之謂性」相比較。人和物同生於天地之間，一同從天而得有性，在物稱爲天命，在人稱爲降衷。以天命而有性，不知道性的理，不能稱爲率性。人因惟皇上帝的降衷，故能知道當然該做的事，乃能率性。書經又說：「克綏厥惟猷后」，這就是中庸所說「修道之謂教」，然而書經的「綏」字較比中庸的「修」字更恰當。「綏」是就原來所有，予以保全；「修」則有所增損。葉適尊重書經，貶抑中庸，不贊成中庸開端的三句話，他的意見，似乎是近乎程顥和陸九淵的意見，要人隨乎性理的自然，不要努力去克慾。

但是，葉適排斥心論，心論出於孟子荀子，宋朝理學者則想闢佛乃講心學，實則和佛教異學相彷彿了。

「古之聖賢，無獨指心者。舜言人心道心，不止於治心。孟始子有盡心知

性貴心官賤耳目之說。蓋辯士索隱之流，多論心，而孟荀為甚。」（宋元學案卷十四　卷五十四　水心學案上）

二程和朱熹既注意「心」，便注意正心，為正心，必持敬。葉適不贊成敬以持內，卻主張復禮。他看重書經和周禮所說偏重實際。

「程氏誨學者必以敬為始，予謂學必始於復禮，禮復而後能敬。」（宋元學案十四　卷五十五　水心學案上、敬亭後記）

着重實際，便輕視性理的學問，葉適不贊成道學，鄙薄二程門人的心學，也排斥周張二程朱熹的理學。

「諸儒以觀心空寂名學，默視危拱，不能有論詰，猥曰道已存矣。」（同上、宋廐父志）

「垂諭道學名實真偽之說，古人以學致道，不以道致學。道學之名，起於

近儒。其意曰：舉天下之學不足以致道，猶我能致之云爾。其本少差，其末大弊。」（同上、與周明黼書）

葉適自己的思想，注重『理』字，『理』不是形上的理，而是在事物之理，事物各不相同，理則一而同。

「夫形於天地之間者，物也；皆一而有不同者，物之情也；因其所不同而聽之，不失其所以一者，物之理也。堅凝紛錯，逃遁譎伏，無不釋然而解，油然而遇者，由其理之不可亂也。」（水心別集 卷五、進卷詩）

理和物相連，物爲形器事物。因此人的生活，不能離開「物」，以物爲目的。

「是故古之君子，以物用而不以己用；喜爲物喜，怒爲物怒，……自用則傷，傷物則己病矣。是謂之格物。」（水心別集 卷七、進卷大學）

這是主觀和客觀的爭執，葉適以朱熹等理學家以自己爲主，他乃以客觀之物爲主，理或道都不能離物。

葉適尊重堯舜禹湯文武周公，對於孔子也相當敬佩。但當論語中有被理學家引用的詞句，他便判斷那些詞句不是孔子的話，如論語「爲政」篇所載孔子對自己一生的精神生活所說的話：「吾十有五而志於學，……七十而從心所欲，不踰矩。」葉適批評不合修身的階梯，疑不是孔子所說。有時且批評孔子，如：孔子說顏淵不遷怒不貳過；葉適認爲「是孔子誣下以無人也。」（水心學案上）他常對古書的眞僞，多所懷疑，頗具歷史考訂眼光，然常不深入考訂，僅祇表示懷疑。

葉適的重禮重事功的思想，可以說淵源於北宋的李覯和王安石。李覯字泰伯，江西建昌人，和王安石爲同省人，較比安石大十一歲（公元一〇〇九年至一〇五九年），他很看重禮，作禮論七篇，以禮爲人類生活的準則。又主張平均土地，使耕者有田。對於易經，則排除形上學的思想，以易經所講爲人生實際應用之道。王安石（公元一〇二一年至一〇八六年）志在治國，創用新法，雖也講論理學，但主要思想在於實用。永嘉學派不明言繼承王學，也不願說是王學的繼承人，而且表現反對新學；然在經世實用的趨勢上，前後一次，乃是時勢所造成。

永嘉派的思想，不以哲學思想爲主，而以經世的政治思想爲主。陳亮談軍事，從軍事智識批評歷史上的人物，又在中興五論談政治，力主打破南宋的偏安局面。對於歷史的看法，他和朱熹爭論，朱熹以三代以前，爲道心統治時代，人都沒有利欲；三代以後變成人治統治時代，常被利欲所蔽。朱熹又以道統在孟子以後沒有傳人，漢唐的政治雖盛，都不合於道。陳亮否認朱熹的評判，認爲一有人，便有欲，三代以上的人也是一樣，漢唐雖不可以上比三代，然只有人事努力的程度差別，道則古今是一個。朱熹以道心和人欲相對立，三代以上，聖人在位，道心合於天理。三代以下，人欲興張，因而應該自省，恢復天理。陳亮則主張道心和人心並立，王覇可以雜用。葉適根本反對和金人主和，力持夷夏的分別。但是當時募軍太多，耗廢錢糧，不能作戰，他主張寓兵於農。對於農田，不能恢復井田制，宜用富農以強國。但是宋朝末年，沒有一個明君，沒有一個賢相，陳亮和葉適都沒有得朝廷的重用，他們所有的經世之學，也沒有能够實行。

四、結論

大江以北，幾乎都爲金人所佔，北方蒙古族崛興，吞併金人國土。江南朝廷不安，大臣都主和，學者中又有黨派的爭執，朱熹曾被斥爲異端，後來反對朱熹的一派如葉適又被貶爲異端。在這種社會環境裏哲學思想沒有發達的機會。但是朱熹的理學和葉適的經世學，在南宋末年還能把握思想界的主流，而且有匯合的趨勢。陳埴，永嘉人，少從葉適學，後從朱熹學，著有木鐘集，思想傾於朱熹，宋元學案卷六十九所列滄州諸儒學案，爲朱熹學派中的人。卷七十一所列嶽麓諸儒學案，卷七十二所列二江諸儒學案則爲張栻思想的繼承者，魏了翁，字華文，號鶴山，全祖望在宋元學案說：「祖望謹案，嘉定而後，私淑朱張之學者曰鶴山魏文靖公，兼有永嘉經制之粹而去其駁」（宋元學案 卷八十）在政治思想方面，有黃震，他以經世實用爲主，但不完全贊成葉適的主張。他說：「水心能力排老莊，正矣；乃幷譏程伊川，則議論也。能立恢復，正矣；乃反斥張魏公（浚），則大言也。能力詆本朝兵財靡弊天下而至於弱，正矣；乃欲劃兩淮，江南，荆湖棄諸人以免兵養，獨以兩浙爲守，又欲抑三等戶代兵，玆又靡弊削弱之尤者也。」（黃氏日鈔 卷六十八）

註

註一：胡渭 易圖明辨 卷四，頁二二三。廣文書局。

註二：同上。

註三：羅光 歷史哲學。臺灣商務印書館，民六十二年版，頁四〇。